DIAKONIA AND SERVICE

디아코니아와 예배

김 한 호

도서
출판 하영인 HaYoungIn

독자가 『디아코니아와 예배』라는 책을 대했을 때, 이 제목이 주는 기대감과 긴장감이 있을 텐데, 그런 감정을 책을 읽는 내내 책의 구성과 내용에서 계속 경험하게 될 것입니다. 본서의 가치는 복음적이며 창의적인 예배 갱신의 모델을 제시하는 데 있습니다. 본서를 대하는 독자들은 디아코니아적 섬김의 개념을 더한 성만찬 예전을 통해 섬기러 오신 주님의 마음을 느낄 수 있을 것입니다. 또한 그리스도가 중심에 계신 예배를 통해 그리스도의 시선이 어디를 향하는지 느끼게 될 것입니다. 이는 교회력에 따라 신학적 의미와 예술적 감각으로 공교하게 꾸며진 강단 장식과 세밀한 것까지 배려하는 예배 큐시트를 통해 더욱 분명해질 것입니다. 예배 공동체의 정성과 지혜 그리고 저자의 학문적 깊이와 용기가 담겨있는 본서는 예배 속에서 그리스도의 마음을 바라보게 하고, 하나님 사랑과 이웃 사랑의 복된 삶을 꿈꾸게 할 것입니다.

김세광 | 서울장신대학교 예배설교학 교수, 일반대학원장

오늘날 한국 개신교는 본래 종교개혁자들이 개혁한 바와 같이 말씀 선포와 성만찬 예전을 통해 교회공동체를 생명력 있게 만들어준 디아코니아 삶을 소홀히 한 채, 설교 중심적 예배에 집중하면서 성만찬 예배를 하나의 예

전의식에 머물게 하고 있습니다. 이런 상황에서 김한호 박사의 저서,『디아코니아와 예배』는 한국교회가 나아갈 목회방향을 제시해 주는 아주 귀한 책입니다. 본서는 교회 공동체가 예수님이 선포한 복음의 핵심내용인 해방과 구원의 말씀을 듣고 실천하는 디아코니아 교회로 나가는 길을 안내해 주고 있습니다. 특히 목회자들을 위해 교회력과 총회제정 주일, 절기에 따른 디아코니아 예배의 실제들을 제시해 주고 있습니다. 따라서 본서는 하나님을 예배하는 교회 공동체가 본질적으로 디아코니아 교회이며, 디아코니아 교회는 복음에 기초한 예수제자 공동체를 보증해주는 것임을 인식시켜줄 것입니다. 우리나라에서 최초로, 디아코니아 목회 현장의 좋은 실례가 될 것으로 기대하면서 본서를 적극 추천합니다.

김옥순 | 한일장신대학교 디아코니아학 교수

새롭고 신선한 도전과 통찰력이 담긴 책

디아코니아를 연구한 학자이자 현장 목회자인 저자가 목회 현장에서 예배와 디아코니아를 접목하는 중요한 책을 출간했습니다. 예배 현장에서 디아코니아의 정신을 실천하며 목양 사역과 섬김의 사역을 성실하게 감당하면서 성찬, 교회력, 설교의 영역을 목회 현장에 적용할 수 있게 실질적이면서 쉽게 담아낸 역작입니다. 본서는 디아코니아와 예배를 연결하는 중요한 연구일 뿐만 아니라 목회에 새롭고 신선한 도전과 통찰력을 주는 책입니다. 일독을 권합니다.

김운용 | 장로회신학대학교 예배설교학 교수

김한호 목사님의『디아코니아와 예배』는 '디아코니아'를 예수 사역의 알짬으로 보고 신학적 이론을 넘어 그것을 목회 현장에 실제적으로 접목하고 있습니다. 특별히 본서는 디아코니아의 목회적 실천을 예배와 예전으로 되살려낸 생생한 증언이자 기록물입니다. 참된 디아코니아를 통해 예수 정신과 교회의 본질을 회복하려는 열망을 가진 모든 신학생들과 목회자들에게 본서는 훌륭한 길라잡이 역할을 할 것입니다.

이상명 | 미주장로회신학대학교 총장

디아코니아는 교회의 본질적인 사명 과제 중의 하나이지만 넓은 의미에서는 하나님을 사랑하고 섬기는 것과 이웃을 사랑하고 섬기는 목회와 교회의 종합적인 사역 전체를 나타내는 대표적인 정체성이며 이미지라고 할 수 있습니다. 특히 예배는 하나님을 사랑하고 섬기는 경건의 대표적인 행위이며 교회의 첫 번째 본질적 사명과 책임 영역이라고 할 수 있습니다. 춘천동부교회를 담임목사로 섬기고 계시는 김한호 목사님은 독일과 미국에서 각각 10년씩 목회를 하셨으며 독일에서 정통 디아코니아학을 전공으로 신학박사 학위를 취득하신 디아코니아 전문가이십니다. 그리고 계속해서 디아코니아학적 관점에서 목회를 실천하고 계시며 새로운 시도와 확신 가운데 모범적인 디아코니아 목회를 앞장서서 이끌어 가고 계십니다. 한국교회와 신학계에서 최초로 디아코니아를 예배분야에 적용해서 실천적 경험을 통한 귀한 자료를 한국교회에 소개하고 있는 이 책의 출판을 축하드리며 모든 한국교회 목회자들에게 추천을 드립니다.

이승열 ┃ 예장총회 사회봉사부 총무, 한국디아코니아신학회 회장

이론과 실천이 조화된 실제적 참고서

『디아코니아와 예배』는 한국교회에 무미건조한 예배와 형식화된 예전을 새로운 생명력으로 되살리는 데 큰 도움을 주게 될 것입니다. 저자의 탁월하고 해박한 디아코니아학의 깊이와 실천적 경험의 넓이, 그 위에 높은 영성까지 담긴 본서를 신학자, 목회자, 신학생, 평신도의 필독서로 감히 추천합니다. 이론과 실천이 조화된 실제적 참고서로서 본서가 한국교회와 사회를 변화시키는 길라잡이가 될 것을 확신합니다.

손인웅 ┃ 실천신학대학원대학교 총장

CONTENTS

머리말

　디아코니아란 단어가 한국교회에 급속도로 알려지고 있습니다. 이는 매우 고무적인 일입니다. 문제는 사람들이 디아코니아를 단지 구제하고 봉사하는 것으로만 생각한다는 사실입니다. 물론 이는 틀린 말이 아닙니다. 그러나 디아코니아의 본래적 의미 속에는 예배하는 것과 이웃을 섬기는 의미가 함께 내포되어 있습니다. 예수님의 정신이, 예수님의 삶의 모습이 디아코니아의 모습입니다. 그 정신이 가장 잘 나타난 것이 바로 성만찬 예식입니다. 주님께서 제자들에게 성만찬 예식을 거행하도록 한 이유는 하나님의 사랑을 기억하고 그 힘으로 이웃을 사랑하라는 데 있습니다. 그런데 한국교회의 성만찬 예식은 이런 정신보다는 떡과 잔을 단순히 기념하는 예식으로 흐르고 있지 않은지 염려가 됩니다. 이에 필자가 섬기는 교회에서는 성찬의 참된 정신을 살리는 의미에서 매번 다양한 사회적 약자를 생각하며 성만찬 예식을 진행하고 있습니다.

춘천동부교회 담임목사

김 한호

　필자는 디아코니아학을 연구하고 이를 실제 목회 현장에 적용하면서 어떻게 하면 이 부분을 바로 잡아 갈 수 있을까 고민하던 중에 교회 장로님들과 같이 토요일 새벽마다 모여 성경을 공부하면서 디아코니아 예배를 생각하게 되었습니다. 한국교회에서는 처음으로 성만찬의 변화를 시도하게 되었습니다. 이 부분에 대한 검증을 위해 여러 예배학자들과 논의하였고 또한 실천신학회에 발표하여 같이 토론도 했습니다. 많은 학자들의 지지와 도움으로 용기를 내어 필자가 목회하는 춘천동부교회의 예배 형식을 책으로 담아내게 되었습니다. 아무쪼록 이 작은 노력이 목회 현장에서 고군분투하는 모든 분들과 한국교회에 조금이라도 도움이 될 수 있기를 소망합니다.

　끝으로 한국교회에서 처음으로 시도하는 다양한 디아코니아 예배에 기쁨으로 함께해 주신 모든 성도님들과 적극적으로 도움을 주신 당회원 분들에게 진심으로 감사를 드립니다.

디아코니아와 예배

I . 디아코니아와 예배

예배는 하나님의 계시와 인간의 응답이 어우러지는 자리이며 교회의 정체성과 방향성이 집약적으로 드러나는 자리이다. 이 예배의 자리에서 회중은 예배 공동체에 주시는 하나님의 말씀을 듣고, 다양한 방법으로 반응하게 된다. 한국 개혁교회 예배에서 중심이 되는 순서는 하나님 말씀의 선포이다. 매주 선포되는 말씀은 회중의 삶을 구성하는 중요한 자양분이라고 할 수 있다. 디아코니아의 관점으로 예배를 구성한다는 것은 설교뿐 아니라 목회 전반에 디아코니아의 관점을 가지고 접근하겠다는 의지가 된다. 이를 위해 디아코니아의 통전성을 살피고, 디아코니아와 예배의 관계 그리고 실제를 살피고자 한다.

01 통전적 디아코니아

한국교회는 디아코니아를 제대로 이해하지 못하고, 일종의 섬김 프로그램으로 혹은 시혜적인 차원에서의 구제로 보는 경향이 많다. 그러나 디아코니아는 예수 그리스도의 본질적인 사역이며, 목회 전반에 틀로서 적용되어야 한다. 디아코니아는 봉사적 측면을 넘어 예배, 교육, 섬김, 은사 등 교회 사역의 전 영역까지 통전적으로 적용되어야 한다. 목회란 교회가 하는 모든 사역을 말하며, 그 모든 사역이 디아코니아가 되어야 하는 것이다.[1]

디아코니아는 선택해야 할 대상이 아니라 목회 현장에서 반드시 추구해야할 그리스도의 근본정신이다. 따라서 일회적, 감정적, 그리고 기복적인 봉사에서 벗어나 고백성과 전문성이 겸비되어야 하며, 이 세상 가운데 거하나그 가운데 매몰되는 것이 아니라 세상을 섬김의 대상으로 보고 이의 구조적인 변화까지 이르게 해야 한다. 목회자들은 먼 해외 지역만이 아니라 자신이 속한 지역을 선교 현장으로 인식하고, 교파를 초월한 지역 교회들의 연합을 통해, 통전적으로 디아코니아를 실천해야 한다.[2] 목회와 디아코니아는 서로 분리되어 수단

1　김한호, "사역의 전 영역에서 디아코니아를 추구하라"『목회와 신학』제295권 (2014, 1), 102-109.
2　한국일, "선교와 디아코니아"『춘천동부교회 디아코니아 세미나 2013 자료집』(춘천: 춘천동부교회, 2013), 16. 재인용.

이 되는 관계가 아니라 서로가 서로를 본질로서 관계를 맺는다. 따라서 목회 전반에 걸쳐 통전적 디아코니아가 회복되어야 한다.

교회는 양적인 성장보다 디아코니아의 근본적인 가르침을 먼저 실천하고 전해야 한다. 교회는 성장(Wachstum, Growth)을 말하는 곳이 아니고, 진리, 진실(Wahrheit, Truth)을 말하는 곳이다. 교회가 진리, 진실을 말하면 언젠가는 사회가 교회의 소리에 귀를 기울이게 될 것이다. 한국교회는 지금 서구 교회들의 모습을 보면서 신학적인 재정립이 필요하다. 세상을 향한 하나님의 자기 활동에 상응하도록 복음이 필요한 모든 삶의 자리에서 디아코니아는 통전적으로 실천되어야 한다. 목회 현장이 바로 디아코니아를 훈련받고 실천하는 장이 되어야 한다. 디아코니아를 실천하는 교회가 존재함으로 지역이 살아나야 되고, 예수님께서 관심을 가지신 사역이 일어나야 한다.

02 고백성과 전문성

디아코니아와 사회복지는 분명히 구분된다. 사회복지는 인간의 자원과 계획을 바탕으로 이뤄지는 봉사이다. 그러나 디아코니아는 고백성과 전문성 위에 이루어지는 것이다. 초대교회가 사람을 뽑을 때 중요하게 여긴 것은 무엇인가? 사도행전 6장 3절은 다음과 같이 기록한다.

> 형제들아 너희 가운데서 성령과 지혜가 충만하여 칭찬 받는
> 사람 일곱을 택하라 우리가 이 일을 그들에게 맡기고.
> (행 6:3)

초대교회는 "성령과 지혜가 충만한 사람"을 기준으로 택했다.

필자는 이것을 고백성과 전문성으로 해석하였다. 사도행전 6장에 보면 기도하는 일과 말씀 사역, 떡을 나누어 주는 일, 모든 사역을 디아코니아라고 말한다. 어떤 사역이 우위에 있는 것이 아니고 이 모두가 동일한 사역이다. 초대교회는 일찍이 이를 알았기에 전문적으로 떡을 나누는 사역과 말씀과 기도 사역 모두는 고백성의 토대 위에 평등하게 이루어졌다.

이 두 가지, 즉 고백성과 전문성이 균형 잡힐 때 초대교회가 왕성하게 성장했다는 점을 명심해야 한다. 그런데 고백성은 종교성과 분명하게 구분되어야 한다. 고백성은 기독교 영성으로서 하나님의 영과 교제하는 것을 말한다.[1] 이러한 고백성을 통하여 예수 그리스도의 섬김을 돌봄의 대상인 이웃들에게 실천하는 것이 바로 디아코니아이다. 교회가 하는 모든 사역에 고백성과 전문성이 나타난다면 그것은 통전적 디아코니아가 될 수 있다.

---

1 김옥순, 『디아코니아학 입문』 (서울: 한들출판사, 2010), 62.

03 디아코니아와 예배

1) 디아코니아와 예배의 의미

영어 단어 "liturgy"는 그리스어 레이투르기아(*leitourgia*)에서 유래되었다. 번역하면 "사람의 일"이라는 뜻이다. 넓은 의미에서 "예전"(禮典)은 사람들이 어떤 주어진 예배의 과정에서 수행하는 것들의 총합이라고 할 수 있다. 고대 그리스의 원 문맥 안에서 레이트루기아는 지방자치 당국의 시민 직원이 지역사회를 섬긴 공공봉사였다. 서비스라는 말은 본래 그리스어로 사용된 의미를 이해하는 핵심 단어이다. 사실 이것은 "봉사"로 번역될 수 있으며 우리가 예배를 "worship service"라 부르는 이유이기도 하다. 레이트루기아는 신약에서 자주 사용된 용어다. 이는 공(公)예배에서 하나님을 섬기는 사람의 다양한 행동을 가리킬 때 여러 번 사용된 단어이다.[1]

유대교의 전통 안에 있던 초기 신약시대의 예배 속에서 예수님은 기존의

---

1   Constance M. cherry, *The Special Service Worship Architect* (Michigan, MI: Baker Academic, 2013), 17.

예배 신학, 예배 형태를 재해석하셨다. 이는 기존의 제의적이고 율법적인 형태의 예배를 관계 중심적 예배로 변화시킨 것이다. 즉 예수님은 예배를 통해 하나님을 의지하고 서로 사람을 도우며 치료하기를 원하셨다.[2] 예를 들어 당시 안식일 법은 매우 엄격하게 지켜졌고, 그 날은 오직 하나님만 생각하는 날로 지켜졌지만 예수님은 배고픈 자를 먹이고, 아픈 이들을 고쳐주셨다. 예수님은 "또 이르시되 안식일이 사람을 위하여 있는 것이요 사람이 안식일을 위하여 있는 것이 아니니"(막 2:27)라고 말씀하시며 기존의 예배의 관습을 깨뜨리셨다. 예수님의 치유 사역은 육체뿐 아니라 정서적, 사회적 치유까지 포함하는 전인적 치유 사역이었다.

요한복음 5장에는 베데스다 연못의 병자를 치유하시는 예수님의 모습이 등장한다. 그곳에 38년 된 병자가 있었고, 예수님은 그를 고쳐주신다. 안식일에 병을 고쳐주신 것 자체에도 큰 의미가 있지만, 그 장소 또한 중요한 의미를 가진다. 베데스다라는 의미는 자비의 집, 친절의 집이라는 뜻을 가지고 있다. 그러나 그곳에는 자비가 없고 친절이 없었다. 선착순의 논리와 경쟁의 법칙, 약육강식의 논리가 작용하고 있는 곳이다. 이 38년 된 병자는 자기를 못에 넣어 주는 사람이 없기에 나을 수 없다고 말한다. 이것은 그 시대 상황의 단면을 보여주는 것이다. 이러한 공간에 안식일이라는 시간이 더해지면서 예수님의 사역은 고착되어 있던 예배에 대한 의식과 시대적 상황, 육체적 질병의 굴레를 갱신하고 새롭게 정립하는 사역이 되었다. 이렇듯 예수님이 인식하신 예배는 전인적 치유의 개념을 가지고 있다.

또한 예수님은 평범한 사람들을 초대하여 같이 한 곳, 공동체 안에서 그들을 받아주는 것에 큰 의미를 두었다.[3] 이에 대하여 바리새인들과 같이 반대하는 사람들도 있었다. 당시에는 식사하는 것에 큰 의미를 두고 있었기 때문

---

2 Jürgen Roloff, 김한호 역, "예배와 성만찬의 디아코니아적인 차원과 의미"『디아코니아와 성서』(서울: 한들출판사, 2013), 282.
3 위의 책, 284.

이다. 어떤 공동체 안에서 식사를 하느냐에 따라 신분의 높고 낮음을 확인할 수 있었다. 예수님은 그런 의미가 있는 식사의 자리에서 다양한 사람들, 특히 죄인이라고 치부되었던 이들과 함께 했고, 따라서 그 자리는 그들에게 새로운 삶의 희망을 주는 자리가 되었다. 이러한 치유와 식사의 모티브는 디아코니아에 있어서 중요한 의미를 가진다. 원래 디아코니아라는 단어의 기본형은 디아코네인(*diakonein*: 섬기다)이다. 이는 예수께서 식탁에서 섬기는 분으로 자신을 밝히신 것에 근거를 두고 있다. 즉 예수님께서는 하나님의 아들로, 높임과 영광을 받으셔야 마땅하나, 지극히 낮아져 사람들과 같이 되셨고, 더욱이 그 시대에 소외받고 정죄당한 이들을 초대하여 그들을 회복시키고 섬기시는 사역을 통해 하나님의 뜻을 이루셨다. 이러한 디아코니아의 정신이 예배 속에 녹아져 있고, 그래서 디아코니아의 관점에서 예배는 하나님께 대한 섬김, 봉사이면서 동시에 회중들을 섬기는 행위이며, 나아가 시대에서 소외당하고 외면당하는 이들이 초대되고 중심에 서며, 회복되는 자리의 의미를 가지게 된다.[4]

2) 디아코니아와 예배 공간

춘천동부교회의 예배는 디아코니아의 정신으로 모든 이들이 함께 예배하는 것을 꿈꾸고 있다. 장애인과 비장애인이 함께 어울려 예배하고, 우리가 인식하지 못했던 섬김의 대상들을 발견하고 초대하여 함께 하는 예배를 바라보고 있다. 사회의 약자들을 위한 말씀의 선포와 다양한 활동에도 불구하고 교회의 예배 공간만큼 약자들을 위한 배려가 이루어지지 않는 곳도 없다. 법으로 장애인 시설에

---

4 김한호, "춘천동부 디아코노스가 간다" 『목회와 신학』 제297권 (2014. 3). 112-113.

대한 규정을 마련하고[5] 예장통합총회에서 장애인차별 해소를 위한 교회활동 지침을 발표하기도 했다.[6] 그러나 예배 공간 혹은 교회 건물에서 장애인들에 대한 시설을 찾아보는 것은 좀처럼 쉽지 않은 것이 현실이다. 장애인을 위한 화장실, 보도블록, 경사로 등을 구성하는 것은 목회자의 의식이 있어야 가능한 것이다. 장애인들은 교회 건물에 장애인 시설이 없을 경우 예배드리는 것 자체가 어렵게 된다. 교회의 문턱을 장애인들이 넘을 수 없는 것이다. 이는 장애인들의 예배에 대한 정당한 권리를 박탈하는 것이 된다. 교회 건물에서 장애인들의 배려가 취약한 곳은 바로 예배실이다. 휠체어가 예배실까지 들어가기 어려운 구조를 가진 곳이 많다. 승강기나 경사로 등을 이용해 이들을 위한 배려가 필요하다. 춘천동부교회에서는 교회의 교회 입구에서부터 강단에 오르는 것까지 모든 공간을 장애인들이 이용 가능하도록 공간을 개선했다. 이러한 기초 작업이 디아코니아 예배에 있어서 중요한 토대가 된다.

3) 주일 2부 디아코니아 예배

춘천동부교회는 매달 한 번씩 주일 2부 예배를 디아코니아 예배로 구성하여 드리고 있다. 2부 디아코니아 예배는 지역의 장애인 복지단체와 교회, 또한 교회 내에 섬겨야 할 대상을 초청하여 함께 기도하고 예배하며, 섬길 수 있는 구체적인 방법을 고민하는 시간이다. 이러한 예배를 통해 교회가 섬겨야 할 구체적인 대상들을 발견할 수 있었고, 기도의 지경이 넓어지는 은혜가 있었다.

---

5   보건사회부 사회복지정책실 장애인복지과, "장애인 편의시설 및 설비의 설치기준에 관한 규칙안" (1994.9.29).
6   총회사회봉사부, "장애인주일 자료집" (2011.3.14.), 10-11.

Diakonia & Service

디아코니아와 예배

Ⅱ. 디아코니아와 성만찬

오늘날 개혁교회의 회중예배에 남아있는 성례전은 세례와 성만찬이다. 이 세례와 성만찬은 교회의 전통성과 더불어 예전을 보여줄 수 있는 매우 중요한 통로이다. 특히 성만찬은 각 교단 및 교파가 정한 방식으로 진행되고 있다. 한국교회의 경우 그리스도의 고난에 그 정점을 두고 있다. 이제 전통적인 성만찬이 가지는 의미와 한계를 살펴보고 이를 넘어서서 가질 수 있는 더 풍성한 의미를 살펴보고자 한다.

01 성만찬의 다양성

1) 성찬성례전[1]의 기원

기독교 예배는 기본적으로 말씀의 예전과 성찬의 예전으로 구성되어 있다. 성찬은 예수 그리스도께서 친히 제정하신 예전으로서 말씀과 함께 예배의 구심점을 이루고 있다. 칼뱅은 이것을 선포된 말씀과 보이는 말씀으로 표현하였다. 이 성찬은 그리스도인들이 그리스도의 지체가 되어 살아가는 필수적인 과정으로 주님에게 연접된 자신의 정체성을 확인하는 예전이다. 이 예전에서 그리스도인들은 하나님의 은혜를 직접 목격하고 경험한다. 이러한 성례전은 세례와 성찬으로 분류된다.[2]

사복음서에서는 예수님의 공생애 사역 기간 중에 예수님이 사람들과 식사하는 장면이 적어도 19회 내지 25회 보도되고 있다. 성만찬의 성서적 전승은 위에서도 살핀 것처럼 역사적 사실에 근거하고 있다. 또한 성만찬에 관한 신약성경이 제공하는 자료에는 마가복음 14장 22-25절, 마태복음 26장

---

1   우리가 흔히 사용하는 성찬의 정식 명칭은 성찬성례전이다. 성찬성례전을 줄여서 성찬이라고 표현한다.
2   총회예식서개정위원회 편, 『대한예수교장로회 예배예식서』 (서울: 한국장로교 출판사, 2008), 54.

26-29절, 누가복음 22장 15-20절, 요한복음 13장 1-11절, 고린도전서 11장 23-28절이다. 최후의 식탁에 관한 가장 오래된 내용은 고린도전서 11장 23-28절과 마가복음 14장 22-25절의 두 본문이다. 이 두 본문은 예수님과 그의 제자들의 최후의 만찬에서 출발되었다. 결국 이 두가지 예전 공식문이 후대에 발전되어 '성찬 제정'으로 고백되었음을 알 수 있다. 바울은 고린도교회에서 특별한 의식으로 행한 식사를 가리켜 '주의 만찬'이라고 불렀다. 바울 공동체나 요한 공동체에서는 성만찬이 식사로 출발되었음을 알 수 있다.[3]

성찬성례전은 예수 그리스도께서 잡히시던 밤에 친히 제정하신 예전이다. 자신의 사역을 마치시고 십자가의 고난을 스스로 맞이하시기 전에 제자들과의 마지막 식탁에서 세워진 예전이다.[4] 예수님께서 성찬을 행하시던 때는 유월절 기간이었다. 유월절이 유대인들에게 있어 출애굽 사건을 기억하기 위한 의미가 컸다고 한다면 예수님께서 행하신 성찬은 그 의미와 대상에 있어서 유월절이 갖는 의미를 뛰어 넘는 새로운 것이었다. 예수님은 성찬을 통해 하나님의 아들로 온 자신이 인류의 죄를 담당하고 우리를 죄에서 구원하시는 구원자가 되신다는 사실을 말씀하셨다. 바로 이 성찬이 예수 그리스도의 부활, 승천 이후 사도들을 통해서 지켜졌고 초대교회를 지나 지금까지 기독교의 핵심 예전으로 남게 되었다.

---

3   I. H. Marshall, 배용덕 역,『마지막 만찬과 주의 만찬』(서울: 도서출판솔로몬, 1993), 18-34.
4   총회예식서개정위원회 편,『대한예수교장로회 예배예식서』, 54.

2) 성찬성례전의 어원적 의미

(1) 성찬

성찬(유카리스트[*Eucharist*])은 성찬성례전을 나타내는 가장 오래된 용어이며 현대에 와서 다시 활기를 찾게 된 용어이다. 이 용어는 라틴어의 유카리스티아(*Eucharistia*), 즉 '하나님에 대한 감사'에서 유래한 것으로 하나님께로부터 오는 모든 좋은 선물에 대한 감사의 표현이란 의미를 담고 있다.

(2) 주님의 만찬

주님의 만찬(the supper of the Lord 혹은 the Lord's supper)은 개신교 종교개혁자들에 의해 널리 알려진 용어이다. 이 용어의 특징은 '식사'(a meal)라는 개념을 명확하게 전달한다는 데 있다. 그래서 '주의 떡과 잔'(고전 11:27), '떡을 떼는 것'(행 2:42; 20:7) 등으로 표현된다. 그런데 이 용어를 사용함에 있어 '최후의 만찬'(the Last supper)이라는 말과 쉽게 동일시하여 성찬의 현재적인 즐거움과 효과가 상실되는 경향이 있다. '최후의 만찬'은 예수께서 잡히시던 날 밤에 있었던 다락방 식사에 대한 개인적인 묵상에만 치우쳐 있어서 성찬의 밝은 측면을 제대로 반영하지 못한다.

(3) 성찬성례전

성찬성례전은 라틴어 사크라멘툼(*sacramentum*)이라는 단어를 영어로 'sacraments'라고 번역하여 사용하고 있다. 이 용어를 공식적으로 사용한 사람은 3세기 터툴리안으로서 그는 그리스도를 위하여 목숨을 바치기로 약속한 후 세례를 받고 성만찬에 참여한 예전을 가리켜 성찬성례전(*sacramentum*)이라고 불렀다. 이는 당시 로마의 군인들이 입대할 때 철저한 맹세를 하는

의식을 일컫는 명칭이었다.[5]

위에서 살펴본 바와 같이 성찬을 나타내는 다양한 용어가 존재하고, 소개한 몇 가지 용어 외에 더 많은 용어들이 존재하고 있다.[6] 각 용어들은 성찬에 대하여 강조하고자 하는 각각의 의미가 있다. 이는 성찬이 그리스도의 대속적 죽음의 단 한 가지의 의미만을 가지고 있지 않음을 보여주는 것이다. 성서와 교회의 역사 속에서 성찬은 다양하고 풍성한 의미를 가지고 있었다.

3) 성찬성례전의 신학과 의미

하나님은 예수 그리스도를 통하여 자신을 표현하시고 드러내시며, 시간과 공간 안에서 신앙의 공동체인 '교회'를 통해 자신을 상징화 하신다. 그리고 교회는 성례라는 구체적인 행위를 통해 본질을 담아 실현한다. 성찬을 통해 현재에서 과거의 구속의 사건을 끌어와서 경험하는 아남네시스(*anamnesis*: 기념, 재현)와 현재에서 미래의 재림의 사건을 앞서 경험하는 프로렙시스(*prolepsis*: 예상)를 경험할 수 있게 되는 은총의 수단이 되는 것이다.

교회가 행하는 성례의 상징적인 특징은 다음과 같다.

첫째, 성례는 은총을 드러내는 표시성을 지닌다. 즉 하나님의 자기 계시와 구원 계획을 나타낸다. 그런데 이 계시와 구원 계획은 불가시적이기 때문에 가시적인 형태를 취하게 되는데 그것이 바로 물, 떡, 포도주이다. 이 성례의 행위를 통해 부활하신 그리스도의 불가시적 구원 행위를 현존하게 하고 구체적으로 표현하게 되므로 인간이 은총을 경험하게 한다.[7]

---

5 정장복, 『예배학개론』 (서울: 예배와설교아카데미, 1999), 154.
6 성찬의 용어에 더 많은 연구는 스투키 홀(Stookey Paul)의 『성찬, 어떻게 알고 시행할 것인가』를 참고할 것.
7 위의 책, 26.

둘째, 성례는 살아있는 행위, 실재성을 상징한다. 성례는 물질적인 요소로 인해 표시성을 지니게 되지만, 이 요소들은 단순한 표지가 아니라 성령의 임재 안에서 기념(*anamnesis*)의 상징적 실재성을 갖게 된다. 성례는 의식이 진행될 때 효과를 내는 제의적 성격이 아니라 그리스도께서 세우신 제도 안에서 삼위일체께서 직접적으로 활동하시기 때문에[8] 성령의 실재성을 갖게 되는 것이다.

셋째, 성례는 생활로서의 의미를 지닌다. 이것은 성례가 사회성을 가지고 있다는 것인데, 성례는 교회가 거행하는 의식이기 때문이다. 성례를 통해 교회는 그리스도의 한 몸 된 공동체를 경험하게 된다. 즉 그리스도를 드러내보이고 그리스도의 몸을 이루게 되는 것이다. 이러한 성찬의 신학을 통해 발견할 수 있는 의미는 다음과 같다.

(1) 감사의 예전

성찬은 그리스도인을 위해 하나님께서 행하셨던 일, 즉 죄로부터 구속하시고 믿음을 주시고 성화시키시는 은혜에 대하여 감사하는 예전이다.[9] 성만찬 예전 가운데서 보여주시는 모든 것의 근본 뜻은 하나님의 은혜가 예수 그리스도 안에서 어떠한 것인지를 새삼 느끼도록 전달하는 것으로서, 인간이 그 주도적인 역할을 하는 것이 아니라 오직 하나님이 우리를 찾아와 주시는 의미가 담겨져 있으며 이것에 대한 감사를 드리는 것이다.

(2) 약속의 보증

성만찬 예전은 그리스도의 구속사(죽음, 부활, 재림)를 새롭게 회상(*anamnesis* : 기념, 재현)하며, 하나님의 백성 가운데 임재하시겠다는 그리스

---

8 위의 책, 26.
9 총회예식서개정위원회 편, 『대한예수교장로회 예배예식서』, 55.

도의 약속을 보증한다.[10] 하나님의 구원의 역사는 성만찬을 통해 오늘날로 재현되고, 이것을 떡과 잔을 통해 감각적으로 경험하게 되는 것이다.

(3) 양육시키는 예전

성만찬 예전에서 그리스도인은 성부 하나님께 감사하고, 우리를 위한 예수 그리스도의 희생을 회상하며, 성령님의 임재를 기원한다. 이는 성령님이 오셔서 성찬을 받는 자를 그리스도뿐 아니라 역사상의 모든 그리스도인들과 하나 되게 하시고, 그리스도의 충만에 이르도록 그의 몸과 피로 양육시키는 예전이다.[11]

(4) 화해를 촉구하는 예전

성만찬 예전은 그리스도와 화해한 본을 따라 성도의 교제를 이룬다.[12] 성찬 성례전은 하나님이 찾아오시고 인간이 응답하는 수직적인 관계 속에 이뤄지는 것이 사실이다. 그러나 하나님은 개인의 신앙을 돌아 보시면서도 동시에 언제나 하나님의 백성이라는 공동체를 대상으로 하고 계신다. 그렇기 때문에 성례전에는 우리를 찾아오신 하나님의 사랑의 실체가 수평적으로 확산되기를 원하시는 하나님의 마음이 녹아있다. 그러므로 성례전은 그리스도인들 간에 갈등과 분쟁의 화해를 촉구하는 예전일 뿐만 아니라 하나님과 그리스도인, 나아가 온 세상의 이웃을 사랑하고 섬기는 일에 헌신할 것을 다짐하는 예전이기도 하다.

(5) 혼인 잔치로서의 예전

성만찬 예전은 하나님 나라에서 있을 어린양의 혼인 잔치를 미리 맛보는

---

10 위의 책, 55.
11 위의 책, 55.
12 위의 책, 55.

잔치의 식사이다. 그리고 세상에 복음을 전하고 의와 화평을 이루도록 보냄을 받는다.[13]

4) 리마문서에 나타난 성만찬의 의미[14]

(1) 성부께 대한 감사로서의 성만찬

성만찬은 항상 말씀과 성례를 포함하고 있으며 이를 통해 하나님의 창조와 구원, 성화를 이루시는 모든 일들에 대해서 감사하는 것이다. 성만찬은 교회가 모든 피조물을 대신하여 드리는 것으로 오직 그리스도를 통하여, 그리스도와 함께, 그리스도 안에서 하나님 아버지께 드려진다.[15] 순교자 저스틴의 『제1변증서』에서는 초대교회 성만찬에 대해서 아래와 같이 언급한다.

> 기도를 마치면 곧 우리는 서로 입맞춤으로 인사한다. 그리고
> 나서 빵과 포도주 섞인 물 한잔을 형제들의 인도자에게 가져
> 간다. 그는 이것을 취하여서 성자와 성령의 이름으로 우주의
> 아버지에게 찬양과 영광을 돌리며 우리가 그로부터 이것들
> 을 받기에 합당하도록 기도드린다. 인도자가 감사를 드리고
> 전 회중이 아멘으로 응답할 때 부제로 불리는 자들이 참석한
> 사람들 각자에게 신성한 빵과 포도주 섞인 물을 나눠주고 또
> 그들은 불참자에게 그것을 가지고 간다.

이렇게 초대교회들은 주님의 만찬을 대할 때마다 하나님의 은총 앞에 감

---

13 위의 책, 55.
14 성만찬의 풍성하고 다양한 의미를 위해 리마 예전의 다섯 가지 성만찬의 의미를 요약하여 소개한다.
15 세계교회협의회 편, 이형기 역, 『BEM 문서 세례성만찬직제』 (서울:한국장로교출판사, 2012), 35.

사와 찬양을 드렸다. 그래서 칼뱅은 "주님의 만찬은 감사함으로 받아야 할 하나님의 은사"라고 표현했다. 성만찬은 하나님께서 우리에게 주신 모든 선물에 대하여 감사하는, 감사의 예전인 것이다.

(2) 그리스도에 대한 기념으로서의 성만찬[16]

성만찬은 십자가에 달리시고 부활하신 그리스도께 대한 기념(anamnesis)[17] 이다. 십자가에서 단번에 완전히 완성되었으며 아직도 온 인류를 위하여 작용하고 있는 그리스도의 희생의 상황과 그 희생에 대한 실제의 표징인 것이다.

기념은 그리스도를 통해 이루어진 상징이요 앞으로 이루어질 기대이다. 이는 단순히 지나간 것에 대한 회상이 아니라 앞으로 이루어질 하나님의 신실하신 약속에 대한 효과적인 선포이다. 그러므로 이것은 개신교에 의해서 가장 보편적으로 받아들여졌던 단순한 기념설로서의 성만찬을 의미하는 것이 아니다. 성만찬에 적용된 바 성서에서 말하는 기념이라는 관념은 그것이 전례 가운데서 하나님의 백성에 의해서 의식으로 거행될 때 하나님의 역사하심이 현재적으로 효용을 가진다는 것을 말하는 것이다.

그런데 한국교회에서는 이와 관련하여 하나의 커다란 문제점을 안고 있다. 그것은 바로 오늘 교회가 성만찬을 가질 때에 항상 그의 죽으심과 희생만을 강조하고 기념하고 있다는 사실이다. 그래서 성만찬 예배는 항상 무겁고 장례식 같은 어두운 분위기로 일관되고 있다. 그러나 우리가 분명히 기억해야 할 것은 우리가 예수 그리스도를 단지 죽었다가 살아서 특별한 기억을 남겨준 분으로 기억하고 있는 것이 아니라는 사실이다. 단순히 과거 속에 자리 잡고 있는 분을 기억하고 있는 것이 아니라는 말이다.

---

16 위의 책, 36-38.
17 과거의 어떤 일을 회상하는 것 이상의 의미를 가지고 있다. 즉 이 말은 "과거의 한 사건을 하나님 앞에서 재현함으로써 그 사건으로 하여금 지금 여기에서 효력을 발하게 하는 것"을 의미한다.

십자가에 못 박혀 죽어 장사한 지 사흘 만에 부활하신 예수께서 우리를 초대해 주시고 모든 제자들을 위하여 기꺼이 식탁을 열어 주신다. 그러므로 우리는 메시아적 하나님 나라의 약속을 선포하는 하나님 백성들의 즐거운 축제로서 성만찬을 행해야 할 것이다.

(3) 성령 초대로서의 성만찬[18]

성령은 성만찬에서 십자가에서 죽으시고 부활하신 그리스도를 우리에게 참으로 임재하게 하시므로 성찬 제정의 말씀 가운데 포함된 약속을 성취시킨다. 성만찬에 있어서 그리스도의 임재는 분명히 그 중심이며 이것을 가능케 하는 것이 바로 성령의 능력인 것이다. 즉 성령께서는 성만찬에서 하나님의 사랑을 깨닫게 하시고 십자가에 죽으시고 다시 사신 그리스도를 신앙공동체에 임하게 하시고 성찬 제정의 말씀 안에 포함된 모든 약속을 성취 시키는 것이다.

또한 성령은 빵과 포도주가 그리스도의 몸과 피의 성례전적 상징이 되도록 하시며 그래서 하나님의 백성들로 하여금 하나님 나라를 미리 맛보게 하신다. 이를 통하여 교회는 새로운 창조의 생명과 주님이 다시 오신다는 확증을 얻게 되는 것이다. 그러므로 성만찬의 전체 행위는 하나의 성령 임재의 기도의 성격을 지닌다. 왜냐하면 앞서 말한 대로 성만찬은 성령의 역사하심에 의존하고 있기 때문이다. 그래서 사도시대 이후 성만찬 예전에서 성령 초대의 기도는 중요한 위치를 차지하여 왔고 이 기도는 빵과 포도주와 공동체에 성령이 임재하기를 기원하는 기도였다. 그러므로 집례자는 성만찬 예배 시에 성령의 역할에 대한 설교를 함으로써 성만찬의 의미를 더욱 강화시킬 수 있을 것이다.

---

18 위의 책, 38-40.

(4) 성도의 교제로서의 성만찬[19]

교회의 생명을 양육시키는 그리스도의 성만찬 때의 교제는 곧 교회가 되는 그리스도의 몸 안에서의 교제를 의미한다. 한 장소에서 하나의 빵과 공동의 잔을 나눈다는 것은 어느 때 어느 곳에라도 거기에 참여하는 자들이 그리스도와 그들의 동참자들과 하나 됨을 말해 주며 그러한 효험을 가지는 것이다. 즉 성만찬의 본질 중 한 가지 중요한 것은 그리스도의 살과 피를 받아 지체를 이룬 무리들이 동일한 신앙 속에서 삶의 내용과 방향을 같이 한다는 점이다. 다시 말해서 그리스도를 중심하여 하나의 결정체를 이루는 특수한 공동체가 형성된다는 점이 바로 성만찬의 독특한 면인 것이다. 성만찬의 또 하나의 명칭인 '커뮤니언 서비스'(Communion Service)는 바로 이런 성도의 교제를 나타내주는 단어로서 그리스도 안에서 한 몸임을 강조하고 있는 바울의 서신(고전 10:16-17; 11:17-22)에서 그 신학적 의미를 찾아볼 수 있다. 그러므로 하나님의 백성의 공동체는 바로 이 성만찬 가운데서 완전히 나타난다. 사도행전 2장에 나타난 초대교회의 발생과 계속적인 성만찬의 거행은 바로 이런 깊은 뜻의 실현이 가져온 결과적 현상인 것이다.

이런 의미에서 성만찬 의식은 항상 모든 교회와 관계되며 모든 교회는 각 지역의 성찬 예식과 연관된다. 즉 성만찬 예전은 개 교회를 중심으로 한 개체적 행사로 끝나는 것이 아니라 세계 어디서나 성만찬을 거행하는 무리들은 동일한 그리스도의 지체인 것이다. 그래서 성만찬 의식은 하나님의 한 가족 안에서 형제들과 자매들로 간주되는 모든 사람들 간의 화해와 참여를 요청하며 사회적, 경제적, 정치적 삶에 있어서 적절한 관계를 추구하기 위한 하나의 계속적인 도전인 것이다. 그리하여 결국 성만찬은 삶의 모든 양상을 포괄하게 되는 것이다.

---

19 위의 책, 40-42.

(5) 하나님 나라의 식사로서의 성만찬[20]

마지막으로 성만찬은 창조의 종국적인 갱신으로서 약속된 하나님의 통치를 대망하도록 해주며 또한 그것을 미리 맛보는 것이다. 즉 성만찬은 하나님께 감사드리는 축제로서 그리스도 안에서 하나님 나라가 도래함을 축하하고 예상하는 축제이다.(고전 11:26; 마 26:29) 그러므로 성만찬은 이미 현현된 하나님 나라와 장차 올 하나님 나라에 대한 비전을 열어 주고 하나님이 통치하는 종국적 왕국의 잔치를 미리 경험케 하는 식사인 것이다. 한스 퀑(Hans Küng)은 성만찬이 그리스도의 과거와 현재와 미래를 현현해 주는 귀한 예전임을 이렇게 표현하고 있다.

> 과거의 관점에서 주의 만찬은 회상과 감사의 식사이다. 현재의 관점에서 주의 만찬은 교제의 식사요 언약의 식사이다. 미래의 관점에서 주의 만찬은 메시아의 종말적 식사에 대한 예견이다.

우리는 복음서에서도 성만찬을 하나님 나라에서 이루어질 메시아의 향연의 예견으로 보고 있다는 사실(막 14:25; 눅 22:16-18)을 알게 되는데 진실로 성만찬은 종말의 기쁨과 영광 중에서 함께 나누는 하나님 나라의 식사의 예표인 것이다.

이상에서 살펴본 바와 같이 기독교의 성만찬이 갖는 의미는 그것이 창조와 구속의 하나님께 대한 감사와 찬양의 제사요, 그리스도의 희생을 기념하며 또한 부활의 기쁨을 나누는 제사요, 성령을 초대하는 것이요, 그리스도 안에서 한 몸인 성도들의 교제요, 또한 하나님 나라의 메시아적 향연이다.

---

20 위의 책, 42-43.

5) 성찬의 풍성한 의미

앞에서 다룬 성찬의 어원, 역사적인 전통 안에서의 의미를 살펴볼 때 성찬 안에는 대속적 죽음을 포함한 다양하고 풍성한 의미들을 담고 있다. 그러나 오늘날 한국교회에서 시행되고 있는 성만찬은 그리스도의 대속적 죽음에 대한 회상으로서의 성만찬에 집중하고 있음을 알 수 있다. 마지막 만찬이 가지는 중요성과 제정의 말씀이 기록되었기에 가지게 되는 우선적 의미들은 충분히 그 자체로 의미가 있고, 이것을 행하는 것이 마땅하다. 그러나 이 한 가지 의미에만 머물러 있기 때문에 주님과 함께 하는 식탁으로서의 의미, 또한 그리스도의 섬김의 삶을 가장 극적인 장면으로 나타내는 식탁으로서의 의미를 표현하고 있지 못하는 것이다. 이러한 성찬의 풍성한 의미에 대한 연구를 통해 성찬은 우리에게 더욱 큰 신앙의 유익을 가져올 수 있다.

02 춘천동부교회의 성만찬

1) 춘천동부교회 성만찬의 의미

춘천동부교회는 성찬이 가진 다양한 의미들을 그리스도의 섬김과 연결하여 디아코니아 성만찬을 구성하고 있다.

디아코니아 성만찬은 모이는 것에 의미가 있다. 주님의 식탁은 흩어진 하나님의 자녀를 모아 하나 되게 하는 것이기 때문이다.[1] 또한 한 공간에서 함께 성만찬을 시행하는 것은 그것의 편의성과 효과성 때문이 아니다. 회중, 교회 공동체는 더는 축소될 수 없는 기독교의 최소 단위이기 때문이다.[2] 그하나 됨이 어떤 것으로도 끊을 수 없는 그리스도의 보혈로 되는 것이기에 디아코니아 성만찬은 공동체적 의미가 깊다. 또한 알렉산더 슈베만(Alexander Schumemann)이 성찬에 대해 설명하듯 성찬은 교회가 주님의 기쁨 속으로 들어가는 행위이다.[3] 곧 디아코니아 성만찬이 보다 주목하는 바는 성찬을 통해

---

1 Alexander Schumemann, *The Eucharist*, 김아윤, 주종훈 역, 『하나님 나라의 성찬』 (성남: 새세대, 2012), 29.
2 Laurence Hull Stookey, *Eucharist*, 김순환 역, 『성찬, 어떻게 알고 실행할 것인가?』 (서울: 대한기독교서회, 2013), 38.
3 Alexander Schumemann, *For the life of the world : sacraments and orthodoxy*, 이종태 역, 『세상에

성찬 가운데 임하시는 주님의 현존에 대한 기쁨으로 들어가는 것이다. 그리고 그 기쁨의 자리를 경험한 사람들이 세상으로 나아가 기쁨의 증인이 되는 것이다.

또한 디아코니아 성만찬은 그리스도의 삶으로서의 의미가 있다. 성만찬을 통하여 그리스도와 한 몸임을 확인하고, 세상 가운데 섬김을 행하셨던 그리스도의 한 지체로서 성만찬에 참여한 이들이 세상 가운데서 섬김의 삶을 살아가야 한다는 것이다.[4]

따라서 디아코니아 성만찬은 우울하거나 죄의식에 방점이 있는 것이 아닌 그리스도의 행하심, 특히 '소외된 이웃과 함께 식탁을 나누심'에 있다. 이 성찬을 통해 교회는 그리스도의 삶을 경험하고, 세상 가운데 그리스도의 현존으로서의 사명을 부여받는다. 동시에 성만찬은 '하나님 나라의 식사'이기도 하다. 이는 다가올 하나님 나라에서 맛볼 식사를 이 땅에서 경험한다는 데 의미가 있다. 성찬에 참여하는 이들은 이를 통해 천국을 맛보며 하늘에서 이루어진 것들이 땅에서도 이루어지도록 하기 위해서 노력하게 된다.[5] 따라서 성찬에 참여한 이들은 이 땅의 깨어진 것들과 어그러진 것들을 회복하기 위해 노력하는 섬김의 사역을 감당하게 되는 것이다.

2) 디아코니아 성만찬과 예배의 통일성

한국의 전통적인 성만찬의 경우 그 의미를 그리스도의 십자가 죽음에만 두고 있기 때문에 그것을 다루는 설교가 제한적이 되고, 자연히 성만찬을 시

생명을 주는 예배』 (서울: 복있는사람, 2008), 36.

4 그리스도의 몸으로서의 성만찬에 대해서는 Louis-Marie chauvet의 *The sacraments: The world of God at the Mercy of the Body*를 참조하라.

5 Laurence Hull Stookey, *Eucharist*, 김순환 역, 『성찬, 어떻게 알고 실행할 것인가?』 (서울: 대한기독교서회, 2013), 41.

행하는 주일의 설교와 동떨어져 진행될 수밖에 없는 여지를 안고 있다. 예를 들어, 장애인주일에 성만찬을 시행할 경우, 예배의 설교는 장애인주일에 맞게 진행되고, 성찬은 그리스도의 대속적 죽음으로 진행되는 것이다. 이는 예배의 전체적인 흐름을 방해하고, 설교와 성찬의 메시지를 서로 희석시키는 상황을 초래한다. 따라서 말씀을 중심으로 하는 부분과, 성만찬을 중심으로 하는 부분이 서로 유기적으로 연결되고, 또한 이에 참여하는 이들에게 삶에서 적용할 수 있는 사역의 장을 연결시켜주는 작업이 필요하다.

춘천동부교회는 디아코니아 성만찬을 예배와 동떨어진 별개의 것이 아닌 예배의 한 부분으로 인식하고 있다. 예배는 일관된 메시지를 담고 진행되며 후속 프로그램에까지 하나의 주제로 이어진다. 예배에 참여한 이들이 확실한 메시지와 의미를 기억하고 삶에 적용할 수 있도록 예배를 준비하고 있다.

3) 춘천동부교회 성만찬의 종류

춘천동부교회의 디아코니아 성만찬은 상기한 바와 같은 방향성을 가지고, 교회력을 중심으로 하여 디아코니아의 다양한 주제와 함께 다음과 같이 시행하고 있다.

(1) 전통적 성만찬
전통적 성만찬은 그리스도의 죽음과 구속의 의미를 되새기고 경험하는 것을 중심으로 구성되며 종려주일(고난주간)에 진행된다.

(2) 그리스도의 공동체 성만찬
그리스도의 공동체 성만찬은 성찬에 참여한 모든 이들이 한 식탁에 모인

한 식구이며, 한 몸이라는 것을 중심으로 구성되며 신년주일, 장애인주일에 진행된다.

(3) 그리스도의 삶 성만찬

그리스도의 삶 성만찬은 그리스도의 낮아짐과 섬김의 생애에 초점을 맞추어 이를 기억하고 우리의 삶으로 적용하고자 하는 것을 중심으로 구성되며 부활주일, 성례주일에 진행된다.

(4) 디아코노스6 성만찬

디아코노스 성만찬은 교회 공동체를 넘어 세상을 향한 섬김의 디아코노스로 파송하는 것에 중심을 두고 구성되며 사회봉사주일, 추수감사주일에 진행된다.

(5) 회복의 성만찬

회복의 성만찬은 깨어진 사회의 구조, 세대 간의 갈등, 피조세계의 오염 등에 대하여 최종적으로 이루어질 하나님 나라의 회복을 오늘에 끌어오는 것을 중심으로 구성되며 성령강림주일, 환경주일에 진행된다.

이 밖에도 교회의 여러 사역과 특별예배들을 포함하여 다양한 디아코니아 성만찬이 진행되고 있다.

---

6 디아코노스(*diakonos*)는 디아코니아(*diakonia*: 식탁에서 시중드는 것)의 또 하나의 명사형으로 '시중 드는 자'의 의미를 갖고 있다. 김한호, "자원 봉사자와 디아코노스," 『Diakonia』 가을창간호 Vol. 1, (2013. 12), 11.

03 디아코니아 성만찬 실제

디아코니아 성만찬은 순서의 새로움이 아니라 성찬의 의미 갱신에 초점을 맞춘다. 따라서 성찬의 순서는 개혁교회의 전통을 따라 진행되고, 집례자와 참여하는 이가 공유하는 섬김의 가치가 성찬 가운데 드러나도록 의미부여를 하고 있다. 이러한 가치를 전달하기 위해서는 각 성찬의 주제에 따른 집례자의 '인도'[1]가 굉장히 중요하다. 따라서 집례자는 해당하는 성찬의 의미에 대한 전체적인 이해와 이를 성만찬에 접목하여 표현하기 위한 말을 충분히 숙지하고 연습할 필요가 있다. 이를 위해 디아코니아 성만찬을 진행할 때 반드시 수반되어야 할 것이 바로 예행연습이다.

1) 성만찬과 예행연습

성만찬을 각 교회에서 진행함에 있어 중요한 것은 집례자와 성찬위원, 그리고 회중의 준비이다. 집례자의 경우, 그날의 성찬에 대해 충분히 이해하

1　단순한 순서의 인도뿐 아니라 자연스럽게 성찬의 의미와 흐름을 주도해갈 수 있는 인도자의 정제된 말까지 포함한다.

고, 그 날의 예배 속에 예식으로 잘 자리잡힐 수 있도록 구성하는 것과 더불어, 성찬에 필요한 인도문과 예전문(formula) 등을 준비해야 한다. 그리고 떡을 떼고, 잔을 나누는 것에 대한 실제적인 연습도 필요하다.

이러한 준비 과정은 집례자뿐 아니라 성찬위원도 마찬가지다. 성찬위원은 집례자를 보조하며 회중에게 성만찬을 시행하는 역할을 담당한다. 즉 회중에게 직접 성찬을 진행하기 때문에 그 역할이 매우 중요하다. 따라서 성찬위원은 성찬에 대한 이해뿐 아니라 성찬이 이뤄지는 공간에서의 실제적 움직임과 배찬(陪餐) 시 하는 말[2] 등의 준비가 필요하다. 이를 종합적으로 진행하는 것이 성찬 예행연습이다.

춘천동부교회의 성찬 예행연습은 성찬이 있는 주일 전, 금 또는 토요일 새벽시간을 이용하며, 성찬위원 전원이 참석하는 것을 원칙으로 한다. 성찬위원이 모이면 기도로 예행연습을 시작한다. 가장 먼저, 본인이 맡게 될 성찬의 위치를 확인한다. 이를 위해 인쇄물을 배부하는데, 이 인쇄물에는 성찬이 진행될 예배당의 모형도와 그에 따른 각 성찬위원의 위치가 표시되어 있다. 각자 본인의 위치를 확인한 후, 내일 있을 성찬의 의미를 공유하기 위해 담당 목회자가 이를 충분히 설명한다.

성찬위원은 기계적으로 성찬을 진행하는 사람이 아니라 회중과 얼굴과 얼굴을 대하는 관계를 가지며 그 의미를 전달하는 사람이므로, 그날의 성찬이 갖는 의미를 십분 이해하고, 그것을 묵상한 후 참여하는 것이 바람직하다. 해당하는 성찬의 의미가 설명되고 나면 먼저 구두로 실제 시행할 성찬의 전반적인 상황을 설명한다. 필요한 복장, 주의사항, 동선, 몸동작, 멘트 등을 설명하고 나면, 실제 성찬이 진행될 장소에서 예행연습을 진행한다. 이때는 실제 성찬과 동일하게 모든 순서를 진행한다. 특별한 부연설명 없이 진행한 후 질의응답 및 보충할 사항을 토의하고 다시 한 번 예행연습을 진행한다.

---

2 회중 배찬 시 성찬위원이 각각의 회중에게 하는 "이것은 주님의 몸/보혈입니다." 등의 말을 의미한다.

예행연습이 끝나고 나면 다함께 성찬을 위해 기도하는 시간을 갖고 모임을
마친다.

2) 디아코니아 성만찬의 주요사항[3]

① 디아코니아 성만찬은 전통 가운 대신 섬김이라는 상징적 의미를 부여
   하기 위해 앞치마를 입고 진행한다.
② 성찬위원들은 동절기에는 긴팔 흰색 와이셔츠, 하절기에는 반팔 흰색
   와이셔츠를 착용한다. 각 절기에 해당하는 색의 넥타이를 착용한다.
③ 성찬위원 모두 앞치마를 착용하며 이를 통해 섬김의 하나 됨을 표현한다.
④ 그리스도의 삶, 섬김 등에 중심을 두고 진행한다.
⑤ 하나 됨의 성찬을 강조하기 때문에 큰 덩어리의 빵을 직접 떼고, 잔에
   찍어 받는다.

▣ 디아코니아 성만찬에서 앞치마를 착용하고 예식에 임하는 모습

---

3   이 내용은 춘천동부교회의 실제 성찬에 있어서의 주요사항들이다.

3) 디아코니아 성만찬 큐시트[4] 요약

순서	내용 및 설명	담당자	음향/조명	기타
성찬 초대	"이것은 하나님 백성들의 기쁨의 향연입니다. 만민들이 동서남북으로부터 와서 하나님 나라의 식탁에 앉을 것입니다. 이것은 주님의 식탁입니다. 우리 주님께서 준비한 잔치에 그를 믿는 자들을 초대하였습니다. 주님께서 우리를 위하여 예비하신 천국 잔치에 참여합시다."	집례자	강단 밝게 회중석 어둡게	오르간 연주
성찬 찬송	찬송가 220장(사랑하는 주님 앞에) 마지막 절 성찬위원 등단	집례자		오른간 연주 계속
성찬 기도	"거룩하신 하나님...아멘" 성찬보 걷음	집례자		
제정 말씀	"주께서 잡히시던 날 밤이었습니다 … 받으라 먹으라 / 받으라 마시라 명령하셨습니다."	집례자		
분병 분잔	성찬위원, 예배스텝 정위치	다같이	영상(사진)[5]	
성찬 찬송	성찬 완료 확인 후 마지막절 성찬위원 등단	다같이	회중석 밝게	
성찬후 기도	성찬보 덮기	집례자	강단 밝게	
평화의 인사	"주님의 평화가 함께 하소서"	다같이		

---

4 큐시트란 극이나 라디오 · 텔레비전 프로그램 따위를 만들 때, 무대 감독이나 기술 담당원을 위해 여러 가지 큐를 상세히 정리한 표를 가리킨다. 각 예배의 자세한 큐시트 샘플은 253페이지를 참조하라.
5 디아코니아 성만찬의 의미 전달을 강화하기 위해 예수님의 삶을 표현하는 영상(사진)을, 때론 공동체가 간절히 기도하는 영상(사진)을, 때론 소외되고 도움이 필요한 이웃들에 관련된 영상(사진) 등을 주제에 맞춰 적절하게 송출한다.

디아코니아와 예배

Ⅲ. 디아코니아 예배의 실제

춘천동부교회는 교회력을 중심으로 일 년 예배를 구성하며, 총회에서 제정한 주일을 참고 하여 다양한 디아코니아 예배를 진행하고 있다. 이 예배들은 각 절기나 기념예배에 포함될 수도 있고 독립적으로 기획하기도 한다. 다양한 디아코니아 예배의 실제를 살펴보기에 앞서 예배 기획의 중심이 되는 교회력에 대해 알아보도록 하자.

※ 해당년도의 교회력 및 총회제정주일은 총회 홈페이지 우측 주요서비스 란에 '교회력 및 총회제정주일'에서 직접 확인하거나 PDF 자료를 다운로드 받을 수 있다.

01 교회력

교회력은 특별한 절기 예식이나 통과의례를 제외하고 거의 모든 기독교 예배의 기초가 된다.[1] 기독교 예배에 있어서 시간의 중심성은 기독교 자체와 기독교 예배에 대하여 많은 것을 설명한다. 기독교 예배가 일주일이라는 단위에서 시작한 것은 창조와 그리스도의 부활에 대한 내러티브를 담고 있는 것이다.[2] 이 교회력은 현재의 교회력의 형태는 아니지만, 초대교회에서부터 사용되었고, 이때는 하나님께서 이미 이루신 일과 성령을 통해서 계속 일하심에 중점을 두고 있었다. 이를 통해 인간이 자신의 힘으로 만들 수는 없고 오직 받아들이기만 할 수 있는 하나님의 은총을 계속적으로 기억하게 하는 것이다.[3] 교회력은 하나님이 우리에게 찾아오시는 중요한 방편으로 예수 그리스도의 전체 사역에 대한 만남이 가능하게 되는 항구적인 은총의 수단이다.[4]

---

1   James F. White, *Introduction to Christian Worship revised edition*, 조기연 역, 『기독교예배학입문』 (서울: 예배와설교아카데미, 1990), 57.
2   위의 책, 61.
3   위의 책, 78.
4   위의 책, 80.

1) 교회력과 색깔

교회력에는 다양한 색깔의 상징을 통해 회중들에게 의미를 더욱 풍성하게 부여하게 된다. 색감은 한 공동체의 문화적, 심미적, 역사적 구조에 따라 다양하게 발전해 왔다. 기독교 역시 종교적 경험을 심미적 색감으로 나타내왔고, 교회력의 색은 예배 집례복과 장신구의 색과 밀접하게 관계를 가지고 발전했다.[5] 개혁교회의 색깔이 지니는 의미는 다음과 같다.[6]

색깔	상징	의미
보라색	위엄	1) 오시는 왕을 위한 임금의 상징으로 위엄과 존엄을 암시 2) 엄숙성을 암시하면서 청결과 영적 씻음을 암시 3) 죄로 인하여 죽을 수밖에 없는 인간들에게 회개할 수 있는 기회를 부여해 주는 의미
흰색	성결	1) 그리스도의 잔치와 연관된 색으로서 기쁨, 빛, 즐거움 암시 2) 주님의 만찬의 시작에 대한 기쁨 암시 3) 연중 가장 거룩한 날로 지키는 풍요함을 나타냄 4) 흰색은 색이 아니지만 모든 색을 의미하고, 색의 기본으로서 어느 색이든지 만들 수 있는 광대성을 지님
붉은색	보혈	1) 그리스도의 보혈을 상징하는 희생과 수난의 표시, 승리의 색 2) 성령의 불을 상징 3) 하나님 자녀들의 희생적인 생활과 교회의 순교의 피 상징
초록색	성장	1) 영원성, 크리스천의 신앙과 소망의 신선함을 의미 2) 영적인 성장과 희망, 성결, 생명 상징 3) 영원을 향한 성장으로서 결혼식에서도 사용

2) 교회력과 디아코니아

교회력은 예수그리스도의 탄생, 죽음, 부활 그리고 재림 안에서 완성된 우리의 구원역사를 매년 재현하는 일이다.[7] 매년 반복되는 교회력을 통해 예수

---

5 정장복 외 9인, 『예배학사전』 (서울: 예배와설교아카데미, 2005), 380.
6 위의 책, 385-386.
7 정장복 외 9인, 『예배학사전』, 129.

그리스도 안에서 받은 은혜를 지속적으로 기억하게 만들어 주는 효과가 있다. 또한 그리스도의 삶을 조명하며 오늘 우리의 삶에 기억하고 경험되게 하는 중요한 수단이 된다. 그리스도의 전체의 삶을 한마디로 "인자가 온 것은 섬김을 받으려 함이 아니라 도리어 섬기려 하고 자기 목숨을 많은 사람의 대속물로 주려 함이니라"(막 10:45)로 축약할 수 있을 것이다. 따라서 교회력은 그리스도의 섬김의 전 생애를 되짚을 수 있는 좋은 통로가 되며, 각 절기에 해당하는 전통적 의미와 함께, 절기 가운데 행하신 예수 그리스도의 섬김의 사역을 살펴 그 의미를 더욱 풍성하게 할 수 있는 것이다. 매년 반복되는 교회력에 대한 디아코니아적 관점의 접근은 그리스도의 구원의 사역을 더욱 풍성하게 해 주고, 교회 공동체가 절기에 더욱 적극적으로 동참하게 하는 중요한 목회적 동력이 된다.

3) 디아코니아적 관점의 교회력 예배 구성

아래의 표는 교회력과 디아코니아적 관점의 예배 구성을 요약한 것이다.[8]

교회력	의미	디아코니아 관점	섬김 영역
재의 수요일	참회, 정결	낮아짐, 섬김	개인 점검
사순절	세례준비, 참회	오래 참음	디아코노스 양육
고난주일	희생, 참회	섬김의 절정	호스피스 병동
부활절	기쁨, 빛, 승리, 영광	기쁨과 나눔	미혼모, 요양원
성령강림주일	성령, 회복	하나됨	대 사회 활동
대림절	기다림	기다림	탈북민
성탄절	기쁨, 영광, 경배	기쁨과 나눔	어린이 병동

---

8   교회력의 경우 대림절부터 시작하는 것이 보통이나, 목회 현장에서 적용하기 편리하도록 일 년 중 빠른 순으로 정리하였다.

02 신년주일

1) 신년주일의 의미

신년주일은 한해를 새롭게 시작하며 교회가 나아갈 방향에 대한 선명한 비전을 제시할 수 있는 날이다. 새로운 시작을 주신 하나님께 감사하며 그리스도의 한 몸 된 공동체로서의 결속을 다질 수 있는 시기이다.

2) 신년주일과 디아코니아

(1) 성찬

신년주일에는 그리스도의 공동체로서의 성만찬을 진행하여 그리스도의 한 식탁을 나누는 한 몸된 의미를 되새기게 된다.

(2) 표어 제창

예배 중에 한 해의 표어를 제창하는 순서가 있는데 표어 제창자는 교회에서 적극적으로 참여하지 못하는 이들을 초대하여 그들이 그리스도의 한 몸 된 지체이며, 중심에서 함께 활동할 디아코노스라는 것을 상기시키며 격려 한다. 지금까지 다문화 가정, 장애인, 탈북민 등이 표어를 제창하였다.

(3) 제직 임명

신년을 맞아 한 몸 된 공동체에서 함께 섬길 수 있는 제직을 임명하는 시 간을 가지는 것도 좋다.

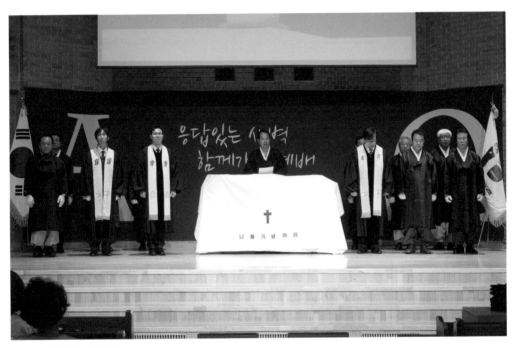

➡ 신년주일 성찬집례

3) 신년주일 예배의 구성과 흐름

		신년주일		
	예배로 부름	우리에게 새로운 한 해를 허락하신 주님께서 우리를 예배의 자리로 부르셨습니다. 새로운 마음, 깨끗한 마음으로 하나님께 예배합시다. 하나님은 영이시니 예배하는 자가 영과 진리로 예배할지니라. 아멘		인 도 자
※	찬 송	27장 빛나고 높은 보좌와		다 같 이
※	신 앙 고 백			다 같 이
※	성 시 교 독	93(새해 1)		다 같 이
	기 도[1]			맡 은 이
	찬 송	552장 아침 해가 돋을 때		다 같 이
	교 회 소 식[2]			인 도 자
	제 직 임 명	올 한해 춘천동부교회의 제직으로 주님의 몸 된 교회와 세상을 섬겨나갈 이들을 임명하겠습니다. 호명되신 분들은 자리에서 일어나 주시기 바랍니다.		당 회 장
	표 어 제 창	올해 표어는 우리교회 한 식구인 다문화 가족이 나오셔서 제창해 주시겠습니다. 선창하면 여러분들도 함께 한 목소리로 표어를 제창하겠습니다. 이제 박수로 환영하겠습니다. 선창 : "응답 있는 새벽, 함께 가는 예배"[3]		맡 은 이
	성 경 봉 독	이사야 52:9		인 도 자
	찬 양			찬 양 대
	말 씀	응답 있는 새벽, 함께 가는 예배		설 교 자
	성 찬 식			집 례 자
	찬 송	431장		다 같 이
	봉 헌			다 같 이
※	찬 송	우리 함께 보리라		다 같 이
※	축 도			설 교 자

※ 표는 일어서는 표입니다.

---

1 기도(목회기도)는 공동기도로 대신하여 사용할 수 있으며, 공동기도 후에 (대표)기도를 진행할 수도 있다.
2 개 교회의 상황에 따라 교회소식 순서를 축도 후에 진행할 수 있다.
3 2016년 춘천동부교회의 표어이다.

응답 있는 새벽, 함께 가는 예배

본문: 이사야 52:9

우리나라 아동도서 가운데 100만부 이상 팔린 책이 5권밖에 없다고 합니다. 그 중에 2권은 같은 사람이 쓴 책입니다. "강아지 똥", "몽실 언니"를 쓴 고(故) 권정생 선생님입니다. 이 내용은 현실적이고 삶이 고통이 된다는 사실적인 기법으로 쓰였습니다. 등장인물들은 주로 고아, 거지, 장애인, 가난한 아이들, 똥 등이 소재입니다. 작가는 일본 동경 빈민가에서 태어나 힘든 삶을 살았습니다. 해방을 맞이하여 한국으로 들어왔습니다. 나무 장사, 고구마 장사, 담배 가게 점원 등 여러 가지 일을 전전하다가 교회 종치는 일을 하게 됩니다. 신앙이 자라며 사회적 약자에게 관심을 가지고 일을 하다가 결핵에 걸립니다. 그는 결핵으로 죽어가면서 사회적 약자들에게 자기 책의 인세를 주도록 유언을 남깁니다.

올해 우리 교회는 표어를 "응답 있는 새벽, 함께 가는 예배"로 정하고, 이사야 52장 9절을 본문으로 정했습니다. 예루살렘이라면 거룩한 느낌이 드는데, 본문에서는 이 예루살렘이 황폐했다고 합니다. 당시 시대적으로 예루살렘이 불타 파괴되고, 모두 포로로 끌려가 황폐해집니다. 왜냐하면 하나님을 잘 섬겨야 할 백성들이 불순종을 하고, 예루살렘 땅에서 가진 자들이 약자들을 착취했습니다. 결국 가난한 자들, 병든 자들이 소외되고 살 길이 없어서 자식을 잡아먹는 경우도 있었습니다. 살기 위해 여자들은 몸을 팔고, 남자들은 보이는 대로 남의 것을 훔쳤습니다.

가진 자들은 획득한 부로 예루살렘에서 예배했습니다. 예루살렘에서의 예배에는 가난한 자들, 병든 자들은 올 수가 없었습니다. 있는 자들끼리의 형식적, 외형적 예배를 드렸습니다. 그래서 이사야 선지자가 '예루살렘의 황폐한 것들아'라고 말했습니다.

　내가 예배를 드려도 기쁨이 없고, 찬양을 드려도 찬양이 살지 못하고, 의무적인 섬김과 봉사를 한다면 내 인생이 황폐하다는 의미입니다. 거룩한 성도인 여러분이 지난 한 해 동안 혹시 황폐함을 느낀 적은 없으셨습니까? 신앙의 기쁨이 아니라 황폐함을 느낀 적은 없습니까? 이 황폐함의 근본에 불신앙이나 불순종은 없었는지요?

　본문은 주전 6세기뿐만 아니라 지금 우리에게도 "기쁜 소리를 내어 함께 노래할지어다."라고 말씀하고 있습니다. 내 마음이 지쳤고, 황폐하고 기근인데 어떻게 예배할 수 있습니까? 그러나 본문에서 예배할 이유 두 가지를 말하고 있습니다.

　첫째는 하나님께서 위로하시기 때문이고 둘째는 하나님께서 예루살렘을 구속하셨기 때문입니다. 아무 조건 없이 우리를 위로하시고 구속하시겠다고 하십니다. 우리 모든 죄를 용서하고 구원하시겠다고 하십니다. 이 문장은 미래완료시제입니다. 반드시 이렇게 이루어졌다는 말입니다. 이 말씀을 받을 때 우리는 감사할 수밖에 없습니다. 나의 지나간 삶의 황폐함을 묻지 않고, 위로하시고 구속하시겠다는 말입니다. 이미 이루어진 이 구원이 현실적으로 잘 와닿지 않을지도 모르겠습니다.

　영국 주간지 「브리티시 위클리」(British Weekly) 기사에서 어떤 사람이 30년간 교회에서 설교를 3,000번을 들었고, 목회자를 포함한 리더도 1,000명 이상을 만났지만 기억나는 설교도 없고, 본인에게 영향력을 미친 사람도 없다고 말했습니다. 그는 "나처럼 30년간 교회를 다닐 바에는 그 시간과 돈을 가지고 NGO단체로 가라"고 했습니다. 많은 사람들이 공감의 글을 올렸습니다. 어떤 사람은 "나는 지난주에 교회에 갔지만 설교가 생각이 안 난다. 그냥 예배를 드렸고 교회가 나를 변화시키지 못했다"고 했습니다. 공감하십니까?

　몇 주 뒤에 어떤 분이 반론을 썼습니다. 결혼 후 30년간 32,850번의 식사를 했다고 합니다. 머릿속에 식단이 생각나지 않고, 음식 식재료를 샀던 가게 주인의 얼굴도 생각이 안 난다고 했습니다. "그러나 그 식사와 식료품 가게 주인들이 없었다면 나는 굶어죽지 않았을까?"라고 말했습니다. 여러분도 동의하십니까?

내가 구속 받았음을 느끼지 못한다 하더라도 하나님은 지금도 동일하게 역사하십니다. 우리는 이미 위로받았고 구속받았습니다. 내가 마음이 지쳐있고 황폐한데 아무것도 한 것이 없고 의무적으로 형식적으로 예배드린 것 같은데, 오늘 내가 이 자리에 있을 수 있는 것은 하나님의 구속과 위로하심이 있었기 때문입니다. 이것은 여러분이 인정하든 안하든 하나님의 강권적 축복의 선언입니다. 그 사실을 우리가 인지한다면, 우리는 이 자리에서 하나님께 큰 소리로 구원의 소식을 예배할 수밖에 없습니다.

주전 6세기에 가진 자들이 자기들끼리 예배했지만, 우리는 그러지 말라고 하나님께서 말씀하십니다. 기쁜 소리를 내어 "함께"라는 단어가 본문에 나옵니다. 공적으로 춘천에서 함께 예배할 사람이 누가 있을까요?

첫째, 유학생들, 결혼 이민자들과 같은 언어권별로 문화권별로 다문화를 포용하며 함께 가는 자세가 우리에게 있어야 합니다. 둘째, 장애인들, 고아들, 가난한 자들과 같은 사회적 약자들(어르신들, 아이들)과 함께 해야 합니다. 그분들이 우리에게 왔을 때 우리가 준비되어 있어야 합니다. 우리가 충분히 준비되지 않고 그들을 만나면 우리 교회가 장애가 있는 교회가 될 것입니다. 셋째, 북한이탈주민들입니다. 우리나라에 3만여 명이 있고, 강원도에 626명이 있다고 합니다. 이분들에게 우리가 마음을 열어야 합니다. 잘 섬겨야 합니다. 함께 하나님 나라를 이루어 나가야 합니다.

그래서 금년도 표어를 "응답 있는 새벽, 함께 가는 예배"로 정했습니다. 주전 6세기와 같이 자기들끼리만 기뻐하며 드리는 예배는 더 이상 안 됩니다. 2016년 하나님께서 기뻐하시는 예배는 덜 화려하더라도, 시설이 그다지 좋지 않더라도 우리 마음속에 모두가 함께 하며 갈 수 있는 예배일 것입니다. 마음속에 근심과 염려가 있는 분들이라도 함께 하나님의 구원을 맛보게 되는 예배가 되기를 주님의 이름으로 축원합니다.

성찬
예식

성찬초대 / 집례자

새해 첫 성찬의 자리로 여러분을 초대합니다. 그리스도 안에서 한 형제
자매가 되고, 한 식구가 된 여러분, 주님의 식탁 안에서 주님께서 베푸신
은혜와 사랑을 마음껏 경험하시기를 바랍니다.

성찬찬송 / 220장 사랑하는 주님 앞에

성찬기도 / 집례자

성령이여 이 시간 우리 가운데 임하시고, 주님의 식탁에 사랑과 기쁨으
로 참여하게 하옵소서. 그리스도의 몸과 피로 우리를 한 몸 되게 하셨음
을 기억하며 감사하게 하옵소서. 새로운 한 해를 예수 그리스도의 섬김의
모습으로 살아가게 하옵소서. 예수 그리스도의 이름으로 기도합니다. 아
멘.

제정의 말씀 / 고린도전서 11:23-26 / 집례자

(떡을 취하여 들고 두 조각으로 나누며) 주 예수께서 잡히시던 밤에 떡을
가지사 축사하시고 떼어 이르시되 이것은 너희를 위하는 내 몸이니 이것
을 행하여 나를 기념하라 하셨습니다.

(잔을 취하여 붓고 들며) 식후에 또한 그와 같이 잔을 가지시고 이르시되

이 잔은 내 피로 세운 새 언약이니 이것을 행하여 마실 때마다 나를 기념하라 하셨습니다.

그리고 이 떡을 먹으며 이 잔을 마실 때마다 주의 죽으심을 그가 오실 때까지 전하라 하셨습니다. 하나님의 말씀에 의지하여 주님의 마지막 식탁에 참여하시기 바랍니다.

분병, 분잔 / 집례자 및 성찬위원

이제 성찬을 하도록 하겠습니다. 세례를 받으신 분들이 참여할 수 있습니다. 먼저 앞으로 나와 성찬에 참여하기 어려우신 분들은 손을 들어 표해 주시면, 성찬위원들이 찾아가 성찬을 나누도록 하겠습니다.

(배찬 우선자 성찬 종료 후)

이제 한 분씩 앞으로 나오셔서 성찬에 참여하시겠습니다.

성찬 중 영상

한 가족이 함께 식사하는 사진, 함께 시간을 보내며 행복해하는 사진 등을 중심으로 스크린에 송출한다.

성찬 후 기도[4]

주님, 당신의 몸과 피로 우리를 하나 되게 해 주시니 감사합니다. 오늘 성찬을 통하여 우리가 주님의 거룩한 공동체임을 다시 깨닫게 하시니 감사합니다. 서로 사랑하며 섬기는 우리가 되게 하옵소서. 예수 그리스도의 이름으로 기도합니다. 아멘.

평화의 인사 / 다같이

"주님의 평화가 함께 하소서" 인사 나누겠습니다.

---

4 총회예식서개정위원회 편, 『대한예수교장로회 예배예식서』, 80, 128, 144를 참고하라.

찬송 / 431장 주 안에 기쁨 있네

봉헌 / (봉헌 후 봉헌기도)

찬송 / 우리 함께 보리라[5]

파송의 말씀 / 집례자

우리에게 새로운 한 해를 주셨고, 여전히 우리가 주님의 몸 된 공동체임을 깨닫게 하신 주님께서 이제는 세상 가운데서 주님의 몸으로서 살아가라 말씀하십니다. 주님께서 우리와 함께 하시니 감사와 기쁨으로 나아갑시다.

축도 / 집례자

---

5 춘천동부교회는 봉헌 후 찬송을 결단의 찬송으로 이름하고, 매 해마다 한 해 표어와 연결되는 한 곡의 결단송을 정하여 결단의 찬송을 하고 있다. 2016년은 "우리 함께 보리라"이다.

03 재의 수요일

　한국교회에서 시행되는 몇 가지 절기 중에 가장 간과되어 있는 절기를 찾으라면 재의 수요일을 찾을 수 있다. 재의 수요일은 사순절이 시작되는 날을 가리키는 절기로 대한예수교장로회 예배예식서에서도 사순절의 시작은 재의 수요일[1]이라고 명시되어 있고 그에 대한 성서정과(lectionary)에도 기록되어 있다. 그러나 재의 수요일이라는 절기의 이름은 있으나 그것을 시행하는 곳은 많지 않다. 이러한 상황 속에서 재의 수요일 예전에 대한 신학적 의미와 실제를 살피는 것은 중요한 의의를 가진다 할 수 있다.

　우리 춘천동부교회는 2012년부터 올해 2016년까지 매년 재의 수요일 예배를 드리고 있다. 첫 해에는 성도들이 많이 생소한 감도 없지 않았지만 해를 거듭할수록 더욱 더 많은 성도들이 예배에 참석하며 그 의미를 공유하고 사순절의 시작을 알리는 우리 교회만의 좋은 전통이 되어 가고 있다.

1　총회예식서개정위원회 편, 『대한예수교장로회 예배예식서』, 525, 537을 참고하라.

1) 재의 수요일의 명칭의 유래

재의 수요일(Ash Wednesday)이라는 명칭은 사순절의 시작을 알리는 이 날 예배 가운데 재를 사용하기 때문이다. 사순절은 교회력에서 가장 긴 절기는 아니지만 가장 중요한 절기 중 하나이다. 이 절기는 부활절을 위해 신앙의 성장과 회개를 통한 영적 준비의 시기이며 교회력 중에서 주님의 수난과 죽음에 초점이 맞추어지는 때이다.[2] 사순절은 원래 1세기 때에는 40시간이었다. 이것은 예수의 시체가 무덤 속에서 40시간 동안 있었다는 것과 일치시키기 위해서였다. 40시간이 끝나는 오후 3시에는 부활절 예배가 있었다. 나중에 이 40시간이 늘어나 3세기 중에 6일이 되었다. 이 주간을 성주간이라고 불렀고 이것은 3세기의 사도헌장(Apostolic Constitutions) 속에도 언급되어 있다. 이때는 예수의 마지막 주간 중 특별한 사건이 일어난 곳, 즉 다락방, 겟세마네, 빌라도의 법정 등에서 적당한 날에 예배가 거행되었다.

사순절의 전신인 부활절 전 절기(Pre-Easter season)는 나중에 30일 동안으로 연장되었는데 니케아 회의 때 온전히 40일로 연장되었다. 아타나시우스는 유럽 여행 도중 사순절뿐 아니라 성주간이 경건히 지켜지는 것을 보고 이집트로 돌아오자마자 자기 백성들에게 "그들이 웃음거리가 되지 않도록" 좀 더 엄격한 금식을 행할 것을 촉구하였다. 또한 교황 그레고리 1세는 6세기에 분비(分泌)의 시작일로서 성회(聖會) 수요일을 창시하였다.[3] '속죄일'이라고 불리기도 하는데 이는 1099년 교황 우르반 2세가 명명했다.

오늘날까지 로마 가톨릭 신도들은 참회의 수요일에 모여 죄를 용서받는 표로서 이마에 재를 찍어 바른다.[4] 동방정교회에서는 사순절이 월요일에 시작되어 재의 수요일은 없다. 특별히 이 사순절은 준비의 기간으로서 부활절

2　정장복, 『예배학개론』, 248.
3　정장복, 『교회력과 성서일과』 (서울: 대한기독교서회, 1996), 207.
4　정장복, 『예배학개론』, 324.

에 세례 받을 사람들을 6주간 준비시키는 기간이었다. 시험과 교육과 회개와 기도를 통하여 이 기간 동안 지원자들이 세례식에 참여할 자격이 있다는 것을 입증하도록 했다.[5]

2) 종려나무 가지의 의미

재의 수요일 예전에서는 한 해 전 종려주일에 사용한 종려나무 가지를 말린 것을 태워 사용하게 된다. 이는 예수님의 승리의 예루살렘 입성 시에 메시아로 오시는 그분을 영접하고 찬양하기 위해서 사용되었던 종려나무를 통해 승리와 기쁨을 상징하는 것이다. 그리스도의 부활로 말미암아 죽음의 지배에서 벗어나게 된 모든 그리스도인들은 일 년 동안 종려나무를 보관함으로써 그리스도의 은총과 그로 말미암는 넘치는 감사를 기억하게 하는 것이다.

또한 말린 종려나무 가지는 아주 상반된 의미를 가지는데 입성하시는 예수님께 호산나를 외치며 맞이했던 백성들이 며칠 사이 저를 십자가에 못 박으소서 외치는 인간의 이중성, 죄성을 상징하는 것이다. 또한 인간이 죽고 나면 한줌의 먼지와도 같은 무익한 재가 되는 것이기에 우리 스스로 자신이 재나 먼지처럼 하나님 앞에서 아무런 가치가 없는 존재임을 자각하고 깊이 겸손하며 스스로를 낮추는 심정이 되기 위한 것이다.

예전이 진행되면 올리브 기름을 손에 바르고 거기에 종려나무 가지를 말려 태운 재를 찍어 예배에 참석한 이의 이마에 십자가 형태로 그으면서 "재로 왔으니 재로 돌아갈 것입니다"하고 선언한다. 이를 통해 참여자들은 인간의 유한성과 이중성, 구원의 필요성을 확인하게 된다.

---

5 위의 책, 250.

3) 재의 의미

재의 수요일에서 재는 다음과 같은 의미를 가진다.

(1) 슬픔이나 겸손이나 통회 그리고 상한 마음을 나타내는 표상이다.

성경에서는 재를 머리에 뿌리는 행위가 머리를 뜯으며 자기가 입은 옷을 찢는 것 등과 함께 극단적인 슬픔과 고통을 나타내는 것으로 언급된다. 유대인들을 죽이고 그 재산을 탈취하라는 명령이 내려지자 모르드개는 그 옷을 찢고 굵은 베옷을 입으며 재를 쓰고 성중에 나가 대성통곡한다(에 4:1). 또 자녀와 재산을 모두 잃은 욥 또한 재 가운데 앉아 그가 당한 고통의 의미를 이해하고자 했고(욥 2:8), 요나의 회개하라는 선포를 들은 니느웨 왕도 역시 굵은 베옷을 입고 재에 앉아 하나님 앞에서 그의 교만함을 고백하고 스스로를 겸비하게 하였다(욘 3:6).

(2) 재는 겸손을 의미한다.

우리들이 죽고 나면 한줌의 먼지와도 같은 무익한 재가 되는 것이기에 우리 스스로 자신이 재나 먼지처럼 하나님 앞에서 아무런 가치가 없는 존재임을 자각하고 깊이 겸손하며 스스로를 낮추는 심정이 되기 위한 것이다.

(3) 재는 물건을 태운 찌꺼기로서 죽음이나 파멸을 상징하기도 한다.

따라서 우리로 하여금 최후의 날이 오기 전에 죄의 심각성을 깨닫고 영원한 지옥의 형벌을 기억하여 열심히 통회하라는 교훈을 받게 된다.

(4) 재는 정화와 순수의 의미를 가진다.

종려나무 가지가 태워지는 것은 이렇게 메마른 심령이 성령의 불로 태워져 새롭게 되는 것을 의미한다. 자신을 깨끗하게 정화하고 순수한 본래의 모습, 흙과 같은 존재, 더 이상 태울 것이 없는 자신의 것으로 남는 생활이 되어야 함을 말해준다.

(5) 재는 생명과 성장을 의미한다.

농경문화에서 재는 밑거름이다. 재는 자기가 있던 흙으로 돌아가 새로운 생명과 성장을 위한 밑거름이 된다.

(6) 재는 정결함을 의미한다.

구약에는 염소와 황소의 피와 암송아지의 재로 부정한 자에게 뿌려 죄인을 정결하게 하기도 했다(히 9:13). 우리는 흠 없는 자기를 하나님께 드린 그리스도의 피로 인해서 죽은 행실에서 깨끗하게 되고 또 살아계신 하나님을 섬기게 되었음을 깨닫고 하나님께 담대하게 나아갈 수 있는 용기를 갖게 되었다는 사실을 재를 통해 확인할 수 있다.

4) 재의 수요일과 디아코니아

재의 수요일은 사순절의 첫 시작을 알린다. 사순절은 그리스도의 고난과 죽음을 기억하는 절기이다. 이 사순절 그리스도의 낮아짐과 죽기까지 순종하신 삶을 배우고 경험하게 된다. 따라서 사순절은 죽음에만 초점이 맞추어져서는 안 되고 우리를 향한 그리스도의 낮아짐과 섬김에도 초점이 맞추어져야 한다. 따라서 재의 수요일 예식을 통해 우리의 유한성과 모순됨을 경험한 이들은 이제 그리스도의 삶으로 초대받는다. 그분의 낮아짐과 섬김, 죽기까지 순종하심의 삶으로 초대받는다. 그 삶의 정점에 대속적 죽음, 희생적 삶이 있다.

디아코니아는 식탁에서 시중드는 예수님의 낮아짐과 섬김에 근간을 두고 있다. 따라서 재의 수요일은 디아코니아와 밀접한 관계를 맺는다. 유한성과 죄성 그리고 모순성을 가진 인간에게 오셔서 낮아지시고 섬기신 그리스도를 만나는 시간이기 때문이다. 이 예식에 참여한 이들은 단순히 죄의 무서움, 자신의 유한성에 탄식하는 것이 아니라 이런 자신을 향해 오신 예수님의 삶으로 초대받고 사순절 기간 그분의 삶을 깊이 묵상하며 교회와 이웃, 사회 속에서 예수님의 삶, 디아코니아의 삶을 살아갈 것을 요구받게 되는 것이다.

5) 재의 수요일 예배의 구성과 흐름

재의 수요일		
예 식 사	예수 그리스도 안에서 사랑하는 형제자매 여러분, 초대교회 그리스도인들은 주님의 고난과 부활의 기간 동안에 거룩한 헌신을 했던 것을 우리는 잘 알고 있습니다. 그리고 40일 동안 부활절을 준비하기 위하여 준비를 위한 기간이 사순절이라는 것도 잘 알고 있습니다. 이 기간 동안 우리들은 그리스도의 삶과 사역, 그분의 죽음과 구속의 은혜를 깊이 묵상하면서 그리스도의 죽음에 참여하고 그리스도의 부활에 동참하고자 합니다. 자, 이제 여러분을 거룩한 사순절로 초대합니다. 그 시작인 재의 수요일 예식을 시작합니다. 다같이 우리의 창조주시며 구세주이신 주님 앞에 서십시오.	인 도 자
묵 도		인 도 자
찬 송	151장 만왕의 왕 내 주께서	다 같 이
기 도	기도는 예식에 참여한 목회자 혹은 장로로 기도하게 하며, 기도문을 작성하도록 하는 것이 좋다.	맡 은 이
교 회 소 식		인 도 자
성 경 봉 독	시편 57:7-11	인 도 자
찬 양		찬 양 대
말 씀	동굴 속의 재	설 교 자
재 바 름 의 예 식		집 례 자
찬 송	258장 샘물과 같은 보혈은	다 같 이
축 도		설 교 자

말씀
설교자

동굴 속의 재

시편 57:7-11

교회력으로 오늘은 재의 수요일(Ash Wednesday)입니다. 주님의 고난에 동참하기 위해서 주일을 제외한 40일 동안 사순절 절기를 통하여 부활절을 맞이할 준비를 합니다. 그때에 사순절의 첫 날을 '재의 수요일', 또는 '참회의 수요일'이라고 합니다.

우리가 사용하는 재는 성경에서 죄에 대한 슬픔과 통회와 회개의 상징입니다. 종려나무를 다 태워 재를 만들고 그것을 이마에 십자가를 새기는 것은 우리의 죄를 위해 고난을 당하신 예수님을 기억하겠다는 의미입니다. 오늘 우리는 재의 수요일을 맞이하여 재를 이마에 그리는 예식을 진행하게 됩니다. 이마에 십자가를 그리며 마음에 예수 그리스도의 끝없는 사랑의 기억하는 시간이 되어야 할 것입니다.

영국에서 장례식에서 쓰이는 말 중에 "Ashes to ashes, dust to dust"라는 말이 있습니다. 이는 "재는 재로, 먼지는 먼지로"라는 말입니다. 사람은 아무리 잘났어도 한 줌의 재에 불과하다는 사실을 이야기해주는 말입니다. 그러나 장례식장에서 이 말을 하는 이유는 단지 우리 인생의 허무함에 대해서 이야기하는 것만은 아닐 것이라는 생각이 듭니다. 재로 돌아가는 인생이기에 우리가 이 땅을 어떻게 살아가야 하는지 생각해봐야 한다는 의미가 들어 있는 것입니다.

오늘 본문에 나타나는 삶의 모습 속에서 재와 같은 우리의 인생이 어떻게 살아가야 하는 것인지 재의 수요일과 사순절을 맞아 기억해 보고자 합니다. 시편 57편은 다윗의 삶의 가장 힘들고 어려운 시기를 경험하면서 쓰인 시 중의 하나라고 할 수 있습니다. 삶의 경험 속에서 묻어나오는 진솔한 시입니다.

　일본 시인 중에 시바타 도요라는 시인이 있습니다. 시바타 도요는 99세의 나이에 『약해지지 마』라는 시집을 내었습니다. 이 여인이 자신의 장례를 위하여 준비한 돈으로 시집을 냈는데 이 시집이 출판되어 100만부를 넘기며 일본의 열도를 감동시켰습니다. 그녀의 대표적인 시 "약해지지 마"를 소개합니다.

　　　약해지지 마!　　　　　　　　시바타 도요

　　　있잖아,
　　　불행하다고
　　　한숨짓지 마

　　　햇살과 산들 바람은
　　　한 쪽 편만 들지 않아
　　　꿈은 평등하게 꿀 수 있는거야

　　　나도 괴로운 일도 많았지만
　　　살아있어
　　　너도 약해지지 마

　이 시가 많은 사람들에게 감동을 주었던 이유는 그녀가 처한 상황 가운데 들려주었던 삶의 이야기에 힘이 있기 때문입니다. 수많은 인생의 괴로운 일을 다 겪고 난 100세에 가까운 노인의 시구, "괴로운 일이 많았지만 살아있어. 너도 약해지지 마"라는 말이 많은 사람들에게 위로를 주었던 것 같습니다.

오늘 시편 57편의 말씀도 믿음의 길을 걸어가며 수많은 일들을 겪고 있는 우리들에게 믿음의 힘을 주고 있는 시입니다. 시편 57편에는 이 시의 상황을 보여주는 문구가 있습니다. 첫째는 "알다스헷"에 맞춘 노래라는 말입니다. "알다스헷"은 '멸하지 마소서'라는 뜻으로 간절한 시인의 마음이 느껴집니다. 두 번째 문구는 "다윗이 사울을 피하여 굴에 있던 때에"라는 설명인데 당시 다윗이 처한 상황을 잘 알려주고 있습니다.

이 시가 쓰여진 배경은 사무엘상 22장 1-2절입니다. 다윗이 골리앗과 싸움에서 승리한 후에 "사울은 천천이요, 다윗은 만만이라."는 노래가 퍼지면서 많은 인기를 얻게 되고 왕궁에 들어가게 됩니다. 왕의 사위가 되고 왕의 옆에 있는 자리에 앉게 되었습니다. 그러나 그 모든 명예와 자리가 한 순간에 없어지고 도망자의 신세가 되어 언제 목숨을 잃을지 모르는 처지가 됩니다. 사울 왕의 시기와 질투의 대상이 되는 순간 그에게 있던 모든 것을 잃어버려야 했습니다. 그리고 지금 그의 현실은 동굴에 숨어 있어야만 하는 상황이 되었습니다.

다윗은 하나님께서 사무엘 선지자로부터 기름부음을 받은 사람이었습니다. 골리앗을 쓰러뜨리고 영웅의 자리에도 올라간 적도 있습니다. 그러나 그 모든 자리가 한 번에 사라지는 순간을 경험하고 이제는 앞으로 어떻게 될지 모르는 생명의 위협을 느끼는 자리에 있게 되었습니다. 이것이 바로 동굴 속의 다윗의 모습이었습니다. 마치 활활 타오르는 순간들이 있었지만 이제는 재와 같은 자신의 모습을 경험하는 순간이 바로 "사울을 피하여 굴 속에 들어가 있는 지금 이 순간"이었습니다. 인생이 재와 같다는 것을 경험하는 시간. 내가 가진 것이 재이니 재로 돌아갈 것이라는 사실을 경험하는 시간. 이 시간이 다윗에게는 동굴 속에 들어가는 시간입니다.

우리도 동굴 속에 들어가는 시간들을 보내야 할 때가 있습니다. 어떤 성도는 질병의 고통의 동굴 속에서 보내야 할 때가 있습니다. 어떤 성도는 진로가 막막한 동굴 속에서 보내야 할 때가 있습니다. 어떤 성도는 분노와 증오의 동굴 속에서 보내야 하는 성도도 있을 것입니다. 점점 우리의 삶이 다윗과 같이 동굴 속으로 깊이 들어갑니다. 그때 아무 것도 할 수 없는 것 같은 동굴에서 우리는 재와 같은 우리의 모습을 보게 됩니다. 그러나 재와 같은 우리의 모습을 느낄 때 우리가 할 수 있는 일이 있습니다.

동굴에서 다윗은 무엇을 합니까? 8절은 이렇게 말씀합니다. "깰지어다. 새벽을 깨우리로다." 히브리어로 새벽은 '오르'(אור)라고 하는데 그 뜻은 '빛나다'입니다. 어둠의 동굴에서 새벽을 깨우겠다고 결단하고 있습니다. 다윗은 기도의 사람입니다. 목동일 때나, 사울의 왕궁에 있을 때나, 사울에게 쫓길 때, 아둘람 굴 속에 있을 때도 기도를 쉬지 않았습니다. 재와 같은 순간에 다윗은 자신의 한없는 연약함을 깨닫고 하나님께 기도로 나아가겠다고 결단을 하고 있습니다. 이 결단이 우리에게 필요합니다. 동굴과 같은 삶 속에서 우리는 한 줌의 재임을 느끼며 주님을 의지하는 삶의 결단이 필요합니다. 이제 우리는 재의 수요일을 시작으로 사순절을 맞이하게 됩니다. 이 기간에 우리가 새벽을 깨우는 시간들이 되기를 바랍니다.

어찌 보면 동굴은 괴롭고 힘들지만 우리에게 주님을 만날 수 있는 기회가 됩니다. 생각해 보십시오. 언제 하나님이 우리 곁에 가장 가까이 오십니까? 내가 한 줌의 재임을 깨달을 때, 내가 아무런 힘도 없이 은혜만을 구하며 동굴에 거할 때일 것입니다. 가장 힘들 때, 가장 외로울 때, 혼자 외롭게 살아갈 때, 희망이 전혀 보이지 않을 때, 내가 가진 것을 잃어버렸을 때, 그리고 나 홀로 눈물을 흘릴 때입니다. 하나님은 우리가 동굴 안에 있을 때 가장 가까이 찾아오십니다. 그렇다면 동굴에 있다는 것이 은혜가 됩니다.

다윗은 동굴에서 어떻게 기도합니까? 자신이 잃어버린 것에 대하여 원망하지 않습니다. 아무런 잘못도 없는데 도망 다니는 것에 대한 기도가 아니었습니다. 그렇다고 사울을 벌하기를 원하는 것이 그의 기도가 아니었습니다. 그의 기도는 이것입니다. 7절, "하나님이여, 내 마음이 확정되었습니다." 확정되었다는 것은 영어 성경에서 "My heart is fixed"(KJV) 입니다. 분명한 결심이 서서 마음에 요동함이 없겠다는 다짐의 기도였습니다. 또 그의 기도는 이것입니다. 9절, "주께 감사하오며 주를 찬송하리이다." 감사하며 기도하는 것입니다. 인생의 동굴에서 재와 같은 인생임을 깨달을 때 하나님을 향한 감사와 결단을 할 수 있습니다. 그 재와 같은 인생도 새벽을 깨울 수 있기 때문입니다.

언젠가 터키의 갑바도기아를 다녀온 적이 있습니다. 그곳에는 지하 7층으로 된 지하 동굴이 있습니다. 얼마나 큰지 100만 명의 사람이 살 수 있다고 합니다. 그리고 그 안에 교회가 1,000개나 된다고 합니다. 한 번 들어가면 길을 잃어 살아서 나오지 못한다고 합니다. 실제로 그 곳에서 많은 신앙인들이 묻혔습니다. 그곳을 가면 말할 수 없는 은혜를 보게 됩니다. 그 어둠의 동굴 속에서 믿음을 지키며 새벽을 깨운 사람들이 있고, 그 흔적들이 있습니다. 감사와 결단의 기도의 흔적들이 있습니다. 그리고 그들은 그 곳에서 재로 돌아갔습니다. 그러나 그곳에서 새벽을 깨웠던 재와 같던 그들이 어두웠던 시기를 빛으로 바꾸었고, 고통과 슬픔과 두려움을 기쁨과 축복으로 바꾸었습니다.

사랑하는 여러분, 이제 재의 수요일을 맞이하여 재와 같은 나의 모습을 돌아보아야 합니다. 그리고 재와 같은 우리의 모습을 가지고 기도의 동굴을 회복해야 합니다. 어려운 동굴 속에서 하나님을 붙잡고 새벽을 깨우겠다는 결단이 이 사순절 기간 동안 여러분에게 있기를 바랍니다. 그리하여 비록 재와 같은 우리의 모습이지만 우리의 기도와 믿음의 고백을 통하여 하나님을 깊이 체험하는 은혜의 시간들이 되기를 축복합니다.

재바름의 예식

초대의 말씀 / 집례자

이 재는 우리의 죄에 대한 슬픔의 표상입니다. 성경의 사람들은 슬픔의 상황에 재 위에 앉아 재를 머리 위에 날리며 애통해하며 슬픔을 표현했습니다. 우리 주님께서 우리의 죄를 대속하시기 위해 십자가에 달려 죽으셨습니다. 우리를 위한 그리스도의 희생과 섬김을 기억하며 재를 받읍시다.

참회의 기도(공동) / 다같이

이 시간 시편 51편(새번역)[6]으로 기도하겠습니다.

하나님, 주님의 한결같은 사랑으로 내게 자비를 베풀어 주십시오. 주님의 크신 긍휼을 베푸시어 내 반역죄를 없애 주십시오. 내 죄악을 말끔히 씻어 주시고, 내 죄를 깨끗이 없애 주십시오. 나의 반역을 내가 잘 알고 있으며, 내가 지은 죄가 언제나 나를 고발합니다.

주님께만, 오직 주님께만, 나는 죄를 지었습니다. 주님의 눈 앞에서, 내가 악한 짓을 저질렀으니, 주님의 판결은 옳으시며 주님의 심판은 정당합니다. 실로, 나는 죄 중에 태어났고, 어머니의 태 속에 있을 때부터 죄인이었습니다. 마음속의 진실을 기뻐하시는 주님, 제 마음 깊은 곳에 주님의 지혜를 가르쳐 주셨습니다.

우슬초로 나를 정결케 해주십시오. 내가 깨끗하게 될 것입니다. 나를 씻어 주십시오. 내가 눈보다 더 희게 될 것입니다. 기쁨과 즐거움의 소리를 들려주십시오. 주님께서 꺾으신 뼈들도, 기뻐하며 춤출 것입니다. 주

---

6 인도자와 회중의 교독 형태나 기타 다른 형태로 기도문을 작성하여 활용할 수 있다.

님의 눈을 내 죄에서 돌리시고, 내 모든 죄악을 없애 주십시오.

아, 하나님, 내 속에 깨끗한 마음을 창조하여 주시고 내 속을 견고한 심령으로 새롭게 하여 주십시오. 주님 앞에서 나를 쫓아내지 마시며, 주님의 성령을 나에게서 거두어 가지 말아 주십시오. 주님께서 베푸시는 구원의 기쁨을 내게 회복시켜 주시고, 내가 지탱할 수 있도록 내게 자발적인 마음을 주십시오. 반역하는 죄인들에게 내가 주님의 길을 가르치게 하여 주십시오. 죄인들이 주님께로 돌아올 것입니다.

하나님, 나를 구원하시는 하나님, 내가 살인죄를 짓지 않게 지켜 주십시오. 내 혀가 주님의 의로우심을 소리 높여 외칠 것입니다.

주님, 내 입술을 열어 주십시오. 주님을 찬양하는 노래를 내 입술로 전파하렵니다. 주님은 제물을 반기지 않으시며, 내가 번제를 드리더라도 기뻐하지 않으십니다. 하나님께서 원하시는 제물은 찢겨진 심령입니다. 오, 하나님, 주님은 찢겨지고 짓밟힌 마음을 멸시하지 않으십니다. 주님의 은혜로 시온을 잘 돌보아주시고, 예루살렘 성벽을 견고히 세워 주십시오. 그 때에 주님은 올바른 제사와 번제와 온전한 제물을 기쁨으로 받으실 것이니, 그 때에 사람들이 주님의 제단 위에 수송아지를 드릴 것입니다.

참회의 기도 / 다같이
이제 조용히 소리 내어 우리의 죄를 주님께 고백하겠습니다.

용서의 선언 / 집례자
집례자: 이 시간 하나님 앞에서 자신의 죄를 전심으로 참회하며 고백하는 우리에게 주시는 하나님의 말씀이 있습니다.

> 내가 이르기를 내 허물을 여호와께 자복하리라 하고 주께 내 죄를 아뢰고 내 죄악을 숨기지 아니하였더니 곧 주께서 내 죄악을 사하셨나이다. (시 32:5)

이 말씀을 통하여 성령께서 우리 모두에게 참 위로를 주시기 바랍니다.

회중: 아멘.

말씀[7] / 집례자

재바름을 위한 기도 / 집례자

전능하신 하나님! 오늘 재의 수요일 예식으로 우리를 불러주셔서 감사합니다. 이 재를 받는 우리가운데 성령께서 임재하여 주셔서 재들이 우리의 죽음과 참회를 불러일으키게 하시고, 그리스도를 깊이 묵상하며, 주와 함께 살아가게 하여 주십시오. 우리에게 이 예식에 참여케 하심을 감사드립니다. 예수님의 이름으로 기도합니다. 아멘.

재바름 / 예식위원[8]

집례자: 이 시간 한 분씩 나와서 나를 위한 그리스도의 수난과 죽음을 의미하는 재를 받도록 하겠습니다.

예식위원: (이마에 재로 십자가를 그리면서)

1. 당신은 재이며, 재로 되돌아 갈 것을 기억하십시오.

2. 복음을 믿으십시오.

3. 섬김의 삶을 사십시오.

묵상기도 / 다같이

이제 함께 우리를 향한 그리스도의 섬김의 사랑과 고통을 묵상하며 조용히 기도하도록 하겠습니다.

---

7 말씀과 함께 재바름의 예식이 진행되는데 이때는 재, 인간의 슬픔, 이중성 등에 대한 성경봉독과 간단한 말씀을 선포하게 된다.
8 재를 바를 때 예식위원은 아래의 문구 중 하나 또는 번갈아 가며 사용할 수 있다.

평화의 인사 / 다같이

우리 서로를 향해 '주님의 평화가 함께 하소서'라고 인사 나누겠습니다.
"주님의 평화가 함께 하소서"

찬송 / 258장 샘물과 같은 보혈은

파송의 말씀 / 집례자

이제 이 재를 품고 세상 가운데 나아가십시오. 그리스도와 같이 낮아지
고 섬김으로 살아가십시오. 주님께서 여러분과 함께 하십니다.

축도

▶ 재바름 예식을 거행하는 모습

04 사순절

1) 사순절의 의미

사순절은 라틴어로 40일을 뜻하는 콰드라게시마(*quadragesima*), 헬라어로는 테사라코스테(*tessaracoste*)라고 한다. 영어의 'lent'는 봄을 뜻한다. 사순절은 부활절 전 40일 동안 영적인 훈련을 하던 매우 중요한 관습에서 유래했으며, 특히 부활절 날 세례를 받기 위해 준비하는 후보자들의 최종 훈련 단계였다.[1] 그러다 점차 그리스도의 삶을 묵상하며 회개와 참회에 초점을 맞추기 시작했다. 토마스 탈리는 이러한 변화에 대해서 다음과 같이 말했다.

> 사순절의 역사는 세례를 위한 준비로서의 의미에서 성목요일에 교회 앞에 공식적인 화해를 요청하는 사람들의 공적인 참회의 의미로 강조점이 변화되어 감을 보여준다. 유아세례의 증가는 사순절의 주요 관심을 세례로부터 참회자의 화해로 향하게 했다.[2]

---

1 정장복, 『예배학개론』, 181.
2 위의 책, 180.

2) 사순절과 디아코니아

위에서 살펴보았듯이 사순절은 부활절에 있을 세례를 준비하는 기간으로의 의미와, 회개와 참회의 의미를 동시에 지니고 있다. 세례를 준비하는 세례후보자의 경우 교리교육, 성경공부 등의 다양한 교육과 신앙훈련을 하게되는데 디아코니아의 관점에서 사순절은 그리스도의 섬김의 삶을 체계적으로 배울 수 있는 기간이다. 즉 세례를 받고 참된 그리스도인이 된다는 것은 하나님의 섬김의 사람(디아코노스)이 된다는 의미를 부여할 수 있는 기회가 된다. 이를 위해 사순절 기간 동안 구약과 디아코니아, 신약과 디아코니아 교육[3]을 진행해도 효과적이다.

구약과 디아코니아		신약과 디아코니아	
1과	창세기와 디아코니아	1과	식탁공동체
2과	출애굽기와 디아코니아	2과	세족식
		3과	그리스도의 몸
3과	레위기와 디아코니아	4과	예배와 섬김
4과	민수기와 디아코니아	5과	제자의 길
		6과	직분자의 자세
5과	신명기와 디아코니아	7과	고백성과 전문성
6과	룻기와 디아코니아	8과	장애인
7과	시편과 디아코니아	9과	노인
		10과	디아코니아와 내부선교
8과	예언서와 디아코니아	11과	하나님 나라

---

3   교육을 위한 교재가 작년 출판되었다. 자세한 교육 내용은 다음을 참고하라. 김한호, 『하나님 나라와 디아코니아』 (광주: 서울장신대학교 디아코니아연구소, 2015).

3) 사순절 예배의 구성과 흐름

사순절 둘째 주일[4]			
	예배로 부름	하나님께서 우리를 예배의 자리로 부르셨습니다. 우리를 위하여 낮아지고 섬기신 주님 앞에 사순절 둘째 주일 예배를 드립시다. 하나님은 영이시니 예배하는 자가 영과 진리로 예배할지니라 아멘	인 도 자
※	찬 송	32장 만유의 주재	다 같 이
※	신 앙 고 백		다 같 이
※	사 순 절 참 회 연 도[5]	인도자: 사랑의 하나님, 주님의 온전하심으로 우리 모두는 은혜 위에 은혜를 받았습니다. 주님은 우리의 영원한 소망이십니다. 주님은 노하기를 더디 하시고 은혜가 충만하시며, 누구든 주님의 이름을 부르는 사람에게 자비를 베푸십니다. 회 중: 주님, 우리를 구하소서. 인도자: 생명과 거룩의 근원이신 예수님, 주님께서 우리 죄를 제거하셨습니다. 우리 죄로 말미암아 십자가 위에서 고통을 당하셨고, 우리 허물로 말미암아 상처를 입으셨습니다. 회 중: 주님, 우리를 구하소서. 인도자: 죽기까지 순종하신 주 예수님, 모든 위로와 우리의 생명과 우리의 부활과 우리의 평화와 화해의 근원이시여, 회 중: 주님, 우리를 구하소서. 인도자: 주님을 의지하는 모든 이의 구세주이신 예수님, 주님을 위해 죽은 모든 이의 소망이신 예수님, 회 중: 주님, 우리를 구하소서. 인도자: 하나님의 어린양 예수님, 회 중: 주님, 우리에게 자비를 베푸소서. 인도자: 우리 죄를 담당하신 예수님, 회 중: 주님, 우리에게 자비를 베푸소서. 인도자: 세상의 구속자이신 예수님, 회 중: 주님, 우리에게 자비를 베푸소서. 인도자: "이제 침묵으로 우리를 주님 앞에 드립시다." (오르간 반주와 함께 침묵 기도가 계속되다 마무리 될 즈음 기도자 등단)	다 같 이
	기 도		맡 은 이
	찬 송	87장 내 주님 입으신 그 옷은	다 같 이

---

4 본 예배기획은 인도자의 인도문이 포함된 사순절 둘째 주일 예배기획으로 신약과 디아코니아의 두 번째 주제인 세족식의 주제를 가지고 진행되었다. 또한 성찬과 함께 진행할 수 있으나 생략하였다. 성찬은 디아코니아 성만찬의 디아코노스 성만찬을 주제로 진행할 수 있다.
5 총회예식서개정위원회 편, 『대한예수교장로회 예배예식서』, 134.

	교 회 소 식		인 도 자
	성 경 봉 독	누가복음 23:34	인 도 자
	찬 양		찬 양 대
	말 씀	십자가를 바라보다(2) – 확신[6]	설 교 자
	찬 송	324장 예수 나를 오라 하네	다 같 이
	봉 헌		다 같 이
※	찬 송	우리 함께 보리라	다 같 이
※	파송의 말씀	내가 너희에게 행한 것 같이 너희도 행하게 하려 하여 본을 보였다 주님 말씀께서 말씀하셨습니다. 이제 예수 그리스도의 섬김의 사람으로 세상 가운데 나아가십시오. 수건을 가져다 허리에 두르고 약하고 소외된 이들의 발을 씻어주십시오. 주님께서 여러분과 함께 하십니다.	설 교 자
※	축 도		설 교 자

※ 표는 일어서는 표입니다.

---

6 2015년 사순절 첫째 주일부터 부활주일까지 일곱 번에 걸친 시리즈 설교. '십자가를 바라보다'는 Ⅳ.절 기에 맞춘 시리즈 설교, 162페이지를 참고하라.

05 종려주일/고난주일 [1]

1) 종려주일/고난주일

이 날은 "대조의 날 또는 아이러니의 날"(Day of Contrast/ Irony)[2]이라고 부르는데 예수 그리스도의 승리의 입성과 그리스도의 수난의 의미를 모두 가지고 있기 때문이다. 이 날에 교회는 종려나무 가지를 들고 행진하는 전통이 있다. 목회적 측면에서 종려주일/고난주일은 매우 중요한 지점에 있다. 예배에 참석하는 이들이 고난주간에 충실히 참여한다면 문제가 없지만 그렇지 않은 이들은 왕으로 오신 그리스도만 알게 되고, 바로 이어서 부활하신 그리스도를 만나게 된다. 따라서 종려주일은 왕으로 입성하시는 그리스도와 동시에 하나님의 어린양으로 오시는 예수 그리스도를 함께 조명해야 한다. 이러한 큰 대조에 대한 이해가 생기는 정점이 바로 종려주일에 시행되는 성만찬이다. 이 성만찬을 통해 그리스도의 대속의 죽음을 회상하고, 성찬 가운데 임재하시는 성령으로 죄의 대속을 경험하게 된다.

---

1 고난주일은 종려주일과 맞닿아 있고, 두 가지 모두 교회력으로 가능하다. 춘천동부교회는 재의 수요일에서 종려나무 가지의 의미를 부각시키고, 인간의 이중적 실존을 다루었기에 고난주일을 지키고 있다.
2 주승중, 『은총의 교회력과 설교』 (서울: 장로회신학대학교출판부, 2014), 161.

2) 종려주일/고난주일과 디아코니아

종려주일/고난주일은 그리스도의 대속적 죽음의 의미를 깊이 묵상할 수 있는 절기이다. 종려주일/고난주일은 낮아지고 섬기신 예수님의 섬김 사역의 절정인 대속적 죽음을 기억할 수 있다. 성만찬은 한국교회가 전형적으로 지켜오던 방식을 동일하게 사용하고 이때는 고난주간의 의미를 더욱 부각시키기 위하여 성찬용 앞치마를 착용하지 않고 검정색 가운을 착용한 채 성찬을 진행하게 된다. 또한 고난주간 특별 새벽기도회를 통해 주님의 십자가를 바라보며 고난주간의 의미를 되새기도록 한다. 특별히 이 기간에는 "십자가를 바라보다"라는 주제로 시리즈 설교를 하게 되고 아래 그림과 같은 이미지를 배너와 특별 새벽기도회 기도카드로 사용함으로써 재의 수요일부터 고난주간까지의 주님의 행보를 성도들에게 이미지화 한다.

"고난주간 특별 새벽기도회"

일 시 : 2016년 3월 21일(월) ~ 3월 26일(토) 오전 5:30
장 소 : 춘천동부교회 3층 본당

▣ 고난주간 특별 새벽기도회 기도카드 앞면

3) 종려주일/고난주일 예배의 구성과 흐름

		종려주일/고난주일	
	예배로 부름	예수그리스도로 세상을 구속하신 하나님께서 우리를 부르셨습니다. 오늘 주님은 우리를 위해 예루살렘 성으로 들어가셨습니다. 그가 오시고 죽으심으로 말미암아 우리가 지금, 여기에서 예배합니다. 참회와 감사로 예배합시다. 하나님은 영이시니 예배하는 자가 영과 진리로 예배할지니라, 아멘	인 도 자
※	찬 송	17장 사랑의 하나님	다 같 이
※	신 앙 고 백		다 같 이
	기 도		맡 은 이
	찬 송	135장 어저께나 오늘이나	다 같 이
	교 회 소 식		인 도 자
	성 경 봉 독	요한복음 19:30	인 도 자
	찬 양		찬 양 대
	말 씀	십자가를 바라보다(6) – 승리[3]	설 교 자
	찬 송	149장 주 달려 죽은 십자가	다 같 이
	성 찬 식		집 례 자
	봉 헌		다 같 이
※	찬 송	우리 함께 보리라	다 같 이
※	축 도		설 교 자

※ 표는 일어서는 표입니다.

---

3   고난주간 시리즈 설교, '십자가를 바라보다(6)—승리'는 Ⅳ.절기에 맞춘 시리즈 설교, 180페이지를 참고하라.

성찬
예식

성찬 초대 / 집례자

"예수께서 이르시되 나는 생명의 떡이니 내게 오는 자는 결코 주리지 아니할 터이요 나를 믿는 자는 영원히 목마르지 아니하리라"고 말씀하셨습니다. 오늘 우리는 주님의 마지막 만찬에 초대받았습니다. 우리를 위한 살과 우리를 위한 피의 자리를 기억하고 경험하게 되기를 바랍니다. 주님의 식탁에 참여합시다.

성찬 찬송 / 229장 아무 흠도 없고 / 다같이

성찬 기도 / 집례자

존귀하신 하나님, 하나님은 거룩하시며 하나님의 아들, 우리 주 예수 그리스도는 복되십니다. 오늘 우리를 위한 그리스도의 몸과 피를 대하고자 하오니 성령이여 우리 가운데 임재하셔서 그리스도를 맛보아 알게 하시고, 그 사랑의 너비와 길이와 높이와 깊이를 깨닫게 하십시오. 우리에게 당신의 은총의 식사를 주심에 감사하며 예수 그리스도의 이름으로 기도합니다. 아멘.

제정의 말씀 / 고린도전서 11:23-26 / 집례자

(떡을 취하여 들고 두 조각으로 나누며) 주 예수께서 잡히시던 밤에 떡을 가지사 축사하시고 떼어 이르시되 이것은 너희를 위하는 내 몸이니 이것을 행하여 나를 기념하라 하셨습니다.

(잔을 취하여 붓고 들며) 식후에 또한 그와 같이 잔을 가지시고 이르시되 이 잔은 내 피로 세운 새 언약이니 이것을 행하여 마실 때마다 나를 기념하라 하셨습니다. 그리고 이 떡을 먹으며 이 잔을 마실 때마다 주의 죽으심을 그가 오실 때까지 전하라 하셨습니다. 하나님의 말씀에 의지하여 주님의 마지막 식탁에 참여하시기 바랍니다.

분병, 분잔 / 집례자, 성찬위원

이제 배찬을 하도록 하겠습니다. 먼저 앞으로 나와 성찬에 참여하기 어려우신 분들부터 배찬이 진행됩니다. 손을 들어 표해 주시면, 성찬위원들이 찾아가 성찬을 나누도록 하겠습니다.

(배찬 우선자 성찬 종료 후)

이제 전체 배찬을 시작하겠습니다.

성찬 중 영상

성찬 중에는 예수 그리스도의 고난에 대한 사진을 송출한다.

성찬 후 기도[4] / 집례자

주님, 이 시간 하나님의 아들과 성령 안에 나누어 주신 성찬으로 우리의 가난한 마음을 채워 주심을 감사드립니다. 그러므로 그의 부활로 우리를 구원하여 주소서. 예수님의 이름으로 기도합니다. 아멘.

평화의 인사

"주님의 평화가 함께 하소서" 인사 나누겠습니다.

봉헌 / 다같이

---

4   총회예식서개정위원회 편, 『대한예수교장로회 예배예식서』, 80, 128, 144를 참고하라.

찬송 / 우리 함께 보리라 / 다같이

파송의 말씀

우리를 위해 예루살렘에 오르신 주님께서 이제는 우리와 함께 세상으로 나아가자 하십니다. 그리스도의 몸과 피를 가슴에 품은 우리가 이제는 우리 자신의 십자가를 지고 세상에 섬기는 자로 나아갑시다.

축도

06 부활주일

1) 부활절의 의미

부활절은 '잔치의 여왕'이라고 불리는 날로 교회력에 있어서 가장 중심이
되는 날이다. 따라서 부활절 예배는 한 해의 모든 예배의 절정이다.[1] 이 절기
를 통해 그리스도인들은 하나님의 승리와 끝없는 사랑 그리고 구원의 확신
의 은총을 경험하게 된다.

부활절은 큰 기쁨의 절기이다. 초대교회는 죽음을 정복한 초자연적인 승
리의 주인을 구원의 주님으로 모신 기쁨으로 충만했으며, 이는 초대교인들
의 신앙의 핵심이며 순교의 원동력이 되었다.[2] 일반적으로 부활절에는 세례
를 베푸는데 그것은 생명의 탄생을 의미하기 때문이다.

---

1   정장복 외 9인, 『예배학사전』, 154.
2   위의 책, 155.

2) 부활절과 디아코니아

부활절은 기쁨의 절기로 생명의 소중함과 그것을 기뻐하는 의미를 가진다. 예수 그리스도로부터 시작된 새로운 생명이 세상 가운데로 흘러가야 하고, 생명을 기뻐하지 못하는 이들에게 생명을 축하하고 기뻐하는 것으로 전달되어야 한다. 따라서 부활주일을 맞이하는 교회는 예수 그리스도의 승리와 생명의 기쁨을 누구와 함께 나누어야 할지에 대해 생각해야 하고, 그들을 기쁨으로 초대해야 한다.

부활하신 예수님은 부활을 기대하지 못하고, 슬픔 가운데 있는 여인들과, 엠마오의 두 제자들에게 자신의 부활의 소식을 전하셨다. 부활의 기쁨은 슬픔 속에서의 일방적인 선포가 아닌 함께 섬김을 통하여 이뤄져야 한다.

3) 부활주일 예배의 구성과 흐름

		부활주일[3]	
	예 배 로 부 름	주께서 부활하셨습니다. 죽음에서 생명으로, 슬픔에서 환희로, 죄에서 의로움으로 우리를 이끄시기 위해 주께서 부활하셨습니다. 어둠에 빛이 비추었고 당신의 백성들을 기쁨으로 초대하셨습니다. 부활의 주요 그리스도이신 예수를 찬양하고 기뻐합시다. 하나님은 영이시니 예배하는 자가 영과 진리로 예배할지니라. 아멘.	인 도 자
※	찬　　　송	84장 온 세상이 캄캄하여서	다 같 이
※	신 앙 고 백		다 같 이
※	성 시 교 독	133(부활절 1)	다 같 이
	기　　　도		맡 은 이
	찬　　　송	159장 기뻐 찬송하세	다 같 이
	교 회 소 식		인 도 자
	성 경 봉 독	누가복음 23:44-49	인 도 자
	세　례　식		집 례 자
	찬　　　양		찬 양 대
	말　　　씀	십자가를 바라보다(7) – 부활[4]	설 교 자
	찬　　　송	165장	다 같 이
	봉　　　헌		다 같 이
※	찬　　　송	우리 함께 보리라	다 같 이
※	축　　　도		설 교 자

※표는 일어서시는 표입니다.

3 　부활주일에 세례예식이 함께 진행되며, 이들을 위한 첫 성찬을 베푼다.
4 　부활주일 설교, '십자가를 바라보다(7)-부활'은 Ⅳ.절기에 맞춘 시리즈 설교, 184페이지를 참고하라.

세례
예식[4]

세례 후보자 호명 / 집례자

(세례 후보자를 호명하면 준비된 자리에서 일어서거나 앞으로 나와서 선다)

세례 예식 선언 / 집례자

세례는 우리를 그리스도에게 합하는 표로 인치는 것입니다. 세례를 받고 교회에 입교하기를 원하는 이들에게 당회가 그 신앙을 살펴보아 "너희는 가서 모든 민족을 제자로 삼아 아버지와 아들과 성령의 이름으로 세례를 주라." 하신 주님의 분부대로 세례를 베풀어서 성도의 공동체에 참여시키는 예식입니다. 감사와 기쁨으로 임하시기를 바랍니다.[6]

기도 / 집례자

생명의 하나님, 성자 예수그리스도의 부활을 기뻐하는 이날, 사망의 권세를 이기시고 승리하신 이날에 예수를 주와 그리스도로 고백하며 하나님의 자녀가 되기를 소망하는 이들이 주님과 몸 된 공동체 앞에 섰습니다. 하늘의 은총을 베푸시어 그들이 그리스도의 거룩한 지체가 되게 하시고, 하나님의 자녀가 되게 하시고, 그리스도의 섬김의 사람이 되게 하십시오. 예수 그리스도의 이름으로 기도합니다. 아멘.

---

5 세례 예식은 말씀 후 또는 말씀 전 시간에 진행할 수 있다. 춘천동부교회는 설교 전 시간에 세례식을 거행한다.
6 정장복 외 9인, 『예배학사전』, 98.

이제 서약을 하겠습니다. 오른손을 들고 질문에 "예, 믿습니다." 혹은 "예, 서약합니다."로 답해주시기 바랍니다.

1. 문: 여러분은 하나님 앞에 죄인인 줄 알며, 그 진노를 면치 못할 줄 알고 오직 그의 크신 자비하심에서 구원 얻을 것을 믿습니까?

   답: 예, 믿습니다.

2. 문: 여러분은 그리스도께서 하나님의 아들 되심과 죄인의 구주가 되심을 믿으며, 복음에 말하는 바와 같이 구원하실 이는 오직 예수님뿐이라고 알고 믿으며, 오직 그에게만 의지하기로 서약합니까?

   답: 예, 서약합니다.

3. 문: 여러분은 지금 성령님의 은혜만 의지하고 그리스도를 따르는 자가 되고, 모든 죄악을 버리고 그의 가르침과 본을 따라 살기로 서약합니까?

   답: 예, 서약합니다.

4. 문: 여러분은 교회의 관할과 치리에 복종하고 교회의 덕을 세우는 일에 힘쓰며, 교인으로서의 의무와 권리를 바르게 행사하기로 서약합니까?

   답: 예, 서약합니다.

세례[7] / 집례자

예수 그리스도를 구주로 믿는 ○○○에게 내가 성부와 성자와 성령의 이름으로 세례를 주노라. 아멘.

선포

이들은 오늘 거룩한 세례를 받아 ○○교회의 세례교인이 된 것을 성부와 성자와 성령의 이름으로 선포하노라. 아멘.

---

7 세례는 관수나, 살수, 침수 등의 방식을 사용할 수 있다.

선포가 끝나면 찬양대가 찬송가 288장 "예수를 나의 구주 삼고"를 찬송하고, 교회에서 준비한 세례증서와 꽃을 선물하며 환영하는 시간을 갖는다.

찬양 / 찬양대

말씀 / 십자가를 바라보다(7) – 부활[8] / 설교자

찬송 / 165장 주님께 영광 / 다같이

봉헌 / 다같이

찬송 / 우리 함께 보리라 / 다같이

파송의 말씀

우리에게 그리스도의 빛이 있습니다. 우리에게 그리스도의 생명이 있습니다. 주님께서 우리와 함께 하십니다. 이 생명을 품고 아직 사망 가운데 있는 이들에게로, 아직 슬픔 가운데 있는 이들에게로, 활짝 웃을 수 없는 이들에게로 나아갑시다. 참 생명과 기쁨을 섬김을 통해 나눕시다.

축도

8　부활주일 설교, '십자가를 바라보다(7)–부활'은 Ⅳ.절기에 맞춘 시리즈 설교, 184페이지를 참고하라.

↪ 부활주일 세례 예식

07 입교 예배

1) 입교의 의미

입교(confirmation)의 사전적인 의미는 그리스도교 의식으로 세례성례전에서 이미 맺어진 하나님과 인간의 관계가 확고하게 됨을 의미한다. 대한예수교장로회(통합)는 로마가톨릭, 정교회, 성공회 등에서 사용하는 견신례(confirmation)라는 단어를 사용하지 않는다. '견신례'라는 단어 대신 '입교'라는 단어를 사용한다. 대한예수교장로회총회 헌법에서는 입교를 "입교는 유아세례를 받은 사람이 장성해서 스스로 예수 그리스도를 구주로 고백하고 하나님의 은총에 대한 개인적인 응답을 하도록 하는 예식이다." 라고 규정하고 있다. 이 입교 예식을 통하여 교회는 그에게 교인으로서 의무와 권리를 부여한다. 목사는 세례문답을 통하여 당회 앞에서 신앙을 고백하도록 하며 회중 앞에서 이 사실을 확인하고 세례교인됨을 공포해야 한다. 그리고 이 입교에 참여할 수 있는 자격은 유아세례 받은 자로 15세 이상으로 규정하고 있다.

2) 입교와 디아코니아

입교는 디아코니아의 영역에서 어떤 의미를 가지는가? 입교는 풍성하고 성대한 세례 예식 가운데 소외된 부분이다. 입교는 세례 예식 속에 한 부분으로 첨가되어 있는 듯한 인상을 주며 입교자들은 간단한 몇 번의 문답으로 입교의 절차를 마친다.

최근에는 유아세례를 선호하지 않는 경우들이 나타나고 있는데 이는 입교의 의미가 충분히 드러나지 않고, 예식의 절차가 세례보다 간소하기 때문이기도 하다. 교회의 예식에서도 소외가 나타나고 있는 것이다. 입교는 신앙의 가정 아래 성장한 자녀가 이제는 자신의 믿음으로 신앙을 고백하는 감격스러운 자리이며 신앙이 전수되었음을 보이는 중요한 의미들이 있는데 이것들이 세례 예식 속에 상대적으로 의미가 축소 혹은 충분히 전달되지 않음을 볼 수 있다. 따라서 이러한 소외된 예식에 대한 회복이 필요하다.

3) 디아코니아 입교 예식의 준비

춘천동부교회의 입교 예식은 세례식의 부속 예식으로 진행되지 않고 따로 시간을 마련하여 주일 저녁예배 중에 입교 예식을 진행한다. 이를 위해서는 몇 가지 준비가 필요하다.

(1) 입교자 교육

입교는 청소년을 대상으로 한 것이기 때문에 그들의 특성에 맞는 교육을 실시하며 신앙에 대한 확신을 확인하는 것뿐 아니라 청소년 시절에 필요한 성교육 등을 포함한 교육을 실시한다. 진행은 해당 교육부서의 교역자가 주

관하며 1박 수련회 혹은 4주간에 걸친 정기교육으로 진행된다.

(2) 교회의 준비

교회에서는 입교를 위해 장미 한 송이와 각자의 이름이 새겨진 반지를 준비하고 입교자 부모님께 사전에 연락하여 자녀들을 향한 축하 영상 메시지를 촬영한다. 이때 영상 촬영은 대상 학생들에게는 비밀로 하고 입교 당일 예식 중에 깜짝 상영한다.

(3) 회중의 준비

입교에 대한 인식이 필요하기 때문에 2주 전에 광고를 통해 입교를 알리고 입교 예식이 있는 예배에 참석하는 이들은 입교자들을 위한 선물 등을 준비하도록 한다.

➜ 입교자 서약에 임하는 학생들

4) 입교 예식 예배 구성과 흐름

		주일저녁 찬양예배 (입교 예식)	
※	입교자 입장	우리 교회의 다음 세대들이며 하나님의 나라를 세워갈 하나님의 꿈이요 기쁨인 입교 후보자들이 입장하겠습니다. 온 교우들께서는 일어나서 박수로 환영해 주시기 바랍니다. (입교자는 입장 후 준비된 입교 후보자석에 앉는다.)	다 같 이
	예배로 부름	주님께서 우리를 예배의 자리로 부르셨습니다. 예수 그리스도 안에서 한 믿음의 공동체로 부르셨습니다. 새로운 마음, 깨끗한 마음으로 하나님께 예배합시다. 하나님은 영이시니 예배하는 자가 영과 진리로 예배할지니라. 아멘.	인 도 자
	찬 송	560장 주의 발자취를 따름이	다 같 이
	기 도		맡 은 이
	성 경 봉 독	창세기 49:22	인 도 자
	찬 양		찬 양 대
	말 씀	무성한 가지	설 교 자
	입 교 예 식		다 같 이
※	축 도		담 임 목 사

※표는 일어서시는 표입니다.

무성한 가지

창세기 49:22

　상담사례에 나온 글을 보니 아버지가 어머니를 지팡이로 때려 어머니 허리가 다쳐서 일어나지 못한 채 7년을 누워있는데 이것을 그 아들이 돌봅니다. 오줌똥을 다 그 아들이 치우면서 돌봅니다. 그러다가 어머님이 돌아가셨는데 그 아들이 자기 엄마를 7년간 지겹도록 돌보았으면 상식적으로 얼마나 아버지의 행동이 싫겠습니까? 그런데 그 아들이 결혼해서 자기 부인을 아버지가 어머님 때린 것처럼 막대기로 똑같이 때립니다.

　부인이 어머니처럼 허리를 완전 못쓰게 된 것은 아니지만 부인도 허리를 다칩니다. 또 그 딸이 그것을 보고자랍니다. 난 절대 아버지 같은 남자와 결혼하지 말아야지. 그래서 술 안 먹는 얌전한 남자, 착실한 남자를 만납니다. 그런데 그 남자가 사업이 실패합니다. 그렇게 술 안 먹고 착하던 남자가 술을 먹습니다. 어디서 그런 나쁜 모습이 나오는지 자신의 아버지 같이 때립니다. 사람은 자기도 모르게 아버지하고 비슷한 사람에게 연민의 정을 느낍니다.

　결국 3대가 똑같은 것입니다. 자식은 부모의 붕어빵입니다. 성서에도 "나를 미워하는 자의 죄를 갚되 아비로부터 아들에게로 삼, 사대까지 이르게"(출 20:5) 한다고 말씀하셨습니다. 부모의 죄 값이 삼, 사대까지 이르게 한다는 말의 의미가 무엇인가? 삼, 사대까지 죄의 모습이 자녀에게 전달된다는 것입니다. 얼마나 무서운 말입니까?

　여기에도 비슷한 사람이 나옵니다. '요셉'입니다. 그 가정에 증조할아버지 아브라함, 할아버지 이삭, 아버지 야곱까지 삼대에 걸쳐 흐르는 안 좋은 유전이 있었습니다. 요셉의 가족에 흐르는 안 좋은 유전이 무엇입니까?

첫째는 거짓말입니다. 아브람이 자기 부인을 여동생이라고 속입니다. 그랄 왕 아비멜렉에게 동생이라고 속입니다. 아들 이삭이 똑같이 합니다. 블레셋왕 아비멜렉에게 동생이라고 속입니다. 생명을 위해서 부인을 다른 남자가 데리고 가도 좋다는 것입니다.

둘째는 성폭행입니다. 야곱이 레아와의 사이에 디나를 낳습니다. 그가 혼자 외국에서 구경나갔다가 성폭행을 당합니다. 이 일이 있고 얼마 안 있어 말하기조차 부끄러운 일이 집안에 계속해서 일어납니다. 이번에는 남이 아닙니다. 가족 중에서 생깁니다. 르우벤 형이 작은 어머니 빌하와 잠자리를 같이 합니다.

셋째는 조급함입니다. 이상할 정도로 온 집안 식구들이 기다림에 매우 약합니다. 하나님이 아브라함 할아버지에게 75세에 자식을 주겠다고 말합니다. 10년 후 몸종 하갈을 통해 이스마엘을 낳습니다. 그런데 정말 하나님의 말씀대로 15년 후 100세에 이삭을 낳습니다. 15년만 기다렸으면 되었는데 그것을 못 기다렸습니다. 야곱 역시 마찬가지입니다. 이미 리브가가 임신하였을 때 하나님이 나타나서 말합니다. "큰 자가 작은 자를 섬기리라" 그렇다면 기다리면 됩니다. 그런데 그것을 기다리지 못하고 나름대로 일을 꾸민 게 잘못입니다. 억지로 남편을 속여 작은아들이 큰아들을 대신해서 복을 받게 합니다. 그로 인해 시작된 야곱의 20년 도피생활이 부모와 자식의 생이별을 낳습니다. 이 모든 게 기다리지 못한 결과입니다.

넷째는 상처입니다. 증조할머니 사라가 아이에 대한 한이 있었습니다. 하갈과 이스마엘이 쫓겨 가면서 얼마나 한이 있었겠습니까? 할머니 리브가가 편애를 하는 바람에 에서에게 한이 있습니다. 야곱이라는 한 남자에게서 두 여인이 서로 사랑을 받을 수 있습니까? 레아와 라헬 두 어머니를 보면 이들은 서로 상처를 받은 자입니다.

라헬 어머님은 미모가 훌륭합니다.(창 29:17, 공동번역) 그렇다고 집에만 가만히 앉아 있는 그런 여인도 아닙니다. 직업 활동을 하는 여인이었습니다. 외할아버지를 도와 목동 일을 하였습니다. 화장은 안 해도 검게 그을린 그녀의 미모는 너무나도 아름다웠습니다. 아버지가 첫눈에 반했으니 말입니다. 결혼식을 얼마나 기다렸겠습니까? 그런데 이게 웬일입니까? 외할아버지는 큰언니 레아를 먼저 신혼 방에 들어가게 합니다. 그 기분을 이해할 수 있겠어요? 아마 라헬은 악이 났을 것이고 자기가 좋아하는 남자가 다른 여자 그것도 언니하고 잠을 자고 나오는 모습을 보노라면 분노가 났을 것입니다.

　레아는 한이 없습니까? 물론 자식이 많으니 좋지요. 그러나 자식만 낳는다고 됩니까? 남편과 결혼을 했어도 늘 남편의 마음은 동생에게 가 있는 것을 모를 리 없습니다. 이런 가족인데 요셉이 어떻게 합니까? 요셉은 잘못된 유전을 단절하는 삶을 삽니다. 요셉 역시 성적인 유혹을 받습니다. 보디발의 아내가 아주 힘들게 그를 유혹합니다. 아무도 모르게 그는 유혹에 넘어갈 수 있고 오히려 빠른 성공을 할 수 있는 기회가 온 것입니다. 그러나 요셉은 그것을 물리칩니다. 요셉은 기다림의 시간을 견딥니다. 그가 얼마나 옥에서의 3년이 힘들었습니까? 그것도 그가 죄가 있어서가 아니라 유혹에 넘어가지 않아서 감옥에 갔는데 그는 이것을 포기하지 않고 이긴 것입니다. 그의 기다림에 대한 유혹의 단절이 총리대신으로 가는 길이 되었습니다.

　요셉에게는 상처가 없습니까? 형제들과의 분쟁을 가져올 수 있는 이유가 요셉에게 얼마나 많습니까? 형들이 그를 17세의 나이에 종으로 팔았습니다. 지금은 총리가 되어서 그들의 형제가 먹고 살 수가 없어 먹을 것을 찾으러 애굽으로 온 것입니다. 이때야말로 복수할 수 있는 좋은 기회입니다. 그러나 그는 복수를 하지 않고 그 형제들과 화해를 합니다. 오히려 그는 내가 오늘날 이렇게 복을 받은 것이 형님들의 도움이었다고 합니다. 만약 형님들이 나를 종으로 보내지 않았다면 내가 과연 아니 우리 아버지가 나를 애굽에 보냈겠습니까? 그러니 이 모든 것은 형님들이 하나님의 뜻을 이루어드린 것입니다. 결국 화해함으로 그 가족에 흐르는 형제들끼리의 분쟁의 유전도 그는 막습니다. 요셉이 이렇게 단절할 수 있었던 힘이 무엇입니까?

비결은 샘 곁입니다. 그 나무가 샘 곁에 뿌리를 내렸기 때문입니다. 샘 곁은 하나님 안에 있다는 것입니다. 보십시오. 성경에 보면 "여호와 하나님께서 요셉과 함께 하셨더라"는 말이 반복적으로 등장하고 있습니다. 요셉은 언제나 하나님의 샘 곁에 머물렀습니다. 그뿐만 아니라 중요한 것은 축복의 말입니다. 부모가 자녀를 위해서 복을 빌어주는 말입니다. 지금 야곱이 죽기 전에 요셉에게 복을 빌어주는 말입니다. 요셉을 무성한 가지라고 합니다. 여기서 '가지'(branch)가 무엇일까요? 예레미야 23장 5절과 33장 15절(RSV)을 보면 'branch'를 대문자 'Branch'로 씁니다. 이는 바로 특정인물 '예수'를 가리킵니다.

오늘 요셉을 보다 보니까 누구의 모습이 떠오릅니까? 예수 그리스도의 모습입니다. 성경연구가 젠센(Jensen)이라는 사람은 예수님과 요셉의 공통점을 신구약 성경에서 130가지 이상 찾아낼 수 있다고 말했습니다. 모세와 예수와의 비교연구는 많지만 요셉의 비교연구는 많지 않았습니다. 예수님께서 사역을 시작하신 때가 30세, 요셉이 옥에서 나와 총리 대신이 된 나이가 30세. 요셉이 은전 20에 팔린 것과 예수가 은 30에 팔린 것. 보디발의 아내에게 시험 당한 요셉과 광야에서 시험 당한 예수. 죄의 유전으로 상처받은 가족들을 위해 화해자의 모습으로 다가온 요셉과 하나님과 죄 된 인간의 화해자로서 오신 예수님. 이 모든 것이 비슷합니다.

요셉은 그 가족에 흐르는 죄의 유전을 단절시키는 삶을 살았고 그 모습은 마치 신약의 예수 그리스도와도 같은 모습입니다. 예수님이 이 땅에 오심은 화해자의 모습으로 오셨습니다. 죄에서 우리를 단절시키고자 오셨습니다. 무성한 가지, 요셉. 그런데 이 가지가 얼마나 풍성한지 담을 넘어갑니다. 그 당시 풍습으로 포도나무의 가지가 담장 밖으로 나가면 나간 쪽의 과일은 가난한 자나 나그네를 위해 주인이 주었다고 합니다. 요셉이 담을 넘는다는 것은 자신의 희생을 나타내 보이는 것입니다. 요셉이 형들을 용서합니다. 이런 요셉이 나올 수 있었던 힘은 축복의 기도(야곱의 축복)입니다. 부모가 자녀들을 큰 사람으로 만들

수 있습니다. 바로 기도의 힘입니다.

김 집사라는 분에게 아들 삼형제가 있는데 세 아들의 특징이 똑같습니다. 셋이 모두 도둑질하고, 가출하고, 본드를 합니다. 그들의 부모인 김 집사 부부는 교회에 잘 나갑니다. 주일이면 교회 가고 집사까지 받은 분들입니다. 그리고 사업도 잘됩니다. 문제는 자녀입니다. 아무리 기도해도 예배드려도 안 됩니다. 목사님을 찾아가서 고민을 이야기하던 중 문제가 멀리 있는 게 아니고 가족에게 있음을 발견합니다.

김 집사 부부는 늘 싸웁니다. 그냥 싸우는 게 아닙니다. 욕을 하며 싸웁니다. 설교 중에 죄송한 표현이지만, "이년아" 하고 부르면 여자도 지지 않습니다. "이 새끼야" 합니다. 목사님은 대화중에 아들들에게 치명적인 상처가 있는 이유를 가정에서 발견합니다. 그런데 몇 번 목사님이 이 가족을 만나는데 신기한 것은 그 김 집사님 모습에서 이상한 환상이 자꾸 보입니다. 환상을 본 이야기라 하면 우린 조금 이상한 신앙생활처럼 보이지만 이분들에게는 이 환상이 아주 중요했습니다. 집사님을 보면 자꾸만 보이는 장면이 있었는데 그것은 15년 후 세 아들 중 한 명이 빗자루를 들고 청소를 하는 모습입니다. 다른 두 아들은 이상한 모자를 둘러쓰고 목에는 줄이 내려 와 있습니다. 이게 뭡니까? 한 놈은 교도소에 있는 것이고 두 명은 사형수 모습 아닙니까? 그래서 김 집사님에게 이야기합니다.

"집사님 제가 이런 환상을 보았습니다."

"목사님 어떻게 하지요?"

"매일 부부가 싸우면 자녀가 죽습니다. 자녀를 죽이겠습니까 살
    리겠습니까? 이제 제가 시키는 대로 하세요."

6가지 제안을 합니다. 첫째, 싸우지 말 것. 둘째, 매일 두 번 아침, 저녁으로 아이들 이름을 불러가며 기도해줄 것. 단 아이들이 보는 데서 할 것. 셋째, 부부가 찬송할 것. 이 역시 아이들이 보는 데서 할 것. 넷째, 또한 아이들 보는 데서 성경을 읽을 것. 다섯째, 설거지를 도와 줄 것. 여섯째, 부인이 시장 장보러 가면 바구니 들고 따라다닐 것.

"목사님 너무 힘듭니다."

"그러면 아이들 죽게 내버려 두겠습니까? 참으시고 쇼(show)하세요"

"알겠습니다."

이 집사님이 매일 밤 11시면 보고합니다.

"목사님, 해냈습니다!"

21일이 지났습니다. 얼마나 힘이 드는지, 집사님이 이렇게 말합니다.

"이제는 쇼도 못하겠습니다."

매일 포기하겠다고 전화합니다. 아이가 태어나서 세상을 적응하는 데 3주가 힘들다고 하는데 이 말은 어떤 결단도 21일이 넘어가면 한결 나아진다는 말입니다. 22일째가 될 때 전화가 왔습니다. 김 집사님이 통곡을 합니다.

"목사님, 아이들 앞에서 쇼를 하다가 이제는 제가 은혜를 받습니다. 찬송을 부르는데 얼마나 눈물이 나오는지 모릅니다. 설거지하면서도 눈물이 납니다. 장바구니 들고 따라 다니면서도 눈물이 납니다."

그런데 문제는 자녀들이 3개월이 가도 6개월이 지나가도 소식이 없습니다.

"아이들이 변화가 없어요, 아이들이 집에서 봐도 말을 안 합니다."

그런데 9개월 째 잠자다가 화장실을 가는데 한 아들과 눈이 마주쳤습니다. 그때 말을 합니다.

"아빠 미안해."

얼마나 가슴이 벅차오르는지 그런데 엉겁결에 그때 던진 말이

"불 끄고 자고 내일 이야기해."

그 말을 하고는 화장실에 들어가서 김 집사가 웁니다.

"하나님 아이가 말을 했어요. 미안하다고, 미안하다고."

그 아들이 지금은 MIT공대 박사가 되어 하버드에서 연수하고 있고, 둘째는 미시간대학에서 박사과정을 마치는 중이고, 셋째는 피츠버그에서 박사를 시작한다고 들었습니다.

여러 지역을 다닌다고 무성한 가지가 아닙니다. 예수님께서는 갈릴리와 유대라는 좁은 지역에서 활동하시고, 외국이라고는 한 번도 나가신 적이 없었지만 세계의 정신사와 종교사를 다 바꾸어버렸습니다.

오늘은 우리 자녀들의 입교 예식이 있는 날일입니다. 우리 자녀들이 담을 넘어 한국의 영향력 있는 인물들이 되기를 소원합니다. 우리 민족도 담을 넘은 민족이 되었으면 합니다. 좁은 국경과 민족의 담을 넘어서 세계적으로 진출했으면 합니다. 춘천은 작은 도시이지만 세계로 담을 넘어가야 합니다. 미국으로 유럽으로 중국으로 아프리카까지 진출해야 합니다. 기도하는 분들을 통하여 노벨상이 나와야 합니다. 이미 어떤 분은 자녀가 자라 노벨상을 타도록 기도 부탁을 합니다. 큰 그릇, 담을 넘는 이들이 나오는 길은 요셉처럼 샘 곁에 있는 것입니다. 이를 기대하고 소망하는 것이 부모의 축복입니다. 이것이 기도입니다.

오늘 입교 예식에 참여하는 자녀들이 야곱의 축복대로 샘 곁의 무성한 가지, 담을 넘는 가지가 되길 소망합니다. 요셉과 같이 죄에서 떠나 화해자로 하나님의 역사를 함께 이루어 가는 우리 자녀들이 되기를, 또 이를 위해 축복의 기도를 놓지 않는 우리 모두가 되시기를 주님의 이름으로 축원합니다.

입교
예식

입교로의 초대 / 집례자

사랑하는 교우 여러분, 우리는 입교 예식을 거행하려고 합니다. 입교 예식은 부모의 서약으로 유아세례를 받은 이들이 믿는 가정과 교회에서 신앙으로 자라, 지금 각자가 당회 앞에 신앙고백을 하였으므로 주의 성찬에 참여하기를 허락하는 예식입니다. 성삼위의 하나님께서 이들의 마음 속에 함께 하시기를 기도하오며, 여러 교우들은 이들을 도우며 지도하여 주시기 바랍니다.[1]

입교자 호명 / 사회자

입교자를 호명합니다. 호명되시는 분들은 자리에서 일어서 주시기 바랍니다. "입교자 김○○, 류○○, 박○○, 심○○, 윤○○, 정○○"

서약 / 집례자

* 입교자 서약: 이제 서약하겠습니다. 입교자분들은 오른손을 들고 서약하는 질문에 예! 라고 답해주시기 바랍니다.

1. 문: 여러분은 유아세례를 받을 때에 부모님들이 대신하였던 신앙고백과 서약을 이제는 장성하였으니 자기의 것으로 확신합니까?

   답 : 예!

2. 문: 여러분은 전능하사 천지를 창조하신 하나님을 믿으며, 그 독생자

---

1 총회예식서개정위원회 편, 『대한예수교장로회 예배예식서 표준개정판』, 103.

우리 주 예수 그리스도와 그의 구원하여 주심을 믿고 성령님을 믿음으로 삼위일체 되신 하나님을 확실히 믿습니까?

답 : 예!

3. 문: 여러분은 예수 그리스도를 구주로 믿을 뿐만 아니라, 그의 가르침과 생활의 모범을 따라 살기로 서약합니까?

답 : 예!

4. 문: 여러분은 교인으로서의 의무와 권리를 바르게 행사하며, 교회의 관할과 치리를 복종하고, 교회에 덕을 세우는 데 힘쓰기로 서약합니까?

답 : 예!

* 회중 서약: 이제 이 일에 증인된 성도 여러분들께서 서약하겠습니다. 자리에서 일어나 오른손을 들고 질문에 예! 라고 답해주시기 바랍니다.

1. 문: 여러분은 서로에게 그리고 신앙의 새로운 지체들에게 사랑과 격려를 나누어 줌으로써 그리스도의 몸을 돌보기로 약속하십니까?

답 : 예!

2. 문: 여러분은 이들을 위한 교사와 지도자와 모범이 되고, 갈등과 질문들로 힘들어 하는 이들을 지켜주며, 더 건강한 신앙으로 이들을 인도하시겠습니까?

답 : 예!

안수기도 / 사회자

이제 호명하는 한 분씩 나와서 담임목사님과 부모님으로부터 축복의 기도를 받는 시간을 갖도록 하겠습니다.

(입교자가 한 명씩 강단에 올라올 때 강단 전면 스크린에는 부모님들의 축하 영상이 송출됨, 영상이 끝나면 강단 앞에 준비된 방석에 무릎을 꿇고 집례자가 부모님과 함께 안수하여 기도한다.)

입교 선포 / 집례자

이들은 하나님과 온 교우들 앞에서 성실히 서약하였으므로 본 춘천동부교회 입교인이 된 것을 성부와 성자와 성령의 이름으로 선포하노라. 아멘.

성찬식[2]

축하의 시간

- 입교자들은 앞으로 나와 첫 번째 계단에 선다.
- 교회는 찬양(축복합니다)으로 이들을 축복함.
- 교회에서 준비한 반지와 장미 한 송이씩 증정. 회중은 박수.
- 꽃다발 증정 및 개개인이 준비한 선물 증정.
- 입교자들의 선물 증정이 끝나면 고등부 세례자들을 호명한 후에 강단 계단 앞에 서고 선물 증정

고등부 세례자[3] : 김○○, 노○○, 송○○, 이○○

- 입교자와 세례자가 함께 서 있는 상태에서 축복합니다. 한 번 더 부름 (부르는 동안 담임목사님 등단)

축도

---

2 이 성찬은 입교한 이들의 첫 식사로서의 의미를 가지고 진행되기 때문에 '그리스도의 공동체 성만찬'으로 진행되고, 입교자들에게만 성찬을 베풀게 된다. 강단에서 타원형으로 위치하여 진행하며 성찬 방식은 떡을 떼어 잔에 찍어 받는 방식으로 한다.
3 입교 예배가 즐거운 축제로 진행되면서 유아세례가 아닌 일반 세례를 받은 고등부 학생들이 오히려 입교하고 싶다고 말할 정도이다. 이러한 의견을 반영하여 입교예배 시 몇 주 전 부활주일에 세례를 받은 고등부 세례자들도 함께 초청하여 입교자와 세례자를 함께 축하하는 시간을 가진다.

➡️ 안수기도를 앞두고 사전에 촬영한 부모님의 입교 축하 영상 시청

➡️ 아버지가 함께 안수기도에 동참하는 모습

➡ 입교 선포 후 첫 성찬에 임하는 모습

➡ 축하의 시간에 입교증서, 장미꽃 한 송이, 기념반지 등 교회에서 준비한 선물 증정

●Diakonia & Service

08 장애인주일

1) 장애인주일의 의미

장애인은 전 세계 인구의 15%를 상회하고 있다. 후천성 장애인이 선천성 장애인보다 증가율에 있어서 더 높은 추세에 있다. 1970년 장애인 권리 선언은 신체적, 정신적 환경을 위한 조치가 필요함을 호소하고 있다. 그러나 교회 안에 15%의 장애인이 있는지 돌아볼 때 교회는 장애인에 대한 관심과 적극적으로 이들을 품으려는 노력이 부족하다는 것을 알 수 있다. 장애인주일은 예수께서 이 땅에 오셔서 가난한 자와 소외된 자, 억눌린 자와 함께 하셨던 것처럼 이 땅에 소외된 자인 장애인들과 함께 하는 의미로 제정되었다. 이 장애인주일 예배를 통해 장애인에 대한 교회의 미성숙한 의식을 개선하고 교회의 동등한 구성원인 장애인들의 교회 참여를 고취시키려는 것이다. 중요한 것은 이 예배가 자칫 비장애인들의 행사로 끝날 가능성이 높다는 것이다. 장애인주일 예배는 장애인들에 대한 비장애인의 인식의 변화를 위한 예배로 진행되는 경우가 많다. 특별순서 하나 정도를 장애인에게 할애하여 구색을 맞추는 정도로는 장애인주일의 의미를 살리기 어렵다.

장애인주일은 장애인에 대한 비장애인의 예배가 아니라 장애인들이 예배의 중심에 서서 예배하며, 그들을 우리의 공동체의 일원으로 인정하고 받아들이는 예배이다. 이를 위해 예배의 기획에서부터 진행에 이르기까지 교회 내외의 장애인들과 대화하고 참여할 수 있도록 돕는 것이 필요하다. 그래서 사전에 장애인주일을 알리는 이미지 광고를 제작하여 교회 및 지역 내에서 적극 활용하고 있고 기독공보에 실어서 교계에 장애인주일에 대한 관심을 불러일으키려는 노력을 기울이고 있다.

➡ 2015년 장애인주일을 위한 이미지 광고

➡ 2016년 장애인주일을 위한 이미지 광고

2) 장애인주일 예배와 디아코니아

여기에 소개하는 춘천동부교회의 장애인주일 예배는 장애인과 함께 하는 예배로 기획되었던 예배이다. 이를 위해 교회 내 장애인들과 지역사회 장애인학교와 연계하고, 장애를 가진 목회자를 초빙하여 예배를 진행했다.

▶ 2014년 장애인주일 디아코니아 예배 시 특송으로 예배에 참여하는 모습

장애인주일 예배를 기획할 때 중요한 것은 장애인과 비장애인의 조화를 이루는 것이다. 이 예배에서는 청각과 언어의 복합장애를 가진 고등부 학생이 기도를 맡았다. 기도는 수화로 했는데 이는 비장애인에게는 매우 생소한 것이다. 이러한 서로의 다름을 이해하기 위해서는 눈을 뜨고 기도하는 것을 알려주고, 아멘은 어떻게 수화로 어떻게 하는 것인지 등 예배 중 광고시간을 활용해 예배 순서에서 준비되어야 할 것들을 알리고 연습하는 시간을 갖는

것 등이 필요하다.

　서로의 다름이 이해된 상황 속에서 드려진 장애인 예배는 모두에게 새로운 자극이 되었고 은혜가 충만한 예배가 되었다. 예배가 끝난 후 순서를 맡은 이들은 소외되었던 이들이 예배의 중심에서 하나님께 영광을 돌리게 된 것에 대하여 매우 감격하고 기뻐했고 지역사회와 농아인 학교에서도 좋은 반응이 나타났다.

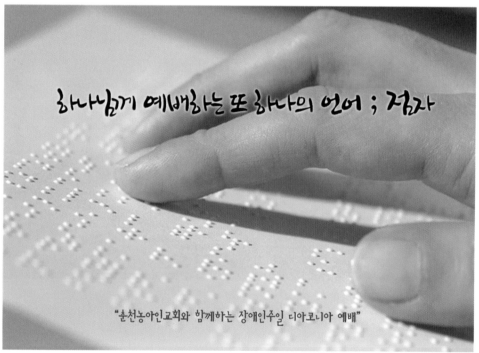

하나님께 예배하는 또 하나의 언어 ; 점자

"춘천농아인교회와 함께하는 장애인주일 디아코니아 예배"

⟳ 시각장애인을 위해 점자 성경을 교회에 비치하고 있다

3) 장애인주일 예배 후속 활동

춘천동부교회에서는 장애인 예배를 전후로 지역에 있는 장애인들의 필요를 따라 그들을 섬기는 활동을 진행한다. 교인들 중에 장애가 있는 분들을 파악 후 간담회를 통해 그들의 필요를 경청하는 시간을 가졌고 실제적으로 그분들의 요청에 따라 교회 식당에 휠체어를 타고서 편하게 식사할 수 있는 전용 테이블을 제작하여 이동거리가 최소화되는 지점에 설치하였다.

또한 교회가 속한 지역사회의 장애인들을 섬기기 위해 교회 근처 3개 동 주민센터의 사회복지사들을 통해 다양한 장애유형에 따라 도움이 시급히 필요한 경우를 파악하고, 소득이 어려운 분들을 중심으로 대상자를 추천받아 장애인들의 필요에 따라 맞춤식 섬김을 진행했다. 봉사자들은 교회 내 디아코니아 학교[1] 2단계 수강생 중에서 신청을 받아 선발했으며 사전에 장애인 에티켓 교육을 실시한 후 봉사를 진행했다.

이렇게 예배와 섬김 활동이 분리되지 않고 하나의 통전성을 가지고 진행될 때 섬김이 하나의 이벤트성 활동으로 끝나는 것이 아니라 목회의 방향성으로, 회중의 적극적인 참여로 나아가게 된다.

---

1   춘천동부교회의 디아코니아 학교는 장년부를 위한 디아코니아 교육과정으로 교회의 비전, 예배, 교육, 섬김 등에 대해 각 단계마다 일정한 기간을 두고 배우는 시간이다. 단순히 배우고 수료하는 데 그치는 것이 아니라 배운 내용을 적용할 수 있도록 교회 봉사를 경험하게 하고 지속적인 섬김의 장을 열어주는 실제적인 교육 프로그램이다.

4) 장애인주일 예배 구성과 흐름

		장애인주일	
	예배로 부름	사랑하는 형제자매 여러분, 주님께서 우리를 당신의 거룩한 공동체로 불러주셨습니다. 서로 어울려 함께 예배하는 것은 행복하고 기쁜 일입니다. 우리 함께 우리를 부르신 그 주님께 예배합시다. 보라 형제가 연합하여 동거함이 어찌 그리 선하고 아름다운고! 머리에 있는 보배로운 기름이 수염 곧 아론의 수염에 흘러서 그의 옷 깃까지 내림 같고 헐몬의 이슬이 시온의 산들에 내림 같도다 거기서 여호와께서 복을 명령하셨나니 곧 영생이로다.[2] 아멘.	인 도 자
※	찬 송	430장 주와 같이 길 가는 것	다 같 이
※	신 앙 고 백		다 같 이
	교 회 소 식		인 도 자
	기 도	이○○ 자매[3]	맡 은 이
	성 경 봉 독	사도행전 3:1~10	인 도 자
	찬 양		찬 양 대
	말 씀	무엇을 보는가	설 교 자[4]
	찬 송	615장 그 큰일을 행하신	다 같 이
	봉 헌		다 같 이
	봉 헌 특 송		강원재활교회
※	찬 송	우리 함께 보리라	다 같 이
※	파송의 말씀	이제 우리 함께 세상으로 걸어갑시다. 이 모습을 어색해하고 이상하게 보는 이들에게로 나아가 이것이 자연스러운 것이며 하나님이 기뻐하시는 모습이라는 것을 나타냅시다. 주님께서 여러분과 함께 하십니다.	설 교 자
※	축 도		설 교 자

※표는 일어서시는 표입니다.

---

2 시 133:1-3.
3 복합 장애를 가진 고등학생 자매가 기도를 맡아 수화로 진행했고, 통역사가 통역을 진행했다.
4 2부 디아코니아 예배의 설교자로는 춘천농아인교회 허인영 목사님께서 수고해주셨다. 수화로 말씀을 전하시고 성도들은 통역으로 말씀을 듣는 시간을 가졌다.

무엇을 보는가[5]

사도행전 3:1-10

장애인주일을 앞두고 장애를 가진 분들의 안타까움을 함께 하기 위해 우리교회 주차장에서부터 휠체어를 타고 움직여 보았습니다. 휠체어에서 바라 본 교회는 또 다른 느낌이었습니다. 우선 화장실에 세면도구와 수건걸이가 비장애인 중심으로 자리 잡아 조금 높았습니다. 주차장 역시 큰 턱이 있어서 휠체어가 지나가기에 불편하였습니다. 호산나홀이나 아기학교 교실에도 들어갈 수 없어 참 가슴이 아팠습니다. 그럼에도 우리교회는 10여 년 전 지은 건물이지만 장애인 시설이 대체로 잘 되어 있었습니다.

사무실과 교역자실도 본래 턱이 있어 휠체어가 쉬이 들어갈 수 없었지만 이를 고쳤습니다. 호산나홀이나 아기학교 교실 외에는 문턱이 거의 없습니다. 화장실도 휠체어를 타신 분들이 따로 이용할 수 있게 되어 있습니다. 교회를 둘러보며 이 건물을 위해 수고하신 분들에게 다시 한 번 감사를 드렸습니다. 이러한 시간을 가져보면서 얻은 교훈은, "사람들은 저마다 자기에게 편한 방식으로 모든 것을 바라보는구나." 하는 것이었습니다.

오늘 본문의 중심인물은 베드로와 요한입니다. 요한은 급하고 열정적인 사람이었습니다. 어느 날 요한이 예수에게 묻습니다.

"선생님, 귀신을 쫓는 용한 자가 교회는 나오지도 않으면서 당신의 이름으로 귀신을 쫓습니다. 그래서 제가 그 사람에게 예수 이름으로 귀신 쫓는 것을 못하게 했습니다."

5　이 설교 원고는 2015년 장애인주일을 맞아 선포된 설교 원고이며 디아코니아 예배(2부)에는 농아인 목사님을 모시고 수화로 말씀을 들었다.

요즘말로 하면 함부로 남의 상표를 도용하면 안 된다는 것입니다. 또 어떤 때는 예수님에게 좌편이든, 우편이든 앉게 해달라고 청탁을 하기도 했던 인물입니다.

베드로는 정열적이고 충동적인 사람이었습니다. 갈릴리 바다 위에서 한 밤중에 제자들이 배를 타고 있는데 물 위로 걸어오시는 예수님을 보고 모두들 유령이라고 벌벌 떨고 있을 그때에 베드로는 서슴없이 물위를 걷습니다. 이것은 베드로의 믿음이 이끈 행동이라기보다는 성격이 이끈 행동이라고도 할 수 있습니다. 그는 또 예수님이 잡히시던 밤에 말고의 귀를 잘라버립니다. 이러한 상황 속에서 예수님은 베드로와 요한 모두에게 "그렇게 하지 말라"고 하십니다. 왜일까요? 자기중심적으로 판단하고 행동하기 때문입니다. 그러나 이 두 사람은 부활하신 주님을 만나고 변하였습니다. 무엇이 변하였습니까? 보는 눈이 변하였습니다. 시각이 변했습니다. 평상시 보이지 않던 부분이 보이게 된 것이지요.

2절에 보면 "못 걷게 된 이"라고 기록되어 있습니다. 이 사람은 나면서부터 못 걷는 사람이었고 나이가 40여 세였습니다. 그렇다면 40년을 여기 있던 사람입니다. 늘 여기서 구걸하던 사람일 것입니다. 이 사람은 사회적 약자였습니다. 베드로는 가던 길을 멈추고 그를 봅니다. 초대교회는 대단히 바쁘고 분주했습니다. 갑자기 모여든 군중 3,000명에게 세례를 주는 일들로, 그들에게 설교하느라 분주합니다. 교회가 성장하면서 할 일이 얼마나 많습니까? 그런데 베드로와 요한의 눈에 이 사람이 보인 것입니다.

그 미문에 앉아 있는 지체 장애인은 어떻습니까? 베드로와 요한 그들이 누구인지, 어떤 사람인지 특별히 알아야 할 이유가 전혀 없었습니다. 그저 자기 앞을 지나가는 사람만 보이면 그가 누구이든지 상관없이 손을 내밀어 구걸하는 것이 그의 일상사였기 때문입니다. 그가 보았다는 것은, 그에게 동전을 던져 준 사람들 혹은 그냥 지나간 사람들입니다. 특별한 의미 없이 그냥 보는 것입니다. 그래서 그런지, 지체장애인은 베드로와 요한을 볼 때 에이도(*eido*)라는 말을 썼습니다. 영어로 표현하자면 'see'가

됩니다. 오늘 3-5절까지 '보다'라는 동사가 네 번 등장하고 있습니다. 우리말로는 이 네 단어의 차이가 거의 구별되지 않습니다. 그러나 그리스어 원문은 네 번 모두 각각 다른 동사로 기록되어 있습니다.

이때에 베드로는 지체 장애인에게 무엇이라 말하나요? 4절입니다. "우리를 보라" 여기 나온 단어는 블레포(*blepo*)입니다. 영어로 표현하면 'look at', 즉 주목하라는 말입니다. 그러자 지체장애인은 어떻게 봅니까? 'see'가 아니라 5절에 "바라보았다"라고 합니다. 이때는 에페코(*epeko*)입니다. 'give attention.' 즉 온 시선을 집중해서 마주치는 것입니다. 무엇을 집중하였을까요? 아마 물질을 생각하였을 것입니다. 혹시 오늘 대박이라도 나는가 하여 지체장애인 역시 자기 관심 있는 것만 봅니다. 그러자 베드로는 그에게 무엇을 이야기 하나요? "은과 금을 보지 마세요. 주님을 보세요."라고 말합니다.

루브르 박물관을 가서 레오나르드 다빈치의 모나리자 작품을 본 적이 있습니다. 큰 기대를 하고 갔습니다. 그런데 막상 가서 보니 약간 실망이 되었습니다. 그림 크기도 별 볼일 없는 가로 53cm, 세로 77cm에 지나지 않는 조그마한 그림이었습니다. 그런데 왜 그 그림을 그토록 높이 평가하는지 도무지 이해할 수 없었습니다. 물론 듣기로는 가로 세로 비율이 황금 분할이고, 최초로 원근법, 입체법, 명암법이 도입된 그림의 효시라든지 하는 것 등이었습니다. 그 그림에서 제가 특별한 느낌을 받은 것은 모나리자의 눈이었습니다. 그림은 고정되어 있는데 제가 움직일 때 마다 신비스럽게도 모나리자의 눈동자는 정확하게 저를 따라 움직이는 것이었습니다. 그것은 단순한 그림의 눈이 아니었습니다. 살아있는 사람의 눈이었습니다. 그 시선과 맞부딪치면서 모든 것이 분명해진 것입니다. 왜 레오나르도 다 빈치가 67세에 죽는 순간까지 이 그림만은 그 자신의 곁에 두고서 임종했었는지, 왜 그가 사람의 인체를 정확하게 알기 위해 10여 차례나 시체를 직접 해부해보면서 특히 얼굴의 피하조직을 세심하게 뜯어보았는지, 왜 이 그림을 사람들이 세계 최대의 걸작품으로 높이는지, 모나리자의 눈은 이 모든 질문에 대해 명쾌한 해답을 주었습니다.

인간이 만든 그림도 그런데, 하물며 주님의 시선은 어떻겠습니까? 주님은 지금까지 한결같은 모습으로 우리의 시선을 바라보고 있습니다. 그래서 베드로는 지체장애인의 시선을 주님의 시선으로 향하게 합니다. 시선이 마주치자, 역사가 일어난 것입니다. 그가 일어납니다. 이렇게 되자 이번에는 주변 사람들이 놀랍니다. 그리고 그들이 누구를 봅니까? 베드로를 봅니다. 이들이 신기한 능력이 있어 그런 일이 일어난 것으로 쳐다봅니다.(행 3:12) 이때 베드로가 가만히 있으면 자기가 치료자가 되는 것입니다. 그런데 베드로는 어떻게 행동합니까? '예수로 말미암아'라고 말합니다. 자기가 아니라 예수님을 보라고 합니다.

사람은 자기가 관심을 갖는 것을 보게 됩니다. 산에 나물을 캐러 가 보세요. 눈이 안 보인다고 하시던 어른은 산에만 가면 얼마나 시력이 좋은지, 그것도 산나물만 봅니다. 저는 시력이 좋은데도 나물 같은 건 잘 보이지 않습니다. 베드로는 계속하여 사람들에게 주님을 보라고 합니다. 이것이 베드로가 부활의 주님을 만나고 변한 것입니다. 베드로는 자신을 바라보는 시선을 돌려 자신 속에서 역사하고 계시는 예수 그리스도의 시선을 보게 합니다. 옛날 같으면 자신을 보게 하였을 것입니다.

베드로와 요한은 지체장애인이 일어나자 가장 먼저 무엇을 합니까? 함께 성전 안으로 들어갑니다. 예루살렘 성전에는 동서남북 사방으로 문이 있었습니다. 미문은 높이 23m의 매우 아름다운 문입니다. 예루살렘 성전의 문들 중 그 문이 가장 아름다웠기 때문입니다. 아무리 아름다운 미문이라도 그에게는 그림의 떡이었습니다. 40년간 그는 늘 문 앞에는 왔지만 그 안에는 못 들어갔습니다. 남들은 아름답다고 하지만 그에게는 그 문이 아름다운 것이 아니고 자신을 더욱 비참하게 하는 문일 뿐입니다. 미문은 자신이 장애를 갖고 있다는 것을 느끼게 하는 분명한 경계선이었습니다. 왜냐하면 율법에는 장애를 갖고 있는 그가 들어가면 안 되기 때문입니다. 요즘은 어떻습니까? 지금은 율법은 없지만 지금도 우리에게 미문이 가로막혀 있지 않습니까? 부정적 인식의 미문, 선입견의 미문, 차별적 미문, 이러한 미문을 넘어 함께 성전 안으로 들어가야 합니다.

지난해 장로님들하고 전주 자림원에 이어서 금년은 귀일원을 방문했습니다. 이곳은 전쟁 전에는 결핵환자들을 돌보았고 전쟁 시에는 고아 600명까지 돌보았습니다. 지금은 장애인들을 돌보고 있습니다. 이런 곳을 보며 우리가 어디를 바라보아야 하는지 알게 되었습니다. 그뿐만 아니라 감사한 것은 지난해에 이어서 특별새벽기도회에서 나온 헌금으로 작게라도 함께 가기 위한 일을 하고 있습니다. 지난 토요일 안수집사님 몇 분이 지역에 사회복지 기관인 '나눔의 동산'을 다녀왔습니다. 월요일에는 장애인 직업을 위하여 고용한 제과 공장에서 포장하는 일을 몇 분의 성도가 도와주고 짜장면을 대접하고 오셨다고 합니다. 다른 그룹은, 화목원에 같이 가서 꽃구경도 하고 점심도 맛있게 드시고 즐거운 시간을 보내셨다고 합니다.

수요일에는 남선교회 분들이 '호반보호작업센터'에 들러서 박스 접기, 편지 봉투 접기 등 70여 명의 지적장애인들이 직업재활을 하고 있었는데, 그곳에서 닭갈비 협회의 후원으로 식사 대접을 하고 왔다고 합니다. 같은 날 다른 그룹에서는, 춘천시에서 추천한 지체장애인이고 청각장애인이신 한 분을 모시고 마트에서 장을 봐주고 오셨다고 합니다. 목요일에는 장애를 갖고 있는 한 분과 전동휠체어 수리를 하고 닭갈비 식사를 맛있게 하셨다고 합니다. 다른 그룹에서는 춘천시에서 추천한 지체장애인을 모시고 집에서 직접 만든 다과를 대접하고 할머니에게 보조 보행기를 구입하여 선물로 드렸다고 합니다. 토요일에는 본 교회 장애를 갖고 계신 분과 만나서 점심식사 같이 하고 영화구경을 하신 것으로, 다른 그룹은 춘천시에서 추천한 시각장애인과 만나 그 집에서 봉사활동을 하였다고 합니다.

이들 모두가 우리가 함께해야 할 사람들입니다. 바라기는 우리의 눈이 열려져야 합니다. 그동안 보이지 않던 사람들을, 사회 구석구석에 있던 사람들을, 사회적 약자들을 볼 수 있기를 축원합니다. 그리고 그 사회적 약자들의 시선이 주님을 보도록 해야 합니다. 돈을 보는 것도 아니고, 권력 있는 사람을 보는 것도 아니고, 주님을 보아야 합니다. 이 일을 위하여 우리가 함께 하는 것입니다. 사랑하는 여러분, 여러분에게 사회적 약자가 더욱 많이 보이기를 바랍니다. 그리고 그들과 같이 주님에게로 나가는 일들이 일어나기를 축원합니다.

●Diakonia & Service

09 성령강림주일

1) 성령강림주일의 의미

성령강림주일은 초대교회에서 부활절 다음으로 중요한 날이었다. 이 축제
는 부활절이 유월절에서 유래된 것처럼 오순절과 밀접한 관계를 맺고 있었
다.[1]

오순절에는 몇 가지 의미들이 있는데 첫째는 추수감사절로서의 의미이다.
오순절은 추수의 첫 곡식을 감사했으며 흔히 밀의 첫 추수를 하나님께 드렸
기에 맥추절로 불렀다. 다른 말로는 칠칠절로 불렀다.[2]

둘째는 율법을 통한 언약 갱신의 의미이다. 예루살렘 성전의 파괴 이후 이
절기는 역사적인 성격을 갖추며 시내 산에서 율법을 받은 것을 기념하는 절
기가 되었다. 즉 이 절기는 이스라엘이 언약의 백성이 되었다는 의미가 부여
되어 견신일로 지키게 되었다. 따라서 계명, 율법의 강조와 언약의 갱신을
강조하게 되었다.[3]

---

1   주승중, 『은총의 교회력과 설교』, 133.
2   위의 책, 134.
3   위의 책, 135.

유대인의 오순절과 기독교의 오순절은 의미상 유사점이 많다. 성령이 강림하셔서 교회의 첫 열매를 맺은 것, 교회의 공식적인 출범이 이뤄졌다는 것이다. 모세를 통해 율법이 주어졌듯, 성령을 통해 교회가 세워졌다. 따라서 기독교인들에게 오순절은 교회의 생일이 되었다. 또한 모세의 옛 계약이 이제는 부활로 말미암아 새 계약이 되었고, 이것이 성령강림을 통해 각자에게로 완성되었다. 따라서 성령강림주일은 부활절과 함께 기쁨의 시간이고, 감사와 갱신의 날이다.

2) 성령강림주일과 디아코니아

성령강림은 완성, 갱신의 절기이다. 다시 말하면 새 창조의 절기라고 할 수 있다. 성령이 오셔서 하신 일들은 분리된 개인이 아니라 하나 된 공동체를 세우시고, 치유, 연합, 회복의 역사를 행하셨다. 따라서 성령강림주일의 디아코니아적인 의미는 깨어진 사회의 갈등, 반목, 이기심으로 인해 고통 받는 이들을 회복시키고, 다시 공동체의 일원으로 받아들이는 것, 또한 성령의 하나 되게 하시는 일들을 세워가는 섬김의 사역과 연결된다. 특히 이때 성만찬은 깨어짐과 갈등의 회복에 초점을 두고 회복의 성만찬을 주제로 진행하게 된다.

3) 성령강림주일 예배 기획의도 및 통일성

2014년 6월 1일 진행된 성령강림주일은 세월호라는 큰 아픔의 맥락 속에서 기획되었다. 한국 사회 속의 다양한 갈등과 분열의 양상, 하나 되지 못하고 반목하는 시대적 아픔에 대하여 성령의 강림, 성령의 임재를 구하는 예배로 기획하였다. 특히 강단장식이 보이는 메시지로서의 역할을 하게 되었다. 철망과 깨어진 유리, 그리고 분열과 아픔의 상징으로서의 사진들이 철망에 걸려있고, 주일학교와 청년부에서는 하나 되기를 원하는 간절한 소망을 담은 편지를 작성하여 철망에 끼워 넣는 방식을 사용하였다.

또한 성찬에서는 회복의 성만찬을 통해 사회의 깨어진 것들이 회복되기를 소망하는 성찬을 진행하여 전체적인 예배가 하나의 흐름으로 진행되도록 구성하였다.

▶ 2014년 성령강림주일 강단장식

4) 성령강림주일 예배의 구성과 흐름

		성령강림주일	
	예배로 부름	예루살렘을 떠나지 말고 약속하신 것을 기다리라 하신 주님의 약속대로 성령께서 기다리던 자들에게 임하셨습니다. 오늘 주님께서 우리를 성령의 임재의 자리로 부르셨습니다. 감사와 기쁨으로 예배의 자리에 섭시다. 하나님은 영이시니 예배하는 자가 영과 진리로 예배할지니라. 아멘.	인 도 자
※	찬 송	36장 주 예수 이름 높이어	다 같 이
※	신 앙 고 백		다 같 이
※	성 시 교 독	135(성령강림 1)	다 같 이
	공 동 기 도	전능하신 하나님, 오순절에 제자들에게 성령을 보내심으로 기쁨과 용기를 충만케 하시고 복음을 전하게 하셨습니다. 같은 성령으로 우리에게 능력을 주시어 주님의 구원의 사랑의 증인되게 하시고, 모든 백성을 주님 앞으로 인도하게 하소서.[4] 모든 깨어진 것, 갈라진 것, 어그러진 것들을 회복시키시는 생명의 성령께서 오늘 우리 가운데 임하셔서 우리로 생명의 숨결을 세상 가운데 전하는 자가 되게 하시고, 성령께서 하나 되게 하신 것을 힘써 지키게 하옵소서. 성부, 성령과 함께 살아 계시며 다스리시는 주님, 이제와 영원까지 오직 한 분이신 우리 주 예수그리스도의 이름으로 기도합니다. 아멘.	다 같 이
	찬 송	190장 성령이여 강림하사	다 같 이
	교 회 소 식		인 도 자
	성 경 봉 독	창세기 11:1-4, 사도행전 2:1-4	인 도 자
	찬 양		찬 양 대
	말 씀	바벨탑과 마가의 다락방	설 교 자
	성 찬 식		집 례 자
	찬 송	183장 빈들에 마른 풀같이	다 같 이
	봉 헌		다 같 이
※	찬 송	하나님 아버지의 마음	다 같 이
※	축 도		설 교 자

※표는 일어서시는 표입니다.

---

4 김소영 외 2인 편, 『공동예배서』(서울: 장로교출판사, 2001), 423.

바벨탑과 마가의 다락방

창세기 11:1-4, 사도행전 2:1-4

영국 웨일즈 지방에 이반 로버츠(Evan Roverts)라는 사람이 열네 형제 중에 아홉 번째로 태어났습니다. 아버지는 광부였고 집안 형편이 어려워서 12살 때부터 광부 일을 시작합니다. 어느 날 그 마음에 영적인 갈급함이 찾아왔습니다. 왠지 채워지지 않고, 편안하지 않고 불안한 마음이 들었습니다. 잠을 잘 수가 없어서 새벽에 무릎을 꿇고 기도했습니다. 그 시간 너무 값지고 큰 영적체험을 하게 됩니다. 그 기쁨을 주체할 수 없어서 담임목사님을 찾아갔습니다.

당시 이반 로버츠의 나이가 26세였는데, 시골에서 17명 모이는 교회 담임목사님이 주일에 그에게 간증할 것을 요청했습니다. 그는 기도하며 준비하고 말씀을 간증했습니다. 이반뿐 아니라 17명 회중 모두가 눈물로 통회하는 역사가 일어났습니다. 학벌 좋은 자를 찾지 아니하시고 하나님께서 쓰시고자 하면 누구를 통해서든지 역사할 줄 믿습니다. 이 사건이 여기서 멈추지 않고 웨일즈 지방으로 퍼져 나갑니다.

"나는 탄광에서 도구를 훔쳤습니다."

"나는 나귀를 학대했습니다."

그리고 중국 땅으로 퍼져 나가고, 마침내 대한민국으로 흘러 들어옵니다. 그 자리에 길선주 장로님이 있었습니다. 그는 은혜를 받고 마음에 찾아오는 부끄러움과 회개와 평화와 성령의 체험이었습니다. 그리고 이듬해 1907년 1월 14일 평양 장대현 교회에서 1,500명의 성도가 예배를 드리는데 장로님이 섰습니다. 장로님이 눈물로 회개했습니다.

"사실은 나는 도적입니다. 나는 아간만도 못합니다. 내 친구가

하늘나라 가기 직전에 땅문서와 돈을 주었습니다. 부인을 도와

잘 관리하며 그 집안을 도와달라고 했지만, 아무도 보지 않기

에 100달러를 내가 가졌습니다."

그러자 그 자리에서 사람들이 서로서로 손을 들고 이야기를 합니다. 자기의 잘못을 고백합니다. 아무도 시키지 않았는데 성령의 바람이 불어와서 한국교회에 회개의 역사가 일어났습니다.

하나님, 오늘도 이 역사가 이 땅에 일어나게 하옵소서. 자발적으로 자신의 어리석고 부족함을 토로하고 하나님 앞에 고백하는 은혜의 역사가 2015년 성령강림주일을 맞은 대한민국 안에도 충만하기를 주님의 이름으로 축원합니다.

2000년 전 오늘, 학벌이나 문벌 좋지 않은 그들이 모였습니다. 평범하거나 그보다 못한 사람들, 즉 예수님을 배신하고, 자신이 한자리 차지하고 싶어, 예수님의 우편에 좌편에 앉겠다고 서로 다투던 그 사람들에게 하나님은 성령의 능력을 주셨습니다. 그들이 있었던 곳은 한 곳, 집이라고 합니다. 그 집은 다락방입니다. 왜 다락방에 성령이 임했을까요? 이 사건 전까지 성령은 성전 아닌 곳에 임하지 않았습니다. 거룩한 예루살렘 성전에만 성령이 임했습니다. 그런데 사도행전 2장 사건부터 다락방에도 성령의 역사가 임했습니다. 성령은 병실에도 교도소에도 동일하게 역사하실 줄 믿습니다.

3절에 성령이 불같은 혀로 임했다고 합니다. '불의 혀'는 불도 아니고, 비둘기도 아닙니다. 헬라어로 혀는 언어를 말합니다. 불과 같은 언어가 사람들 머리 위에 임했습니다. 뜨거운 불과 같은 언어는 무엇일까요? 창세기 11장 1절에 언어는 하나였습니다. 만약 여러분이 선교하러 이방에 복음 증거하러 간다면 언어가 가장 문제입니다. 제가 외국 교회에서 예배드릴 때 잘 못 알아듣습니다. 눈치만 늡니다. 한국말로 전 세계 사람들이 말한다면 기쁘겠지요.

안타깝게도 창세기에서 한 언어였던 것이, 벽돌을 발견하고(이전에는

나무와 돌) 하늘 높이 탑 또는 성을 쌓아 우리를 높이고 우리를 나타내자고 합니다. 그 전에 노아의 홍수 사건이 있었습니다. 물에 대한 두려움으로 연구하다가 벽돌을 찾아내고 아라랏 산보다 높이 성을 쌓는 기술을 개발했습니다. 하나님이 땅의 백성들을 지켜보시며 속상하셔서 가슴이 아픕니다. 하나님께서 다시는 물로 심판하시지 않겠다고 무지개를 통해 약속했건만 백성들은 그 약속을 믿지 않았습니다. 불신앙과 불순종입니다. 하나님께서 안타까운 마음으로 언어로 심판하셨습니다. 하나의 언어를 혼잡하게 하여 그들이 탑을 쌓지 못하게 하셨습니다. 그들의 자신의 힘을 의지하지 못하게 하셨습니다. '혼잡'이라는 히브리어가 '바벨'(בבל)입니다.

사도행전 2장은 바벨탑 사건과 정반대입니다. 갈릴리 사람 120명이 모여서 유대의 언어로 설교하고 찬양하고 은혜로운 기도를 드리고 있습니다. 디아스포라들(일찍이 어려서 타국에서 살던 사람들)이 각국에 흩어져 있다가 다락방에 모이니까 알아들을 수가 없었습니다. 마치 저처럼 눈치만 늘어서 눈치로 지금 찬송하는구나, 지금 기도 하는구나 그러고 있는데 그들에게 성령의 역사가 임합니다. 성령 충만하여 유대 언어가 자기가 쓰는 언어로 이해되고 받아들이기 시작했습니다.

다양한 문화, 다양한 환경, 다양한 세대, 지금 이 자리에 계신 성도 분들도 다 각각 다릅니다. 제각기 다른 가치관을 가지고 이 자리에 와서 예배합니다. 놀랍고 신기한 것은 성령이 임하니까 그 모든 것이 하나로 일치되고, 한 마음으로 이해되고, 한 마음으로 사랑하게 되었습니다. 이것이 성령의 기적입니다. 언어가 불처럼 임했다는 것은 여러분의 언어와 가치관과 배경이 각각 다르지만 머리 위에 언어가 불로 임할 때 모든 다른 배경 속에서 다양한 사람들이 그것을 받아들이는 은혜가 동일하게 역사할 줄로 믿습니다. 이것이 지금 우리에게 필요한 영입니다.

찬양대를 예로 들겠습니다. 오늘 이 자리에 나와서 봉사하지 못할 여러 가지 이유가 있었을 것입니다. 성격이 다르고, 배운 것이 다르고, 서로의 실력이 다르고 다양합니다. 그럼에도 불구하고 토요일과 예배 전에 많은 시간 연습하고 준비하여 하나님을 찬양합니다. 하나님의 영이 그들 마음에 역사했습니다. '하나님 때문에' 바로 그것이 성령의 모습입니다.

우리 교회에서 어르신들을 많이 섬기고 있습니다. 봉사하시는 분들은 어르신들과 피가 섞이지 않은 남입니다. 자신의 부모님들에게도 잘 하기 어려운 것이 요즘 세상입니다. 설교하는 저 역시 불효자 죄인입니다. 신앙으로 합니다. 그래도 성령이 움직이지 않으면 봉사하기 힘듭니다. 장애인 봉사도 마찬가지입니다. 정성으로 장애인들과 함께 예배를 드립니다. 장애인 한 명 당 봉사자가 두 분입니다. 봉사자가 부족해서 많은 장애인들을 받지 못하고 있습니다. 장애인 봉사자 분들도 성령이 일하지 않으시면 절대 일하지 못합니다.

미국에서 있었던 일입니다. 신앙인의 가정임에도 불구하고 유명 대학을 나와 대기업에 취업한 어떤 자녀는 신앙생활을 제대로 하지 못합니다. 신앙인인 부모가 인격적인 모습을 보이지 않아서 자녀가 상처를 받았기 때문에 부모와의 관계가 단절되고 신앙생활을 잘 하지 못합니다. 사실 그 아버지는 목사였고, 이미 은퇴하셨습니다. 그러나 그 딸은 이중적이고 위선적인 목사 아버지에게서 30년간 상처받고 교회를 잘 다니지 못했습니다. 성령만이 이 일을 해결할 수 있습니다.

깨진 가정의 부부들 때문에 아이들이 슬퍼하며 울고, 체념하고 있습니다. 성령의 충만이 그 부모의 마음을 움직이지 않으면 누구도 해결할 수 없습니다. 성도 여러분, 일 년마다 매번 맞이하는 이 성령강림절에 영의 임재를 소망하십시오. 우리 가정에, 우리 공동체 안에 임해 달라고 기도하십시오. 바벨탑은 사람을 높였지만, 사도행전의 성령 사건은 예수 그리스도의 이름을 높였습니다. 오늘 성령 충만 받으면 베드로와 같이 복음을 증거 하는 하나님의 일꾼이 되어 우리를 통해 하나님이 일하십니다. 성령 충만으로 하나님의 선한 일꾼들이 되시기를 바랍니다.

성찬
예식

성찬 초대 / 집례자

주님의 식탁에는 소외되고 약한 이들이 초대되었습니다. 사회에서 멸시받고 천대받던 이들이 주인의 자리에서 함께 식사를 나누었습니다. 그 자리에 있던 이들은 몸과 마음, 관계와 영적인 회복을 경험하게 되었습니다. 주님은 우리의 인식과 한계를 넘어 주님은 사랑과 회복의 식탁을 베푸셨습니다. 이 회복의 성찬의 자리로 나아오십시오.

찬송 / 220장 사랑하는 주님 앞에 / 다같이

성찬 기도 / 집례자

성령이여 이 시간 우리에게 임재하시고 역사하여 주셔서 주님의 사랑을 기억하고 경험하게 하여 주옵소서. 우리가 주님의 식탁에 초대받은 한 사람이 되게 하시고, 주님께서 원하시는 섬김의 대상들이 이 식탁에 모이게 하여 주옵소서. 성경에 기록된 회복의 축제가 지금 이 자리에 일어나게 하시고, 우리를 통해 또한 세상 가운데 회복이 일어나게 하옵소서. 예수 그리스도의 이름으로 기도합니다. 아멘.

제정의 말씀 / 고린도전서 11:23-26

(떡을 취하여 들고 두 조각으로 나누며) 주 예수께서 잡히시던 밤에 떡을 가지사 축사하시고 떼어 이르시되 이것은 너희를 위하는 내 몸이니 이것

을 행하여 나를 기념하라 하셨습니다.

(잔을 취하여 붓고 들며) 식후에 또한 그와 같이 잔을 가지시고 이르시되 이 잔은 내 피로 세운 새 언약이니 이것을 행하여 마실 때마다 나를 기념하라 하셨습니다. 그리고 이 떡을 먹으며 이 잔을 마실 때마다 주의 죽으심을 그가 오실 때까지 전하라 하셨습니다. 하나님의 말씀에 의지하여 주님의 마지막 식탁에 참여하시기 바랍니다.

분병, 분잔 / 집례자, 성찬위원

이제 배찬을 하도록 하겠습니다. 먼저 앞으로 나와 성찬에 참여하기 어려우신 분들부터 배찬이 진행됩니다. 손을 들어 표해 주시면, 성찬위원들이 찾아가 성찬을 나누도록 하겠습니다.

(배찬 우선자 성찬 종료 후)

이제 전체 배찬을 시작하겠습니다.

성찬 중 영상

시대의 깨어짐과 아픔, 세월호, 정치적 갈등의 상징성이 있는 사진들을 강단 전면의 스크린에 송출한다.

성찬 후 기도 / 집례자

주님, 이 시간 시대의 아픔을 보게 하시니 감사합니다. 성령이 임하셔서 이루신 놀라운 회복의 사건이 오늘 이 식탁에 참여한 이들에게 임한 줄 믿습니다. 이제는 우리가 세상 속에 회복을 이루어가는 성령께서 일하시는 통로가 되게 하옵소서. 예수 그리스도의 이름으로 기도합니다. 아멘.

"주님의 평화가 함께 하소서" 인사 나누겠습니다.

찬송 / 183장 빈 들에 마른 풀같이 / 다같이

봉헌 / 다같이

찬송 / 하나님 아버지의 마음 / 다같이

파송의 말씀

주께서 보내시겠다고 약속하신 보혜사 성령께서 오순절 마가 다락방에 있던 이들에게 임하셨습니다. 그 보혜사 성령께서 지금 우리와 함께 하십니다. 우리는 성령의 전입니다. 회복하게 하시고 일으켜 세우시는 성령의 역사의 통로로, 은총을 나누는 사람으로 우리를 부르셨고, 이제 세상으로 나아가라 하십니다. 성령과 함께 세상에서 회복을 이루는 사람으로 살아가십시오.

축도

10 환경주일

1) 환경주일의 의미

하나님께서 만드신 피조세계는 인간의 욕심과 경제성장 논리에 의해 외면과 생명을 잃어가고 있다. 이러한 인간의 악에 대한 회개와 피조세계의 회복의 일환 중 하나가 환경주일이다. 디아코니아는 그리스도의 삶을 따라 약자들과 소외된 이들과 함께 하는 것이고 이것은 피조세계의 영역까지 확장된다.

2) 춘천동부교회의 환경주일

환경주일에 대한 교계의 인식은 많이 개선되었지만 개 교회에서 실시하는 것은 아직까지는 보편적이지 않다. 춘천동부교회는 디아코니아의 관점으로 "Go Green"이라는 주제로 환경주일을 진행하고 있다.

➡ 2015년 환경주일 디아코니아 예배 시 사용한 이미지

➡ 환경주일 디아코니아 예배가 마친 후 성도님들께 나누어 드린 생명의 화분

3) 환경주일 예배 및 활동

"Go Green" 환경주일 예배는 세부적으로 'No Tie, No Car, Green Color'를 실시하는데 교회에 올 때 넥타이를 매지 않는 것, 개인 자동차를 이용하지 않고 대중교통을 이용하는 것, 캠페인의 일환으로 드레스 코드를 녹색으로 맞추는 것이다. 교회에 들어올 때 녹색 리본을 달고 예배당에 입장한다.

환경주일을 기획할 때 환경전문가들과 논의하여 예배의 주제와 실천사항들을 기획한다. 예배 중에는 환경선언문과 공동기도문으로 우리의 죄와 역할에 대해 깨닫도록 돕는다.

환경주일리본달기

4) 환경주일 예배의 구성과 흐름

환경주일			
	예배로 부름	하나님께서 우리를 예배의 자리로 부르셨습니다. 우리가 주님의 마음으로 환경을 바라보기 원하셔서 이 은총의 자리를 베푸셨습니다. 온 세계의 피조물들과 함께 하나님을 예배합시다. 아멘.	인 도 자
※	찬 송	25장 면류관 벗어서	다 같 이
※	환 경 주 일 연 도	인도자: 주님께서 목마른 이들을 탄식하며 바라보십니다. 갈라지고 상처 난 우리의 영혼을 주님께 맡겨드립시다. 인도자: 주님, 우리는 인간의 무절제로 인해 파괴된 자연 앞에 고개를 들 수가 없습니다. 회 중: 하나님의 자녀 된 우리는 당신이 창조하신 풍성한 자원을 낭비하고 오염시켰습니다. 인도자: 풀은 시들고 땅이 갈라지고 물고기 떼가 죽임을 당합니다. 회 중: 우리는 목마른 이웃을 돌보지 않고 자연을 파괴하여 생명을 괴롭혔습니다. 인도자: 이 땅이 온전히 주님의 소유임을 인정하지 않고 욕심을 부렸습니다. 회 중: 그리하여 모두가 누리기에 충분한 자연임에도 불구하고, 소외되고 고갈되는 재앙을 겪고 있습니다. 인도자: 거짓과 폭력이 지배하는 세상에서 하나님의 정의와 평화의 법을 세우기에 우리는 너무나 무력하고 지쳐 있습니다. 다같이: 주님, 우리의 연약함을 인정하고 강퍅한 마음을 내려놓습니다. 우리를 불쌍히 여기소서. 인도자: 잠시 동안 우리의 약함과 비참한 상태를 침묵으로 고백합시다.	다 같 이
	찬 송	478장 참 아름다워라	다 같 이
	교 회 소 식		인 도 자
	성 경 봉 독	에스겔 47:7-12	인 도 자
	찬 양		찬 양 대
	말 씀	생명의 물	설 교 자
	공 동 기 도		다 같 이
	찬 송	331장 영광을 받으신 만유의 주여	다 같 이
※	봉 헌		다 같 이
※	축 도		설 교 자

※표는 일어서시는 표입니다.

생명의 물

에스겔 47:7-12

환경주일 예배를 앞두고 이 분야의 전문가와 학자 분들을 모시고 환경의 문제에 대하여 심각성을 듣게 되었습니다. "환경에서 가장 큰 문제가 무엇입니까?" 물었을 때 그분들의 대답은 바로 물이라는 것입니다. 물 위기의 심각성은 유엔이 2013년을 '물 협력의 해'로 지정하는 데서도 알 수 있습니다.

제가 궁금하여서 질문을 하였습니다. "춘천 수돗물 깨끗합니까?" 이 부분은 학자들의 의견이 다릅니다. 왜냐면 나라마다 깨끗한 물의 기준치를 다르게 정하였기 때문입니다. 한국에서 정한 기준치에 의하면 춘천의 물은 합격입니다. 그러나 학자들의 눈으로 볼 때에는 그 기준이 아직도 부족하다고 합니다.

물이 오염된 이유가 무엇일까요? 가정에서는 음식찌꺼기나 각종 세제, 기업에서는 오염물질 배출, 여러 가지 중 "산천어 축제"도 문제랍니다. 가두리[1] 양식장에서 물고기를 키우다 보니 여기서 오염이 됩니다. 경제적인 면에서는 좋은 부분이 있지만 환경 측면에서 보완해야 할 부분이 있습니다. 그런데 이야기를 나누다보니 수질의 문제보다 더 큰 문제는 수량이라는 것을 알게 되었습니다. 지구 표면의 3/4은 물입니다. 그런데 이 물의 97.3%는 바닷물입니다. 이 물은 염분이 많아서 생활용수로 사용할 수 없습니다. 염분이 없는 물 가운데 2%는 북극과 남극, 그리고 높은 산의 빙하 형태로 존재합니다. 결국 인간이 쓸 수 있는 물은 지구에 있는 물의 0.7%에 불과합니다. 믿기 싫은 사실이지만 한국도 물 부족 국가입니다. 아니,

---

1 그물을 물에 쳐서 구획을 지어, 그 안에서 여러 가지 물고기를 기르고 번식시키는 일을 뜻한다.

더 냉철하게 말하면 물 부족 국가라기보다 물 낭비 국가에 가깝습니다. 독일은 하루에 일인당 132리터를 사용하는데 비하여 우리나라는 386리터를 사용합니다. 세계에서 가장 많이 사용하는 나라 중의 하나입니다. 앞으로 물 전쟁이 가장 심각한 갈등이 될 것입니다. 세계적으로 51개국이 물 분쟁의 소용돌이 속에 삽니다. 물 전쟁은 핵 전쟁보다 더 치열할 것입니다.

실제로 지난번에 성지순례를 갔더니 요르단과 시리아, 이스라엘 모두가 물로 인하여 싸움이 있었습니다. 한국도 물로 인하여 싸움이 많았습니다. 고구려, 백제, 신라 역시 한강을 중심으로 싸움이 벌어졌습니다. 오죽하면 강이란 단어를 'river' 라고 부르겠습니까? 이 'river'에서 라이벌(rival), 경쟁자란 단어가 만들어집니다. 왜 물과 관계된 축제가 전 세계에 많이 있을까요? 라오스에서는 "피마이 축제"를 엽니다. 서로가 물을 뿌리고 물싸움을 합니다. 축제기간 모두가 즐거워합니다. 늘 물 때문에 싸움이 있었기에 물로 축제를 만들어 화해를 하자는 의미입니다.

춘천에도 물과 관계된 축제, "아수라장"이 열립니다. 춘천의 아수라장도 이런 의미를 조금 살리면 좋겠다는 말씀도 들었습니다. 하나님이 만들어주신 물의 총량은 늘어날 수 없습니다. 어떻게 나누어 쓰느냐가 중요합니다.

오늘 본문 7절은 나무가 심히 많더라. 그리고 8절은 바다의 물이 살아난다. 9절은 생물이 살고, 고기가 많고, 10절은 어부가 나오기 시작한다고 말합니다. 수량도 마찬가지입니다. 물이 발목에서 무릎, 그리고 헤엄칠 정도로 늘어나고 있습니다. 수량과 수질의 변화가 일어나고 있습니다. 읽기만 해도 기분이 좋습니다.

오늘의 본문은 에스겔의 환상입니다. B.C. 600년경 바벨론 포로로 잡혀간 그들에게 다시금 회복된다는 것을 꿈으로 보여준 것입니다. 이 말은 그 시대에도 물로 인한 수질의 문제, 수량의 문제가 있었기에, 늘 물로 인하여 상처를 갖고 있던 사람들이기에, 물이 넉넉한 것을 꿈꾸게 되면 꿈에서도 기쁜 것입니다. 물의 회복은 너무나도 그들에게 기쁜 일인 것입니다. 이처럼 이스라엘의 회복을 준다는 꿈을 주는 것입니다. 어디서 회복되나요? 12절 '성소'입니다. 물이 성소를 지나가야 회복이 되는 것입니다. 그렇다면 성소가 무엇입니까? 이번 주 새벽에 바벨론 포로에서 돌아와 무너진 성전을 회복하자는 말씀을 전하였습니다. 그 날 이후 새벽예배를 참석한 한 성도가 무명으로 매일 새벽 "마음에 무너진 성전을 회복하게 하소서"라는 기도제목을 적어서 헌금을 드렸습니다. 우리가 회복될 것이 바로 우리의 마음입니다.

에베소서 2장 21절에는 주안에서 우리가 성전이 되어가라고 합니다. 우리가 성전입니다. 우리의 마음이 하나님 앞에 회복되면 자연을 사랑하게 됩니다. 나무가 살아나게 됩니다. 물이 살아나게 됩니다. 고기가 살아나게 됩니다. 어부가 나타납니다. 그리고 물이 넘쳐납니다. 물 부족이 왜 발생합니까? 물의 과다 사용과 개발중심의 사고가 생태계를 파괴하기 때문입니다. 가난을 피하기 위해 나무를 베다 팔고, 나무를 베다보니 자연이 파괴되고, 또 자연 파괴가 물 부족을 가져 오고, 물 부족으로 점점 살기 힘든 나라들이 늘어나는 것을 보면서 종이 한 장이라도 아껴야겠다는 생각이 듭니다.

미국에서 「타임즈」(Times)를 한번만 만들지 않아도 엄청난 나무가 보호됩니다. 우리나라 1인당 하루 생활용수가 386리터인 것을 보면 엄청난 양임을 알 수 있습니다. 서구 부유한 집에서 태어난 아이들은 물 부족 국가에 사는 아이들에 비해 평균 40-70배나 많은 물을 소유한다고 합니다. 한 마디로 물 부족은 가진 자들의 욕심입니다. 그래서 가난한 이들은 늘 부족한 것입니다. 성전으로 지음 받은 우리들이 욕심을 내지 말고 하나님의 마음을 갖고 말씀을 따라 살아가면 자연을 사랑하게 됩니다. 우리의 손이 자연을 아끼는 손이 됩니다.

구체적으로, 무엇을 해야 할까요? 자연을 보호해야 합니다. 나무를 심어야 합니다. 빗물 이용하여 화장실이나 청소용수, 조경수로 활용할 수 있습니다. 한 번 사용한 물을 다시 공업용수로 사용할 수 있습니다. 물을 절약해야 합니다. 아주 작은 것부터 노력해야 합니다. 이렇게 될 때, 12절 말씀처럼 좋은 물로 말미암아 열매는 먹고, 잎사귀는 약재로 쓰이게 됩니다. 이런 회복의 꿈을 꿉시다. 멋진 자연을 꿈꿉시다. 넘쳐나는 물을 꿈꿉시다. 요사이 캠프 페이지[2]의 장벽이 무너진 것을 보면서 '남북의 담도 어느 날 저렇게 무너질 텐데…' 하는 상상을 합니다. 이것도 꿈이지요. 이처럼 꿈을 가집시다. 물이 넘치고 물이 깨끗하게 되는 꿈을 가집시다.

저는 캘리포니아 실리콘 벨리에서 생활했었습니다. 미국에서 집세가 비싼 곳 중 한 곳입니다. 그런데도 사람들이 기쁘게 삽니다. 이렇게 비싸게 내고 사는 이유는 날씨 값을 지불하기 때문이라고 합니다. 날씨 값을 내고서라도 좋은 환경에 살고 싶어합니다. 춘천은 제가 볼 때 날씨 값도 별로 안냅니다. 그러니 얼마나 복을 받았습니까? 그러나 조심할 점은 앞으로 레고랜드 등 다양한 산업시설이 들어오게 될 때 산업은 발달해야 하지만 자연이 파괴되고 오염되지 않아야 합니다. 그러기 위해서는 신앙인들의 마음이 주님의 마음으로 더욱 무장해야 합니다. 우리가 하나님의 말씀으로 살아가지 않으면 우리의 욕심이 이 좋은 환경을 파괴시킬 수 있습니다. 오늘도 우리가 좋은 환경에서 살게 된 것을 하나님께 감사하며 하나님이 주신 자연을 사랑하며 열심히 살아가는 여러분 모두가 되시기를 축원합니다.

---

2 한국전쟁 당시 춘천에 유도탄기지 사령부와 주한 미군 군사 고문단 등이 주둔하기 시작하면서 만들어진 주한 미군의 주둔지로 2005년 대한민국에 반환되었으며 8년간의 정비를 거쳐 2013년 6월에 시민에게 개방되었다.

**환경
주일**

공동기도문 / 다같이

"우리의 희망이요 모든 피조세계의 소망되시는 하나님께 한 목소리로
기도합시다."

이 세상을 아름답고 질서 있게 창조하신 하나님, 오늘 환경주일을 맞아
주님 앞에 나와 예배드릴 수 있게 하심을 감사드립니다. 이 시간 주님께
고백합니다. 주님께서 선하게 만드신 이 창조의 세계는 어느 누구도 독점
할 수 없는 것임을 고백합니다. 우리에게 이 귀한 선물을 아끼고 보전해
야 할 사명 또한 있음을 고백합니다. 그러나 이러한 고백과는 반대로 우
리 앞에 놓여있는 모습은 한없이 부끄러운 모습입니다. 가난한 나라의 수
많은 사람들이 깨끗한 물을 먹지 못하여 병들어 가고 있습니다. 과도한
개발로 인해 물이 독점되고 오염되는 일도 벌어지고 있습니다. 한 쪽에서
는 마실 물을 걱정할 때에 한 쪽에서는 물을 향락의 도구로 하릴없이 낭
비함으로 살아갑니다. 하나님 이 시간 주님께 간구합니다. 환경주일을 통
해 다시금 주님의 창조질서를 회복하려는 우리의 마음을 하나로 모으게
하옵소서. 물을 소중히 여기고 아끼는 것이 하나님의 창조질서 회복을 위
한 작지만 커다란 실천이라는 사실을 깨닫게 하옵소서. 각자의 결단과 실
천을 통하여 지구촌의 모든 이웃이 깨끗한 물을 마실 수 있게 하옵소서.
우리의 생명 되시는 예수 그리스도의 이름으로 기도합니다. 아멘.

찬송 / 331장 "영광을 받으신 만유의 주여" / 다같이

봉헌 / 다같이 (봉헌 후 봉헌기도)

파송의 말씀

이제 예수님께서 여러분에게 주시는 생수로 새롭게 되어 이 예배로부터 도처에 있는 하나님의 백성을 섬김으로 나아가십시오. 이들 중에 가장 적은 바짝 마른 목소리에 귀 기울이십시오. 마른 곳과 건조한 영혼을 찾으십시오. 그리고 그들을 위해 영생으로 샘솟으며 생수의 샘이 되십시오.

축도

11 추수감사주일

1) 추수감사절의 의미

유태인들의 삼대 절기인 유월절, 오순절, 초막절은 이스라엘을 구원하신 하나님께 감사를 돌리는 명절이다. 동시에 이 절기들은 무교절, 맥추절, 수장절의 농경문화와 연관을 가지고 있다. 이 중에 초막절(Tabernacles)은 1년 중 가장 큰 절기로서 가을에 위치하며 곡식과 올리브, 포도를 추수하는 것에 대한 감사의 절기다.

2) 추수감사절과 디아코니아

춘천동부교회의 추수감사절은 나에게 베푸신 은혜에 대한 감사이면서도 동시에 이웃과 함께 풍성함을 나누는 절기이다. 춘천동부교회에서는 추수감사절을 누구와 함께 나눌 것인가에 대한 주제가 선정되면 그들의 필요에 따라 강단의 장식을 회중에게 요청하게 된다.

일반적인 경우 강단 장식을 농작물로 하게 되지만, 실제로 도움이 필요한 부분에 대해서 부담 없이 공개하고, 교우들이 그들의 필요를 채우는 것에 자원할 수 있도록 하는 것이다. 지난 2013년 추수감사절에는 북한이탈주민과 함께 감사절을 나누자는 주제가 선정되었고, 담당 부서에서 교회 내외에 있는 북한이탈주민의 의견을 수렴하여 쌀을 나누기로 결정하였다. 따라서 교회에 쌀로 강단을 채워줄 것을 요청했고, 추수감사절까지 쌀이 20kg 200포대가 준비되었다. 준비된 쌀은 북한이탈주민 중심 거주지에서 디아코니아 부서와 담당 부서에서 나누어주었으며, 화천에 신축한 제2하나원을 방문하여 격려하는 시간을 가졌다. 또한 추수감사절 당일 북한 인권 그림전을 개최하였고, 그 주간 수요기도회 시간에는 북한 전문가인 김현식 교수를 초청하여 특강을 듣는 시간을 가졌다. 이러한 예배 기획을 통하여 교회 공동체가 한 가지 주제에 대한 보다 깊은 이해와 섬김으로 이어지는 동력이 되고 있다.

3) 특별새벽기도회, 그리고 목회 적용의 실례

목회적인 측면에 있어서는 추수감사주일을 기다리고 준비하면서 특별새벽기도회를 진행함으로써 영적인 상승효과를 기대해도 좋다. 추수감사주일을 미리 준비하고 기획하는 단계에서 정한 주제에 따라 특별새벽기도 강단의 방향성을 맞추고 추수감사절을 향해 점점 영적 상승 곡선을 그려가는 것이다.

춘천동부교회는 2015년 추수감사절에 '이웃과 함께 하는 공동식사'라는 주제를 정하고 이 주제로 2주간 새벽강단을 이어갔으며 추수감사주일 성찬에도 이 주제를 적용하여 성찬을 진행했다. 2주간의 새벽기도회 기간 동안 한 주는 강원춘천 지역의 농촌교회 목회자들을 초청하여 새벽 강단을 맡김으로

말씀의 식탁 또한 '이웃과 함께' 나누는 상징적이고도 실제적인 의미를 부여
했고 이를 통해 성도들에게 '이웃과 함께 하는 공동식사'라는 주제를 더욱 부
각시킬 수 있었다. 그리고 또 한 주는 '이웃과 함께 하는 공동식사'[1]라는 큰
주제 아래서 연관 주제를 정하여 새벽강단을 세워갔다.

➜ 2015년 추수감사 특별새벽기도회 기도카드 앞면

---

1   특별새벽기도회 때 선포된 한 주간의 시리즈 설교, '이웃과 함께 하는 공동식사'는 Ⅳ.절기에 맞춘 시
     리즈 설교, 188페이지를 참고하라.

3) 추수감사주일 예배의 구성과 흐름

		추수감사주일	
	예배로 부름	은혜가 풍성하신 하나님께서 우리를 예배의 자리로 부르셨습니다. 깊어가는 가을, 하나님께서 우리에게 생명과 풍요를 주셨습니다. 주신 은혜에 감사하며 하나님께 예배합시다. 주 여호와께 감사하라 그는 선하시며 그 인자하심이 영원함이로다. 아멘	인 도 자
※	찬 송	48장 거룩하신 주 하나님	다 같 이
※	신 앙 고 백		다 같 이
	기 도		맡 은 이
	찬 송	592장 산마다 불이 탄다	다 같 이
	교 회 소 식		인 도 자
	성 경 봉 독	출애굽기 3:19-22	인 도 자
	찬 양		찬 양 대
	말 씀	채우시는 하나님	설 교 자
	성 찬 식		집 례 자
	찬 송	594장 감사하세 찬양하세	다 같 이
	봉 헌		다 같 이
※	찬 송	우리 함께 보리라	다 같 이
※	축 도		설 교 자

※ 표는 일어서시는 표입니다.

채우시는 하나님

출애굽기 3:19–22

(닥터 지바고 음악)

지금 들은 노래는 닥터 지바고입니다. 영화는 '닥터 지바고'와 '라라'라는 여인과의 끊어질듯 하다가 연결되는 애틋한 사랑 이야기입니다. 그러나 내면의 메시지는 단순한 사랑 이야기가 아닙니다. 제정 러시아 말기 러시아의 제정을 뒤엎고 공산주의 혁명을 이루는 것이 볼셰비키 혁명인데 이 영화는 러시아가 공산화 되어가는 과정과 공산주의의 이면을 보여주는 영화입니다.

1917년 볼셰비키 혁명이 완성되어 70년 동안 소비에트 연방을 통하여 공산주의 체제가 자리 잡았습니다. 그러나 1989년 소비에트 연방 체제는 붕괴됩니다. 이때에 수많은 나라들이 독립하고 자본주의 국가 이념을 받아들입니다. 중국 공산당 역시 등소평이 정권을 잡으면서 서방세계와 손을 잡습니다. 지금 중국 공산당은 자본주의로 급속히 변하였습니다. 이제 남은 것은 유일하게 북한입니다. 이들은 얼마나 많은 사람들을 굶주리게 하고 있습니까? 북한에서는 김일성과 그 아들 김정일, 김정은 모두를 우상화합니다. 심지어 초상화 앞에 한 여름에 하루 종일 덥다고 선풍기를 틀고 있습니다. 북한 헌법 5장 68조에 의하면 북한에서는 명목상으로 종교의 자유가 있습니다. 하지만 헌법과는 달리 기독교를 믿는 것은 죽음입니다. 1958년까지 북한에는 30여만 명의 신앙인이 있었습니다. 그리고 1,500개의 교회가 있었습니다. 그런데 지금은 다 사라졌습니다.

그러면 북한에 지하교회가 있을까요? 국제 선교단체인 "오픈 도어스"에 의하면 기독교인이 정치범 수용소에 2~3만 명이 수감되어 있고 지하

교회에 숨어있다고 합니다. 문제는 신앙인들이 나이 들고 신앙을 다음 세대에 전수할 방법이 없다고 합니다. 이런 가운데 한국으로 탈북민들이 여러 통로로 오고 있습니다. 탈북민의 숫자는 약 2만 3천 명 정도라고 합니다.

생각해보세요. 탈북민들은 하나님이 보내주신 귀한 선물입니다. 통일이 된다면 언어가 준비되어 있고 문화에 잘 적응하기에 북한에 있는 사람들에게 손쉽게 접근하여 선교할 수 있습니다. 그런데 탈북민들이 남한에서 선물처럼 살아갑니까? 탈북민들이 법적으로는 대한민국 국적을 취득한 한국인임에는 분명하지만 많은 탈북민들이 스스로 한국인이라는 정체성을 갖지 않는다고 합니다. 왜일까요? 북한에 두고 온 가족에 대한 그리움, 나름대로의 죄책감, 탈북 이후 입국 과정에서 아픈 사연과 상처 등으로 인해 많은 정신적 스트레스를 받고 있다는 것입니다. 문화충격도 있습니다. 무엇보다도 더 큰 문제는 자녀들의 문제입니다. 부모에 의해 따라왔지만 적응이 쉽지 않습니다. 어떤 아이들은 배는 고팠지만 친구가 있는 북한이 그립다고 합니다.

지인을 통하여 최근에 들은 이야기입니다. 남한에서 자녀들 문제로 적응 못한 분들이 대체로 브로커를 통하여 유럽으로 간다고 합니다. 벨기에서 만난 어떤 탈북민은 1만 유로를 주고 왔다고 합니다. 그러면 그들이 유럽에서 잘 적응하고 있을까요? 아닙니다. 거기서도 힘들어 한다고 합니다. 유럽만이 아닙니다. 시드니도 마찬가지입니다. 지금 탈북민들은 어찌 보면 고통 받는 히브리인들 같습니다. 그러나 가나안을 꿈꾸며 온 자들입니다. 예전에는 탈북민들을 새터민이라고 불렀습니다. 새로운 터전에 자리 잡아 가는 사람이라는 뜻입니다. 그동안 자리 잡아 가는 데 얼마나 어려움이 많았을까요?

신문에 난 기사입니다. 11명 가족이 통통배를 타고 탈북을 했습니다. 배가 북한 군함에 발각되어 "죽는구나" 생각했는데 안개가 끼어서 살았습니다. 그리고 배는 표류하기 시작하여 남으로 떠내려왔습니다. 그 가족이 지금 춘천에 자리 잡고 삽니다. 우리교회에 나오고 있습니다. 이런 어려운 상황 가운데도 새로운 터전에 자리 잡을 수 있는 힘이 있습니다. 그 보이지 않는 힘이 무엇인가요? "나는 스스로 있는 자"라고 하신 하나님이십니다. 그분을 믿고 가라는 것입니다. 하나님이 미리 바로에게 찾아가셔서 만져주시고 준비하신다고 하였습니다. 왜 여러분을 살아나게 하였습니까? 왜 여러분을 지금까지 붙들어주었습니까? 하나님을 섬기라는 것입니다. 그래서 하나님이 살려주시고 인도하시는 것입니다. 그렇다면 탈북민이 아닌 우리는 어디에 있습니까? 이미 가나안 땅에 들어와 있습니다. 이런 우리에게 들려주시는 말씀이 있습니다.

신명기 10장 19절에서 22절을 보면 이스라엘 백성들에게 나그네 되었을 때를 기억하라고 말씀합니다. 430년 동안 종살이, 매일 성과 성벽을 쌓고, 자녀 출산까지 애굽 정부의 허락을 받고도 아들은 낳지도 못하였습니다. 태어나면 나일 강에서 죽였습니다. 그들은 압제와 설움 속에 살아야 했습니다.

어제 2주간의 특별새벽기도회가 끝나고 교우 분들과 도심지 청소를 하였습니다. 놀라운 것은 거리가 아주 깨끗했다는 것입니다. 우리나라가 이처럼 성장했습니다. 지금 한국의 가전제품은 세계 최고입니다. 그런 우리를 하나님이 축복하셔서 이렇게 살게 한 이유가 있는데, 바로 20절에 있습니다. 우리 역시 하나님을 섬기라고, 그리고 어려운 이웃을 돌봐주라고 이곳으로 하나님이 인도하셨습니다. 그래서 우리는 이번 추수감사주일에 북한이탈주민을 어떻게 하면 사랑하고 섬길 수 있을지를 고민하며, 또 다음에는 다른 누구를 사랑하고 섬길 수 있을지 우리가 함께 할 대상을 찾아야 할 것입니다.

22절을 보십시오. 70명의 가족이 지금은 얼마입니까? 하늘의 별과 같이 많게 되었다고 합니다. 이것이 복입니다. 왜 복을 주셨나요? 왜 우리에게 가족에게 물질을 채워주셨습니까? '빈손으로 가지 아니하리라' 하나님이 모세가 시내 산에 올라오자 그에게 무엇을 말합니까? 하나님은 모세에게 십계명도 말씀하시지만 모세에게 제단을 만들라고 말씀하십니다. 이것은 예배를 위한 도구가 됩니다. 하나님의 목적은 예배입니다. 우리가 잘 살게 된 것은 하나님을 믿으라고, 우리가 이 땅에서 예배하라고 보내신 것입니다. 이것이 하나님 아버지의 마음입니다.

이번 주에 병원 심방을 갔습니다. 잘 아는 분 자녀가 태어나자마자 장에 문제가 있어서 6개월 동안 두었다가 수술을 하게 되었습니다. 그런데 아이가 계속 웁니다. 몸에는 수많은 줄이 얽혀 있고 아이는 일주일간 아무것도 먹으면 안 된다고 합니다. 그 아이를 보면서 가족들이 얼마나 마음이 아프겠습니까? 아이도 힘들지만 가족들 모두도 힘들어하는 것입니다. 그 아이의 상황을 보면서 우리 주님의 모습을 보는 듯합니다. 주님은 우리를 살려주고자 병원에 입원시키고 고통이란 터널을 빠져 나오게 하여 잘 살라고 건강하게 살라고 수술 시키시고, 또 지금 아무것도 못 먹게 하는 것도 굶게 하고자 함이 아니요, 더 건강을 주고자 하는 과정입니다. 이것이 아버지의, 어머니의 마음입니다. 혹시 우리는 그것을 모르고 원망하고 있지는 않습니까? 금년 한 해 얼마나 많은 복을 받았습니까? 감사합시다. 우리가 어떻게 이곳까지 왔습니까? 하나님의 은혜 아닙니까? 우리 이 감사의 마음을 담고 성찬의 자리로 함께 나아갑시다.

성찬 초대 / 집례자

풍성한 식탁의 자리로 여러분을 초대합니다. 주님의 섬김의 삶을 따라 살아가는 디아코노스 여러분, 주님께서 우리에게 먼저 당신의 식탁을 베푸시고 또한 세상 가운데 만찬을 나누라고 이 상을 차려주셨습니다. 함께 이 식탁에 참여하고 주님의 마음을 깊이 경험하게 되기를 바랍니다.

성찬 찬송 / 228장 오 나의 주님 친히 뵈오니 / 다같이

성찬 기도 / 집례자

성령이여, 우리가 주님의 식탁에 있습니다. 이 시간 우리 가운데 충만하게 임하여 주옵소서. 우리에게 베푸신 그리스도의 깊은 사랑을 경험하게 하시고, 이 식탁을 세상 가운데 펼쳐나가는 섬김의 사람이 되게 하옵소서. 예수 그리스도의 이름으로 기도합니다. 아멘.

제정의 말씀 / 고린도전서 11:23-26

(떡을 취하여 들고 두 조각으로 나누며) 주 예수께서 잡히시던 밤에 떡을 가지사 축사하시고 떼어 이르시되 이것은 너희를 위하는 내 몸이니 이것을 행하여 나를 기념하라 하셨습니다.

(잔을 취하여 붓고 들며) 식후에 또한 그와 같이 잔을 가지시고 이르시되

---

2 추수감사예배는 세상에 나아가 섬기는 의미의 '디아코노스 성만찬'으로 구성하여 진행하였다.

이 잔은 내 피로 세운 새 언약이니 이것을 행하여 마실 때마다 나를 기념하라 하셨습니다. 그리고 이 떡을 먹으며 이 잔을 마실 때마다 주의 죽으심을 그가 오실 때까지 전하라 하셨습니다. 하나님의 말씀에 의지하여 주님의 마지막 식탁에 참여하시기 바랍니다.

분병, 분잔 / 집례자, 성찬위원

이제 배찬을 하도록 하겠습니다. 먼저 앞으로 나와 성찬에 참여하기 어려우신 분들부터 배찬이 진행됩니다. 손을 들어 표해 주시면, 성찬위원들이 찾아가 성찬을 나누도록 하겠습니다.

(배찬 우선자 성찬 종료 후)

이제 전체 배찬을 시작하겠습니다.

성찬 중 영상

성찬 중에는 북한의 실상에 대한 사진을 송출한다.

성찬 후 기도[3]

주님, 우리를 향해 모든 것을 내어주시는 은혜와 사랑을 경험하게 하시니 감사합니다. 이제 우리도 세상 속에서 섬김의 사람으로 살아가게 하옵소서. 특별히 북한이탈주민들을 바라보시는 주님의 마음을 품고 나아가 섬기게 하옵소서. 예수 그리스도의 이름으로 기도합니다. 아멘.

평화의 인사

"주님의 평화가 함께 하소서" 인사 나누겠습니다.

찬송 / 594장 "찬양하세 감사하세" / 다같이

---

3 총회예식서개정위원회 편, 『대한예수교장로회 예배예식서』, 80, 128, 144를 참고하라.

봉헌 / 다같이 (봉헌 후 봉헌기도)

찬송 / 우리 함께 보리라 / 다같이

파송의 말씀

주님께서 우리를 세상 속으로 보내십니다. 당신의 사랑과 은혜를 품고 성령께서 주시는 힘과 능력을 가지고 섬김을 통해 세상을 변화시키라고 우리를 보내십니다. 남북이 갈려진 상황 속에서 자유를 찾아 나아온 이들과 함께 하며 그들과 함께 감사절의 풍성함을 나누라고 하십니다. 주님과 함께 나아갑시다.

축도

➡ 추수감사주일 성찬 예식

12 대림절

1) 대림절의 의미

대림절은 교회력의 시작이라고 할 수 있다. 성탄절 4주 전에 시작되며 이미 오신 그리스도와 다시 찾아오실 주님을 영접하는데 자신의 준비를 점검하는 절기이다. 대림절을 뜻하는 Advent는 라틴어 아드(*ad*)와 베니레(*venire*)가 합쳐진 것으로 '오다'(to come)라는 뜻을 가지고 있다. 따라서 대림절의 의미는 하나님께서 그리스도로서 이 세상에 오신다는 것이다.[1] 또한 대림절은 하나님의 임재를 애타게 부르짖고 찾는 인간에 대한 하나님의 응답을 준비하는 기간이다. 인간을 비롯한 모든 피조물들은 썩어짐의 종노릇에서 해방되어 하나님의 자녀들의 영광의 자유에 이르게 되기를 간절히 바라고 있다. 따라서 대림절은 우리들로 하여금, 그리고 교회 공동체가 하나님께서 그 약속을 이루어 주시기를 간절히 기대하게 만든다.[2]

---

1   정장복 외 9인, 『예배학사전』, 143.
2   주승중, 『은총의 교회력과 설교』, 225.

2) 대림절의 교회의 활동

대림절에 할 수 있는 교회의 활동으로는 성탄목(Christmas Tree) 꾸미기, 대림절 화환(Advent wreath) 준비, 크리스마스 크레쉬(Christmas Creche)[3], 크리스마스 캘린더(Christmas Calendar)[4] 등이 있다. 이 모든 활동들은 크리스마스를 기다리고 기대하게 하는 활동이다.

교회들마다 개성 있는 성탄 행사들이 있겠지만 춘천동부교회의 경우는 대림절 기간 주일예배의 시작마다 촛불점화의 시간[5]을 따로 가지고 있으며 대림절 첫 주 저녁찬양예배 후에는 종탑점등 예식 시간을 가진다. 이 점등예식은 '빛'의 전례적 사용(liturgical use)에 해당하는 것으로 기독교 전통이 가지고 있는 빛의 이미지가 예수 그리스도를 기다리는 대림절 기간과 매우 잘 맞아떨어진다.

성경에도 보면 하나님과 예수 그리스도에 대해 빛의 이미지를 매우 강조하여 사용하고 있는데 구약성경에서는 빛의 시작이 하나님(창 1:3)이심을 말씀하고 있고, 하나님의 속성에 대해 표현할 때도 빛의 이미지를 사용(시 4:6; 36:9; 사 60:19)하고 있다. 신약성경도 빛으로 오신 예수 그리스도(요 1:9)에 대해 말씀하고 예수님 스스로도 "나는 세상의 빛"(요 8:12)이라고 말씀하셨다. 사도 요한도 하나님에 대해 "하나님은 빛이시라"(요일 1:5)고 말씀하고 있다.

그래서 우리에게 구원(생명)을 주시기 위해 오실 아기 예수님을 기다리는 대림절 기간 동안 빛의 이미지를 중요하게 사용하는 것이며 이를 나타내고 선포하는 중요한 순서로 종탑점등 예식을 가지고 있다. 이 예식을 시작으로 교회 내의 모든 성탄 트리와 교회 외부의 종탑, 그리고 화단의 모든 성탄 조

3　집안이나 교회에 아기 예수가 탄생하신 말구유를 만들어 놓는 것.
4　어린아이들을 위해 대림절부터 크리스마스까지의 달력을 만들고, 그 달력의 날짜를 떼어내면 사탕 등과 같은 선물이 있어서 아이들이 크리스마스를 기다리고 기대하는 만드는 것.
5　다음에 이어지는 '대림절 예배의 구성과 흐름'을 참조.

명들을 켜게 된다. 참고로 예식의 순서를 간단히 언급하면 다음과 같다.

촛불점화 순서

찬송: 109장 – 고요한 밤 거룩한 밤

기도: ○○○ 장로

말씀: 김한호 담임목사

말씀 후 기도

카운트다운

점등

캐롤[6]

3) 대림절과 디아코니아

대림절은 기다림과 소망의 절기이다. 대림절은 기다림에 대한 의미를 계속적으로 부여하고 그것의 응답을 기대하게 한다. 오늘날 한국 사회 속에서 기다림의 주제는 다양하게 적용되고 있다. 아직도 이 땅에는 3,501명의 실향민이 있다.[7] 이들은 남북의 하나님, 고향에 대한 그리움을 간직하고 있는 이들이다. 또한 고향을 떠나 이 땅에서 나그네로 살아가는 외국인 노동자들, 그리고 아직까지 따뜻한 환대를 받지 못하는 다문화 가정들, 또한 이 땅에 있는 재한난민 또는 난민 신청자의 숫자는 2,600여명[8]에 이른다. 이들은 고향에 대한 그리움, 이 땅에서 정착하지 못하는 설움을 안고 살아가는 이들이

---

6   이 때 캐롤은 카운트다운 후 점등과 함께 밝은 분위기를 이어갈 수 있는 빠르고 경쾌한 노래가 좋다. 우리교회는 '종탑'점등 예식이기 때문에 종소리(찬양소리)를 통해 빛으로 오신 예수 그리스도가 세상 곳곳에 알려지기를 소망하는 마음을 담아 '탄일종이 땡땡땡'을 부른다.
7   적십자의 이산가족정보통합시스템 (2013. 12. 31.).
8   법무부 통계 (2010. 6. 18.).

다. 따라서 대림절은 이들을 섬기는 기간이 될 수 있다. 그들에게 교회가 따뜻한 집이 되어주고, 함께 기다리며 소망하는 절기의 의미가 있다.

4) 대림절 예배의 구성과 흐름

대림절 첫째 주일			
	촛불점화	인도자가 등단하여 대림절 화환에 있는 다섯 개의 촛불 중 첫 번째 초에 불을 켠다. 이때까지 오르간 등이 조용하게 연주를 진행한다. (초를 켤 때 다음의 구절을 낭독할 수 있다.) 1주(마 1:23): 보라 처녀가 잉태하여 아들을 낳으리니 이름을 임마누엘이라 하리라. 아멘. 2주(눅 2:12): 너희가 가서 강보에 싸여 구유에 뉘어 있는 아기를 보리니 이것이 너희에게 표적이니라. 아멘. 3주(마 2:6): 유대 땅 베들레헴아 너는 유대 고을 중에서 가장 작지 아니하도다 네게서 한 다스리는 자가 나와서 내 백성 이스라엘의 목자가 되리라. 아멘. 4주(눅 1:35): 성령이 네게 임하시고 지극히 높으신 이의 능력이 너를 덮으시리니 이러므로 나실 바 거룩한 이는 하나님의 아들이라 일컬어지리라. 아멘. 성탄절(눅 2:14): 홀연히 수많은 천군이 그 천사들과 함께 하나님을 찬송하여 이르되 지극히 높은 곳에서는 하나님께 영광이요 땅에서는 하나님이 기뻐하신 사람들 중에 평화로다 하니라. 아멘.	맡 은 이
※	예배로 부름	주께서 우리를 기다림의 절기로 초대하셨습니다. 소망이시며 빛되신 주님을 고대하며 기다리던 이들과 함께, 오늘도 우리에게 오시는 그리스도를 기다리며 예배의 자리로 나아갑시다. 하나님은 영이시니 예배하는 자가 영과 진리로 예배할지니라. 아멘.	인 도 자
※	찬 송	102장 영원한 문아 열려라	다 같 이
※	신 앙 고 백		다 같 이
※	성 시 교 독	115(구주강림 1)	다 같 이

	공 동 기 도	우리를 사랑하시는 하나님, 주님은 능력으로 오셔서 온 민족을 다스리십니다. 우리가 일상생활에 파묻혀 주님의 약속하신 심판을 무시하고 주님 나라를 고대하지 않았음을 고백합니다. 우리는 거짓을 진리로 받아들였고, 이웃을 착취했으며, 이 땅을 학대했고, 주님의 정의와 평화를 거부했습니다. 주님의 자비로 우리를 용서하여 주옵소서. 주께 구하오니 우리에게 지혜를 주셔서 기꺼이 주님의 길을 받아들이게 하시고, 그리스도께서 세상을 심판하러 오실 때에 영원한 것을 구하게 하소서. 예수님의 이름으로 기도합니다. 아멘.	다 같 이
	찬 송	100장 미리암과 여인들이	다 같 이
	교 회 소 식		인 도 자
	성 경 봉 독	누가복음 2:1~7	인 도 자
	찬 송		찬 양 대
	말 씀	누가복음 2장의 성탄이야기 – 베들레헴[9]	설 교 자
	성 찬 식		집 례 자
	찬 송	542장 구주 예수 의지함이	다 같 이
※	봉 헌	모든 열방 주 볼 때까지	다 같 이
※	파송의 말씀	주님께서 오십니다. 사람들에게 영생의 떡을 나누어 주시려 오십니다. 오랫동안 메시아를 갈망하던 이들에게 주님은 오십니다. 오늘도 기다림 속에 주님의 응답과 임재를 갈구하는 이들에게 주님은 오십니다. 그 주님께서 임하셔야 할 세상으로, 그 자리로 여러분을 보냅니다. 주님의 몸 된 지체인 여러분께서 세상 속에 생명의 떡이 되십시오. 주님과 함께 그 기다림의 자리에 위로와 평화가 되십시오.	설 교 자
※	축 도		설 교 자

※ 표는 일어서시는 표입니다.

---

9 대림절과 성탄 기간에 사용할 수 있는 시리즈 설교, '누가복음 2장의 성탄이야기–베들레헴'는 Ⅳ. 절기에 맞춘 시리즈 설교, 228페이지를 참고하라.

13 성탄절

1) 성탄절의 의미

성탄절은 단지 아기 예수그리스도의 탄생을 기억하는 감상적인 축제라기보다는 성육신의 깊은 의미가 있는 절기이다. 하나님께서 메시아를 보내주시겠다는 약속의 시작이자 정점이다. 인간의 영혼의 구원을 위하여 사람으로 오셨다. 즉 성육신 사건은 무엇보다도 구원의 사건이다.[1]

이 성탄은 또한 위대한 교환의 절기이다. 성탄카드를 교환하고, 사람들끼리 서로 방문하고 초대한다. 크리스마스 트리 주변에서 서로 선물들을 교환한다.[2] 이 교환에는 죽음에서 생명으로, 죄에서 의로움으로, 순간에서 영원으로의 교환의 의미를 가지고 있으며, 이를 더욱 부각시켜 주어야 한다.

---

1   주승중, 『은총의 교회력과 설교』, 184-185.
2   위의 책, 187.

2) 성탄절과 디아코니아

예수님은 가장 연약한 아기의 모습으로 이 땅에 오셨다. 이는 그가 세상에 군림하는 왕이 아니라 세상을 섬기기 위해서 오셨음을 상징한다. 또한 아기 예수는 돌봄과 사랑의 손길이 필요함을 드러내준다. 여관에 자리가 없어 구유에 누이어야 했던 상황을 떠올리며, 오늘날 이와 같은 이들이 없는지 돌아보며 섬기는 활동을 진행하게 된다.

춘천동부교회에서는 대림절 기간 동안 '마구간의 153' 활동을 진행한다. 이는 어린이 병동의 어린이들에게 성탄의 기쁨을 함께 나누기 위한 섬김 활동으로 153명의 어린이들에게 선물을 할 수 있도록 구좌를 신청하고, 그들에게 보내는 성탄카드를 작성하게 된다. 그리고 성탄절 교육부서 및 디아코니아 부서와 함께 인근 병원의 어린이 병동을 찾아가 함께 성탄의 기쁨을 나누는 시간을 갖는다.

'마구간의 153' 활동은 어느 사역보다 뜨겁고 활발한 참여가 일어난다. 그만큼 성탄절의 아기 예수와 어린이 병동이 밀접하게 연결되기 때문이다. 또한 이때는 구유와 같이 평안하게 쉴 수 없는 쉼터의 어르신들, 독거노인들을 위한 섬김 활동을 진행할 수 있다.

3) 성탄절 예배 구성과 흐름

		성탄절	
	예배로 부름	독생자를 보내셔서 우리에게 새 생명을 얻게 하신 주님께서, 오늘 우리를 예배의 자리로 부르셨습니다. 연약한 한 아기를 통해 하나님의 크신 영광을 보게 하십니다. 우리의 삶을 인도하시고 다스리시는 주님께 영광을 돌립시다. 지극히 높은 곳에서는 하나님께 영광이요 땅에서는 기뻐하심을 입은 사람들 중에 평화로다, 아멘.	인 도 자
※	찬 송	112장 그 맑고 환한 밤중에	다 같 이
※	신 앙 고 백		다 같 이
※	성 시 교 독	119(성탄절 1)	다 같 이
	기 도		맡 은 이
	찬 송	125장 천사들의 노래가	다 같 이
	유 아 세 례 식		다 같 이
	교 회 소 식		인 도 자
	성 경 봉 독	누가복음 2:25	인 도 자
	찬 양		찬 양 대
	말 씀	성탄의 선물	설 교 자
	찬 송	115장 기쁘다 구주 오셨네	다 같 이
	봉 헌		다 같 이
※	찬 송	하나님 아버지의 마음	다 같 이
※	파송의 말씀	주님께서는 가장 연약한 모습으로 이 땅에 오셨습니다. 이 세상의 모든 연약한 이들을 품으시려고 오셨습니다. 죄의 비참함 속에 생명의 구원을 주시려 우리 주님이 오셨습니다. 그리고 이제 우리들과 함께 연약함의 자리로 나아가자 하십니다. 이 세상에 소망을 둘 수 없는 이들에게 우리의 자리를 펴라고 주님이 말씀하십니다. 나와 함께 가자고 말씀하십니다. 우리 함께 아기 예수를 품고 세상 가운데 나아갑시다.	인 도 자
※	축 도		설 교 자

※ 표는 일어서시는 표입니다.

성탄의 선물

누가복음 2:25

그동안 4주에 걸쳐서 누가복음 2장을 중심으로 설교하였습니다. 우리는 매주일 촛불을 하나씩 켜가면서 주님의 오심을 기다렸습니다. 촛불을 하나씩 켤때마다 다음과 같은 예수님을 기다렸습니다.

첫째 주, 베들레헴: 떡집에 말씀대로 섬기기 위해 오신 예수님.

둘째 주, 구유: 가장 낮은 곳에 오신 예수님.

셋째 주, 기다림: 안나와 시므온과 같이 기다린 자들에게 오신 예수님.

넷째 주, 잃어버림: 오늘 우리가 잃어버린 예수님. 우리가 다시 찾아야 할 예수님.

복음서 기자들 중 누가 만이 예수님의 자라나는 과정을 잘 소개하고 있는데, 예수님은 태어날 때 매우 불안하고 안 좋은 환경에서 태어났지만 잘 자라고 하나님과 사람에게 더욱 사랑스러워 갔다고 합니다. 바라기는 오늘 유아세례를 받은 아이들도 예수님처럼 날마다 사랑스러워 가기를 바랍니다. 여기 모인 모든 성도님들도 예수님의 자녀로서 더욱 사랑스러워 갑시다.

1950년 12월 22일, 세계는 크리스마스 분위기로 가득 차 있는 시간이었지만 한국 땅은 6·25전쟁으로 한참 피로 물들고 있을 때였습니다. 북한의 흥남부두는 연합군 장병 105,000명과 약 10만 명의 북한 주민들로 북새통을 이루고 있었습니다. 이들의 바람은 단 하나였습니다. 바로 자유의 땅 남한으로 가는 것입니다. 피난민이 계속 늘어나자, 미국은 193척의 선박을 동원합니다. 하지만 역부족이었습니다. 그 때 등장한 배가 '메러디스 빅토리 호'였습니다. 이 화물선은 7,600톤 규모로 제트연료를 싣고, 부산으로 갈 계획을 갖고 있었습니다. 화물선이었기 때문에 이 배의 승선 정원은 59명에 불과했습니다. 화물칸에 피난민을 태운다고 해도 불과 천여 명 정도였습니다.

12월 22일 밤 9시 30분에 피난민들이 타기 시작했습니다. 자정 무렵엔 이미 5,000명이 탔습니다. 더 이상 들어설 곳이 없었습니다. 그러나 아직 부두엔 자유를 갈망하는 북한주민들이 남겨져 있었습니다. 라루 선장의 명령이 떨어졌습니다. "눈에 보이는 사람은 모두 태워라." 외부갑판을 비롯해 사람이 들어갈 수 있는 공간은 모두 찼습니다. 다음 날 아침 11시 10분 승선이 종료됐습니다. 당시 승선한 인원은 14,000명. 원래 정원의 230배가 넘었습니다. 그러나 이 배는 마지막까지 항구에 정박해 남은 피난민을 모두 구출했습니다. 그 후, '메러디스 빅토리아 호'는 인류 역사상 가장 많은 인원을 구한 배로 기록되었다고 합니다.

라루 선장은 그 날의 심정을 다음과 같이 회고합니다. "그들을 안전하게 승선시키기 위해 동분서주하고 있을 때, 어느 누구도 피난민들의 국적이나 정치 성향을 문제 삼지 않았고, 신분증을 요구하지도 않았습니다. 그런 것을 조사할 시간조차 없었습니다. 그들은 전쟁의 죄 없는 희생자들이었습니다. 오직 구출해야 할 생명들이 있었을 뿐입니다. 피난민들을 탈출시키기로 한 결정의 현명함에 대해 나는 어떠한 의문도 품지 않았습니다. 그 일은 세상의 어느 것과도 비교할 수 없는 인간 생명의 문제라는 것이 저의 확신이었습니다."

우리가 살아가는 이 세상도 이와 같은 인간 생명의 문제에 놓여 있습니다. 하나님은 바로 이 생명의 문제를 해결하시려고 아기 예수를 보내셨습니다. 그리고 그 아기 예수는 지금 사랑스럽게 자라가고 있는 것입니다. 이제 때가 되면 아기 예수는 온 인류를 태우고도 남음이 있는 예수호의 선장이 되셔서 외치실 것입니다.

"눈에 보이는 모든 사람을 예수호에 다 태워라."

지혜와 키가 자라가며 하나님과 사람에게 더욱 사랑스러워 가시던 예수님. 이 예수님이 바로 우리를 향한 하나님의 선물입니다. 성탄절을 맞아 귀한 유아세례 예식을 함께 하며, 우리에게 아기로 오신 예수 그리스도의 모습도 생각해봅니다. 온 인류를 향한 하나님의 성탄 선물, 예수 그리스도. 이 귀한 선물 앞에 마음껏 기뻐하며 감사하는 우리 모두가 되시기를 축원합니다.

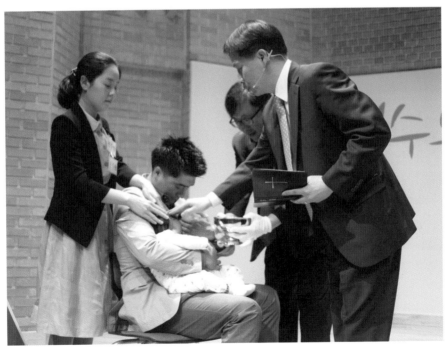

▶ 유아세례식 장면

디아코니아와 예배

Ⅳ. 절기에 맞춘 시리즈 설교

01 사순절
_십자가를 바라보다

사순절.

십자가를 향해 가는 시간.

거기엔 가시관이 있고, 침 뱉음이 있고 채찍과 피 흘림이 있습니다.

그러나 그 십자가로 우리는 생명을 얻습니다.

그 은혜를 받을 자격도, 갚을 능력도 없지만

우리가 할 수 있는 것,

주님의 십자가를 바라보는 것입니다.

> 믿음의 주요 또 온전하게 하시는 이인 예수를 바라보자 그
> 는 그 앞에 있는 기쁨을 위하여 십자가를 참으사 부끄러움
> 을 개의치 아니하시더니 하나님 보좌 우편에 앉으셨느니라.
>
> (히 12:2)

01
사순절

용서

본문: 누가복음 23:34

사순절이 시작되었습니다. 영적으로 다시 한 번 새롭게 일어나는 축복의 시간이 되기를 주님의 이름으로 축원합니다.

본문의 아버지는 아람어로 '아바'입니다. 우리말 아빠입니다. 저는 전화기를 늘 손이 닿는 곳에 놓고 잡니다. 새벽기도용 알람입니다. 어느 날 새벽에 문자가 오는 소리에 깨어서 확인해보니 아들이 구정에 "아빠, 아빠"라고 보냈습니다. 보통 아이들이 아빠를 부를 때는 돈 달라는 이야기이지요. 그 다음 이야기는 생략하겠습니다. 그래도 아빠라고 부르는 소리가 마냥 좋습니다.

성도 분들 가운데 아빠라는 소리를 해보고 싶어도 평생 해보지 못한 분도 계시겠지요. 태어날 때부터 아버지를 보지 못했거나 일찍 여의어서 부르지 못한 분들도 교회에서는 아빠를 마음껏 부르시기 바랍니다.

"아빠"라는 단어는 우리 마음을 뭉클하게 합니다. 예수님이 당시에 아빠를 찾은 이유는 유대인들은 하나님을 함부로 부르지 못했고, 아브라함의 하나님, 이삭의 하나님, 야곱의 하나님 혹은 전능하신 하나님으로 불렀기 때문입니다.

지금 예수님은 십자가에 못이 박혔습니다. 십자가가 세워지고 몸의 체중이 못을 의지해서 버틸 때, 몸이 찢어질 듯 으스러질 것 같은 그 고통을 느끼셨을 것입니다. 군인들이 민간요법 마취를 위해 몰약을 예수님 입술에 멜 때 예수님이 거부하시며 "아빠"를 외쳤습니다.

이는 예수님이 인류의 중보자, 하나님의 아들로서 이 자리에 있다는 뜻입니다. 예수님께서 아빠를 부르짖었듯이 여러분이 고통 속에 있다면 아빠를 찾으십시오. 예수님은 고통 속에서 아빠를 찾았고 계속해서 기도했습니다.

"저들(알지 못하고 옷을 나누어 갖는 사람들, 구경하는 백성들, 비웃는 관리들, 희롱하는 군인들 그리고 우리들)을 용서하십시오." 예수님은 우리를 위해 모든 것을 내놓고 십자가에 달리셔서 우리를 용서하셨습니다. 왜 예수님께서 십자가에 달리셔야만 했나요? 구약 시대에는 죄 지은 당사자가 죽어야 하는데 짐승을 대신 죽임으로 죄를 용서받았습니다. 그러나 그것은 완전한 용서, 완전한 예배가 아니었습니다. 그렇기 때문에 예수님께서 친히 우리 죄를 위해 온전한 희생제물이 되셨습니다.

히브리서 9장 12절은 말합니다. "염소와 송아지의 피로 하지 아니하고 오직 자기의 피로 영원한 속죄를 이루사 단번에 성소에 들어가셨느니라." 아멘! 더 이상 짐승의 피가 아닌 예수 그리스도의 피로 속죄를 이루었습니다.

속죄란, 우리 눈에 보이지 않지만, 나누어진 것을 하나 되게 하는 것입니다. Atonement(at+one+ment), 즉 속죄 받은 자들의 삶은 화해, 용서의 삶이 되어야 합니다. 하나가 되는 삶이어야 합니다.

에베소서 2:16은 이렇게 말씀합니다. "또 십자가로 이 둘을 한 몸으로 하나님과 화목하게 하려 하심이라 원수 된 것을 십자가로 소멸하시고" 예수님은 십자가로 화목을 이루셨습니다. 하나 되게 하는 것이 속죄입니다. 구체적으로 화해하는 것이 진정으로 속죄 받은 자의 모습입니다. 우리를 화목하게 하시려고 하나님이시면서 인간의 모습의 띤 예수님이 이 땅에 오시고 십자가를 지셨습니다.

하나님이 보이지 않기 때문에 세상 사람들은 하나님이 없다고 생각하고 세상에서 온갖 죄를 짓습니다. 성도 여러분, 십자가를 보며 나를 부르고 계시는 하나님을 기억하시기 바랍니다. 그래도 용서는 쉽지가 않습니다. 요새 젊은이들은 나와 조금만 달라도 관계를 끊습니다. SNS에서 친구를 끊어버리거나 카톡방에서 나가 버립니다. 예전에는 맞추려는 노력을 했습니다. 그러나 요즘은 맞추려는 노력이 약해지고 있습니다. 나와 맞는 사람이 얼마나 되겠습니까?

어떤 장로님이 아내와 얼마나 공통점이 있나 봤더니 음식 취향부터 맞는 것이 하나도 없다고 합니다. 내가 어떻게 이 사람과 사오십년을 살았을까 곰곰이 생각해보니 맞는 것이 딱 하나 있더랍니다. 바로 예수 믿는 것이 딱 하나 같은 점입니다. 그 가정이 믿음으로 서로 손 붙들고 칠팔십년을 버팁니다. 똑같은 사람, 나를 이해할 사람은 이 세상에 없습니다. 맞는 사람을 찾겠다고 발버둥치지 마십시오.

화목하라! 내가 화목하듯 너희도 화목하라. 예수님의 명령입니다. 예수님의 말씀입니다. 이것이 속죄 받은 자의 길입니다. 어떻게 사람을 용서할 수 있나요? 성경의 스데반의 기도를 보십시오.

> 그들이 돌로 스데반을 치니 스데반이 부르짖어 이르되 주 예
> 수여 내 영혼을 받으시옵소서 하고 무릎을 꿇고 크게 불러
> 이르되 주여 이 죄를 그들에게 돌리지 마옵소서 이 말을 하
> 고 자니라. (행 7:59~60)

스데반이 돌에 맞아 죽어가면서 어떻게 그런 기도를 할 수 있었을까요? 스데반은 예수님의 십자가를 바라보았던 줄 믿습니다. 스데반이 돌을 던지는 그들을 보았다면 그렇게 할 수 없었을 것입니다.

유대인들은 뼈 속 깊은 민족의 아픔이 있습니다. 한 여인이 2차 대전이 끝나고 "나 역시 유대인 포로수용소에 있었지만, 하나님의 명령에 따라 이제 그들을 용서해줍시다. 화해합시다."라고 강단에서 연설했습니다. 사람들이 그녀의 연설에 박수를 보내고 감동을 받습니다. 연설이 끝나고 한 남자가 멀

리서 걸어서 강단으로 오는데 그녀는 갑자기 심장이 뛰었습니다. 그가 가까이 오자 그녀는 심장이 멈추는 줄 알았습니다. 바로 그 사람이 포로수용소에서 자기들을 힘들게 했던 그 독일 군인이었습니다. 사촌언니가 그 사람에게 강간당하고 자살했는데 그 남자가 자기에게로 뚜벅뚜벅 걸어오는 것이었습니다. 여러분의 가정을 파멸로 몰고 갔던 어떤 사람이 여러분에게 뚜벅뚜벅 걸어온다고 생각해 보십시오. 해외에는 부모를 모르고 일찍 입양된 분들이 많습니다. 그들의 마음속에 아빠는 먼 이야기입니다. 그런데 나를 버렸던 그 사람이 뚜벅뚜벅 걸어온다고 생각해 보십시오. 그리고 손을 내밉니다. 나는 저 사람을 죽어도 용서할 수 없습니다. 주님, 나는 그 사람 목소리만 들어도, 멀리서 그 사람과 비슷한 사람을 보기만 해도 끔찍한데 어떡합니까? 평생 원수입니다. 그러나 주님이 우리에게 말씀하십니다. Forgive! 용서하라!

그 유대인 여인이 그 독일 군인을 향해 손을 내밀었습니다. 이것이 십자가를 바라보는 자의 기적인 줄 믿습니다. 십자가의 능력인 줄 믿습니다. 용서의 능력인 줄 믿습니다.

지금 이 시간 그 사람 때문에 우리 집이 부도가 나고, 심지어 친척인데 우리 가정이 보증으로 부도가 나고 우리 아이들까지 일자리를 갖지 못하게 하고, 은행에서 돈을 빌리지도 못하는 절망적 상황까지 끌고 간 그 사람이 가슴 깊이 뼈 속 깊이 우리를 힘들게 합니다.

로마서 4:25은 "예수는 우리가 죄를 범한 것 때문에 내줌이 되고 또한 우리를 의롭다 하시기 위하여 살아나셨느니라."고 말씀합니다. 예수를 십자가에 못 박은 사람이 바로 우리들입니다. 우리를 괴롭히는 그 사람은 우리에 비하면 아무것도 아닌 겁니다. 내가 용서할 때, 내가 십자가를 바라보는 사람이 되는 것입니다. 그 사람을 용서하는 축복의 성도되시기를 주님의 이름으로 축원합니다.

02
사순절

확신

본문: 누가복음 23:43

가로가 80cm, 세로가 80cm, 사방이 80cm로 이루어진 작은 공간이 있습니다. 그 공간에 목에는 칼을 차고 발은 끈으로 묶인 채로 들어가면 앉을 수로 설수도 없습니다. 저도 그곳에 들어가 보았습니다. 밤이 되면 목에 있는 칼과 발에 묶인 끈을 풀어줍니다. 쉬라고 풀어주는 것이 아니라 바로 그 순간부터 고문이 시작됩니다. 사과 상자 하나를 위에 쌓아 놓은 듯한 고문인데, 여기저기 못이 박힌 상자 안에 사람을 꾸겨 넣고 발로 차면 못이 그 사람을 찌릅니다. 자기 스스로 그 못을 통제하고 막을 길은 전혀 없습니다. 머리에도 눈에도 얼굴에도 못이 찔릴 수가 있습니다. 이런 끔찍한 고문 기구들은 유관순 기념관에서 보고 설명 들었던 것입니다.

2000년 전에도 죽음을 향한 기구가 있었습니다. 그것은 B.C. 3세기에 만들어진 십자가입니다. 옷을 다 벗긴 채로 뼈마디가 다 부러진 채로 십자가에 못을 박으니 사람이 온전할 수가 없습니다. 그리고 그의 몸에서는 피가 쏟아집니다. 인간의 피는 수분인데 그것이 다 빠져나가면서 극심한 고통을 느끼게 되고 결국 생명을 앗아갑니다. 이것은 고문기구가 아니라 사형 목적의 끔찍한 기구입니다. 자기 스스로 죽고 싶다고 죽을 수 없고, 몸에서 피가 다 빠져나와야 죽게 됩니다. 이 잔인한 십자가는 로마가 반정부 운동을 하는 이들에게 두려움의 경고를 주려고 만든 사형 도구입니다.

십자가는 고통뿐만 아니라 사람에게 수치를 느끼게 했습니다. 옷을 벗겨 거리나 언덕 위에 그 사람의 형틀을 만들어 매달았습니다. 로마정부의 미움을 버틸 수 없어 가족 시신조차 찾지 못하는 끔찍한 사형 틀이었습니다. 모세가 신명기서에서 말하기를 나무에 달려 죽는 것만큼 저주스러운 것이 없다고 했습니다.

세 사람 중 두 명은 행악자라고 나옵니다. 마가복음에 나오는 바라바처럼 정부를 위해서 쿠데타를 하든지 아니면 극악무도한 나쁜 짓을 하다가 이곳에 달린 것이 분명합니다. 이쯤 되면 죽음에 대한 두려움보다 정신을 잃을 것입니다. 그리고 본능적으로 소리를 지를 것입니다. 내면의 외침이 표출될 것입니다. 아마 세상을 향한 한의 외침! 옆의 예수님을 향하여 외침의 소리가 터져 나옵니다. 39절 "니가 그리스도라구? 그러면 너 자신을 구원해 봐." 이 말은 진짜 구원해 보라는 말이 아니라 반어법으로 그의 분노의 표현입니다. 그 소리를 들을 때, 놀라운 장면이 나옵니다. 40절. 그 행악자 중 한 사람이 비난하며 꾸짖어 말합니다. "너와 나는 적어도 마지막은 우리가 십자가에 달릴 것을 예상하고 그런 짓을 하지 않았느냐. 그런데 저 사람은 그런 일을 하지도 않았는데 이 자리에서 똑같이 정죄를 받고 달려있는데 함부로 이야기를 하느냐. 하나님이 두렵지도 않느냐."

죽음 직전에 고통을 덜어보려고 마취제가 담긴 포도즙을 입에 댔지만, 예수님은 몰약을 거부하며 "주여, 저들을 사하여 주옵소서." 그들을 위하여 용서를 구했습니다. 예수님과 함께 십자가에 달린 사람은 "이 사람이 진짜 구원자 아닐까"라고 42절에 고백합니다. "예수여, 예수여, 당신의 나라가 임하면 나를 기억하옵소서." 같은 상황에서 한 사람은 예수를 받아들이고, 다른 한 사람은 예수를 비난하며 거부합니다.

십자가가 내 눈 앞에 보이고 예수님이 존재해도, 보지 못하는 사람은 보지 못합니다. 그러나 십자가를 보는 사람들은 2000년이 지나고, 예루살렘과의 거리가 아무리 멀리 떨어져 있어도, 삶의 고통과 비난과 수치와 두려움 속에 있을지라도 "예수여, 예수여, 당신의 나라 임하시면 나를 기억해주옵소서."

라고 합니다.

이 시간 예배드리는 크리스천들이 우리 마음속에 십자가에서 피 흘리시는 예수님을 바라보시기 바랍니다. 우리가 이 자리에 예수님을 보려고 왔습니다. 3000년, 4000년이 지나도 예수님은 변함없이 우리에게 나타나실 것입니다. 예수님을 부르시기를 바랍니다. 자존심이 무너지고, 수치감을 느끼십니까? 옷이 벗겨진 채 수많은 사람들 가운데 내가 매달려 걸려있는 것 같습니까? 십자가를 바라보는 자는 원망하지 않습니다. 타인 때문에 내 인생이 망가지는 것을 원망하지 않습니다. 누구도 원망하지 않고 오로지 예수님을 부릅니다.

"네가 오늘 나와 함께 낙원에 있으리라." 나라가 아니라 낙원이라고 하셨습니다. 나라와 낙원의 차이가 무엇입니까? 여러분의 가정이 하나님 나라가 이루어질 수 있습니다. 하나님의 나라는 살아서도 죽어서도 이루어집니다. 왜냐하면 하나님이 통치하는 하나님의 정신이 지배하는 곳이 하나님 나라이기 때문입니다. 우리 마음속에 하나님 통치가 임하는 하나님 나라가 임하옵소서! 그런데 낙원은 죽어서 가는 곳입니다. 창세기에 에덴동산이 낙원이라 합니다. 에덴동산은 이미 파괴되어서 지금은 죽어서 낙원에 갑니다. 새 하늘과 새 땅! 이사야서에 "우리가 메시아를 통하여 회복되어 그 땅에 들어간다."고 선포합니다. 주님이 말씀하신 낙원은 회복되고, 에덴동산이 이루어지는 그 땅을 선언하는 것입니다.

누가복음 4장에는 이사야서를 인용한 예수님의 첫 설교가 나옵니다.

> 주의 성령이 내게 임하셨으니 이는 가난한 자에게 복음을 전하게 하시려고 내게 기름을 부으시고 나를 보내사 포로 된 자에게 자유를, 눈 먼 자에게 다시 보게 함을 전파하며 눌린 자를 자유롭게 하고 주의 은혜의 해를 전파하게 하려 하심이

라 하였더라. (눅 4:18~19)

"주의 은혜의 해"는 성서적으로 희년입니다. 하나님의 주권 역사의 희년은
낙원에 들어가는 때에 완전한 희년이 이루어집니다.

예수님의 마지막 설교는 오늘 본문인 "네가 오늘 낙원에 있으리라." 이것
은 인류를 향한 예수님의 메시지입니다. 바울이 해석하기를 로마서 5장 3-4
절에서, "다만 이뿐 아니라 우리가 환난 중에서 즐거워하나니 이는 환난은
인내를 인내는 연단을 연단은 소망을 이루는 줄 앎이로다." 환난이나 고난이
즐거운 이유를 설명하고 있습니다. 또한 로마서 5장 9-11절은 이렇게 말씀
합니다.

> 그러면 이제 우리가 그의 피로 말미암아 의롭다 하심을 받았
> 으니 더욱 그로 말미암아 진노하심에서 구원을 받을 것이니
> 곧 우리가 원수 되었을 때에 그의 아들의 죽으심으로 말미
> 암아 하나님과 화목하게 되었은즉 화목하게 된 자로서는 더
> 욱 그의 살아나심으로 말미암아 구원을 받을 것이니라 그뿐
> 아니라 이제 우리로 화목하게 하신 우리 주 예수 그리스도로
> 말미암아 하나님 안에서 또한 즐거워하느니라. (롬 5: 9~11)

환난을 부끄러워하는 사람이 있습니다. 혹은 원망과 비난할 사람을 찾아
그에게 자신의 고통을 돌리는 사람이 있습니다. 나의 구원을 위한 고난입니
다. 마침내 우리는 즐거움을 얻을 것입니다. 오늘 본문은 인생길에 수치를
느낄 때, 십자가를 바라보는 사람은 고난을 연단과 인내로 받아들이고 구원
의 소망을 이루며, 주께서 그를 즐겁게 하신다고 말씀합니다.

1938년 한 사람이 온갖 잔인한 고문으로 병이 생겨 눈이 잘 안보이고, 폐

가 나빠지고, 심장에 병이 생기게 됩니다. 그는 환자들을 수용하는 감옥에 들어가게 됩니다. 1944년 4월 21일 부인이 달려왔습니다. 남편의 모습을 차마 볼 수가 없었습니다. 인간의 모습이 아니었습니다. 너무 끔찍해서 말도 눈물도 나오지 않습니다. 남편이 부인의 손을 붙잡고 네 가지를 부탁합니다. 어머니, 따스한 숭늉, 조선을 위한 기도, 나를 평양 땅에 묻어 달라고 부탁합니다. 5분간의 면회를 마치고 몇 시간이 지난 그날 저녁 그 분이 돌아가셨습니다. 그 분은 찬송가 158장을 쓰신 주기철 목사님입니다. 그 분이 오로지 외친 것은 십자가였습니다.

우리는 이미 구원받았습니다. 그런데 왜 좌절하며 분노합니까? 왜 잠을 못 자며 두려워하며 고통 받고 있습니까? 구원의 확신이 있다면, 십자가에 달리신 예수님을 보며 고통을 감수하며 즐거워해야 합니다. 혹시 우리 안에 구원의 확신이 없는 것은 아닌가요?

성도 여러분, 구원의 확신이 있기를 주의 이름으로 축원합니다. 구원의 확신이 없이는 우리가 세상에 나아가 세상 사람들과 똑같습니다. 즐겁고 좋은 이야기에는 신나서 웃다가, 슬프고 어려운 이야기를 하면 낙심하고 속상한 것이 똑같습니다. 그러나 구원의 확신을 가진 사람은 시공간을 초월해서 낙심하지 않고 주님의 십자가를 바라봅니다. 주님에 대한 확신을 가지시기를 주님의 이름으로 축원합니다.

03
사순절

긍휼

본문: 요한복음 19:26~27

봄입니다. 영어로 봄이 Spring입니다. 봄에 스프링처럼 용솟음치며 새롭게 튀어 오르시기를 바랍니다.

내 마음은 얼어붙어서 아직도 딱딱한 겨울입니다. 이런 성도 분들 계십니까? 성령이여, 그분들 마음에 찾아가셔서 사순절 셋째 주 예배를 드리는 이 시간 그분들의 마음에 은혜의 봄소식이 전해지기를 주님의 이름으로 축원합니다.

당시 십자가 처형을 할 때에는 로마 군인이 4명씩 한 조를 이루었습니다. 로마 군인 4명인 한 조는 사형장 형틀에 그 사람이 죽는 것을 지켜보며 사형을 집행했습니다. 그들이 가질 수 있는 것은 옷이었습니다. 고대 역사에서 전쟁에서 승리한 팀이 패전한 그 땅 사람들의 옷을 전리품으로 가지고 가는 것이 관례였습니다. 상처가 났든, 창으로 찢어졌든, 피가 흥건히 묻었든 상관없이 그 옷을 전리품으로 가지고 갔습니다. 왜냐하면 당시에 옷은 오늘날처럼 공장에서 대량으로 찍어내는 시대가 아니었습니다. 옷 한 벌을 만들려면 매우 힘들었습니다. 일반인들은 평생에 옷 한 벌을 가지고 살았습니다.

당시 남자의 정장이라 하면 머리의 두건과 허리띠와 신발, 겉옷 그리고 속옷 이 다섯 가지가 남성이 가진 전부입니다. 이 다섯 가지를 로마의 군인 4명이 하나씩 나누어 가졌습니다. 그리고 속옷이 남았습니다. 속옷은 우리의 속옷과 달리 무릎에서부터 통으로 짜인 것이었습니다. 이것을 찢어서 나누어 가지면 아무 소용이 없는 것이었습니다. 서로 눈치를 보던 로마 군인들은 제비뽑기로 결정했습니다.

　오래전에 시편 22장 18절은 이렇게 예언합니다. "내 겉옷을 나누며 속옷을 제비 뽑나이다." 로마 군인들이 예수님에게 행한 행동이었습니다. 그 십자가 위에서 예수님은 고통의 외침을 외치고 있습니다. 그리고 피가 흥건히 내려 십자가 나무가 피로 붉게 물들고 있었습니다. 그 시점에 네 명의 군인들은 시시덕대며 누가 속옷을 제비뽑아 가질까 이야기하고 있는 장면을 어머니 마리아가 보고 있었습니다. 어머니 마리아와 이모와 그 외 한 여인이 그 자리에 함께 있었습니다.

　여러분 같으면 심정이 어떻겠습니까? 내 사랑하는 아들이 지금 죽어가고 있는데, 그 아들의 속옷, 즉 어머니가 자식에 대한 염원을 담아 직접 지어준 속옷, 한 땀 한 땀 정성스럽게 만들어 선물한 그 속옷을 제비뽑는 모습을 보고 그 어머니의 심정이 어떻겠습니까?

　성경의 인물들을 생각할 때 우리는 그냥 넘어가는 경우가 많습니다. 아브라함이 모리아 산에서 아들 이삭을 하나님께 제물로 바친다고 할 때 '뭐 그럴 수도 있겠지'라고 생각합니다. '성경 속의 인물이니까 뭐 당연한 일이지'라고 생각합니다. 그러나 마리아가 보인 어머니의 마음은 우리와 똑같습니다. 자식을 잃은 부모의 심정을 헤아리시겠습니까?

　누가복음 2장에 예수님 탄생 8일째 그 동네에서 경건하다고 소문난 사람에게 아기 예수를 데려갔습니다. 안고 기도해달라고 데려왔습니다. 경건한 시므온 할아버지가 '칼이 네 마음을 찌르듯 하리니…' 영적인 시므온은 예수님의 미래를 견지했습니다. 어머니들이 우리를 가슴이 찔리는 심정으로 우리를 키우는 것입니다.

　십자가의 예수님이 이 어머니의 모습을 보고 있습니다. 자신은 하나님의 뜻을 위해 인간의 모습으로 이 땅에 와서 인류를 구원하기 위하여 십자가를 지고 가는 구원의 길을 갑니다. 그러나 인간 여인이 무슨 죄가 있어서 가슴을 칼로 난도질하는 고통을 겪어야하는지 보고 계시는 예수님. 예수님은 그 여인을 볼 때 너무 가슴이 아팠습니다.

예수를 낳고 사생아를 낳았다고 사람들이 뒤에서 쑥덕쑥덕 대고 심지어 태어나자마자 죽을 고비를 수없이 넘기며 이 동네 저 동네 다니며 고통 받으며 희생을 아끼지 않았던 어머니! 그 일들이 예수님에게 주마등처럼 스쳐지나갔습니다. 그리고 마지막에는 십자가라는 고통의 자리까지 어머니에게 보여야 했습니다. 어머니를 바라볼 때 가슴이 견딜 수 없었습니다. 예수님의 입에서 나오는 탄식과 같은 소리는 "어머니"가 아니라, "여자여"입니다.

성서가 기록된 당시의 문화로는 여자라는 칭호가 극존칭이었습니다. 가슴이 칼로 갈기갈기 찢기는 듯한 고통을 받고 있는 어머니에게 표현하기를 "여자여, 당신의 아들입니다." 이 아들이 자신을 가리킵니까? 아니면 어머니 옆에 있는 제자를 가리킵니까? 문맥 전체를 보면, 제자를 향한 말입니다. "보라, 네 어머니라." 두 사람은 모자가 될 수 없는데 왜 예수님이 십자가에서 이런 허망한 말을 하고 있습니까?

마태복음 12장 50절에서 육적 혈연관계를 새롭게 정립시킵니다. "누구든지 하늘에 계신 내 아버지의 뜻대로 하는 자가 내 형제요 자매요 어머니이니라 하시더라." 영적 혈연관계를 이미 예수님께서 말씀하셨습니다. 예수 그리스도는 모든 이 땅의 인류를 향하여 그리고 어머니를 향하여 극존칭의 표현으로 "여자여"라고 하셨습니다.

지금 여러분의 마음이 힘들고, 하나님의 뜻을 지키려고 발버둥 하는데 너무 버겁고 살기가 힘들고, 신앙을 지키기가 너무 힘들고, 가족 안에 살기가 너무 고통스러운 분들이 있습니까? 예수님이 지금 피를 흘리며 그분들을 향하여 극존칭의 표현으로 "여자여"라고 말씀하고 있습니다. 그리고 이 땅에 주님을 배반하고 도망가려 하나, 하나님의 제자로 부르심을 받은 이 땅의 요한들을 향하여 "요한아, 네가 사랑하고 섬겨야 할 어머니이다." 이것이 주님의 마음이고 뜻입니다. 이 땅에 고통 받는 성도와 인류에게 하나님은 사순절을 통하여 기억하게 하시는 최선, 최고의 언어로 "여자여"라고 하셨습니다. 그리고 실천하는 요한들을 향하여 "네가 어머니처럼 섬겨라."라고 말씀하셨습니다.

당시의 어머니는 섬겨야 할 대상이었는데 요즈음은 육신의 부모를 섬기지 못하는 시대입니다. 이성으로는 육신의 부모를 섬기려하는 마음이 있지만, 현실은 그렇지 못한 비극적 시대에 우리는 살고 있습니다. 얼마 전 방송을 보니 전 남편, 현재 남편, 시어머니, 스무 살 난 딸을 제초제를 타서 죽였습니다. 보험금을 타려고 말입니다. 그 보험금으로 좋은 차 굴리고 잘 살려고 그랬습니다. 이게 말이 됩니까?

예수께서 어머니를 요한에게 부탁하니 그때부터 제자가 자기 집에 모셨습니다. 어떻게 요한이 그럴 수 있었을까요? 요한이 성자입니까? 천만에요. 요한은 성격이 불같아서 우레의 아들이란 별명을 가지고 있었습니다. 그런 요한이 어떻게 그럴 수 있었을까요? 바울이 에베소서 2장 4~5절에서 정확하게 지적합니다.

> 긍휼이 풍성하신 하나님이 우리를 사랑하신 그 큰 사랑을 인하여 허물로 죽은 우리를 그리스도와 함께 살리셨고 (너희는 은혜로 구원을 받은 것이라.) (엡 2:4~5)

바울은 십자가의 예수님에게서 긍휼의 하나님을 보았습니다.

우리도 불쌍한 사람을 보면 도와주고 싶은 동정심, 사랑의 마음이 있습니다. 나는 변하지 않으면서 어려운 사람을 돕는 것을 동정심이라고 합니다. 예수님의 긍휼은 동정심이 아닌 고통의 자리에 함께 거하는 사건입니다. 긍휼은 영어로 compassion이고, 이 단어는 라틴어 쿰(*cum*: 함께)과 파티(*pati*:

고통)에서 파생된 말입니다. 즉 긍휼은 함께 괴로워하는 삶입니다.

예수님의 긍휼은 인류를 위한 하나님의 구원을 이루고자 친히 인간의 몸으로 내려온 사건입니다. 이 땅에 육신의 몸으로 와서 만백성을 위하여 죄가 없으신 분이 십자가에 달려 피를 흘리신 사건입니다. 육신의 어머니인 마리아가 고통 받는 것을 보며 이 땅에 하나님의 뜻을 이루기 위하여 인간으로서 참고 견디신 사건입니다. 하나님의 뜻을 실천하는 뭇 백성을 향하여 "여자여"라고 존대하신 긍휼이 바로 주님의 긍휼입니다.

마지막까지도 십자가의 행악자들을 구원하려고 끝까지 지키시고 기다리시는 긍휼. 떠나가고 배신한 제자들을 부활하시자마자 찾아가서 끝까지 용기 주시고, 힘주시고, 회복시키시는 긍휼. 긍휼의 우리 주님! 요한은 그것을 보았던 것입니다.

요한은 인간입니다. 우리와 똑같은 사람입니다. 아무리 좋은 마음에 어른을 모셔도, 병들고 정신이 없어 이상한 이야기를 하고 그러면 본능적으로 인간의 마음속에는 인간적 욕구와 인간적 말을 어른께 할 수 있습니다. 인간은 그렇습니다. 때로는 보험금 때문에 독극물도 먹이는 게 사람입니다. 요한은 십자가의 주님을 보면서 위로받고 긍휼함을 입고, 본인이 십자가를 보면서 긍휼을 실천할 수 있었습니다.

성도 여러분, 눈앞에 노동자나 어려운 사람을 향한 동정심이 아니라, 십자가에서 피 흘리신 예수님을 바라볼 때 "긍휼이 여기는 자는 복이 있나니 그들이 긍휼이 여김을 받을 것"(마 5:7)이라는 산상수훈을 실천할 수 있습니다. 이 마음으로 세상으로 나아가서 긍휼을 베풀고, 가정과 직장 등 자신이 속한 삶의 자리에서 긍휼을 실천하는 여러분 되시기를 바랍니다.

04
사순절

고뇌

본문: 마태복음 27:45~46

우리 마음 안에는 우리가 인지하지 못하는 자아가 있습니다. 내가 인지하는 나는 성인인데 자아는 어린아이로 살고 있습니다. 그리고 어떤 사람은 길거리에 웅크리고 앉아 슬피 눈물 흘리고 있습니다. 온몸이 상처투성이로 피흘리며 울고 있습니다. 겉으로는 사회적으로 이름이 있고 저명하고 고등교육을 받은 나인데, 속 안의 나는 병들고 너무 괴로워서 통곡하고 있습니다. 오늘 내가 인지하지 못하는 영적인 자아가 하나님의 풍성한 천국을 소유하게 되기를 주님의 이름으로 축원합니다.

"저들의 죄를 용서하소서." "네가 오늘 나와 함께 낙원에 있으리라." "여자여, 보소서. 당신의 아들이니이다. 보라, 네 어머니라." 이 세 마디를 십자가에서 말씀하시고 예수님은 침묵하십니다. 유대인들과 우리의 시간 개념이 다릅니다. 우리 시간으로 낮 12시부터 낮 3시까지 정확하게 세 마디를 하시고 예수님은 침묵하셨습니다. 성경에서 대낮에 어두움이 내려앉았다고 합니다. 그 어둠은 자연을 통한 하나님의 메시지입니다.

주 여호와의 말씀이니라 그 날에 내가 해를 대낮에 지게 하여 백주에 땅을 캄캄하게 하며. (암 8:9)

아모스 8장 9절에서 어둠은 하나님의 심판이라고 합니다.
세 시간의 침묵 끝에 예수님이 입을 열어 말씀하십니다. 성경에서 유일하게 예수님이 아빠가 아닌 하나님을 부릅니다. "나의 하나님, 나의 하나님, 어찌하여 나를 버리셨나이까."

인간이 죄를 지으면 하나님이 반드시 심판하신다고 하셨습니다. 예수 그리스도에게 모든 인간의 죄가 전가되었습니다. 인류의 모든 죄를 예수님이 지셨습니다. 죄인은 절대로 하나님과 함께 할 수 없습니다. 아버지와 아들의 관계로는 하나님께서 예수님을 심판하실 수 없기에 예수님은 인간으로서 하나님을 부르신 것입니다. 하나님과 예수님과의 시간의 단절, 즉 심판입니다. 그래서 예수님이 너무 힘드셔서 "어찌하여"라고 말씀하셨습니다.

빌립보서 2장 6~8절에서 인간의 모습으로 오신 예수님의 모습이 잘 나타나 있습니다. 겟세마네 동산에서도 예수님은 제자들이 잠자는 시간에 땀방울이 핏방울이 되시도록 기도하신 후에 제자들에게 "내 마음이 심히 고통스럽다"고 고백하십니다.

예수님은 인류의 모든 죄를 전가 받은 내가 고통스럽지만 하나님의 뜻을 위해 이 길을 가야한다는 인간적인 고뇌가 있었습니다. 시편 22편 1절에서 볼 수 있는 고뇌는 다윗의 고뇌입니다.

> 내 하나님이여 내 하나님이여 어찌 나를 버리셨나이까 어찌
> 나를 멀리 하여 돕지 아니하시오며 내 신음 소리를 듣지 아
> 니하시나이까. (시 22:1)

다윗이 예수님과 똑같은 고백을 할 때의 상황은, 사무엘에게 기름부음을 받고 어느 날 왕이 되라는 말씀을 들을 때였습니다. 다윗은 그 사건의 말씀을 깊이 생각하고 하나님의 뜻을 묵상하며 살았습니다. 그러나 현실은 왕이 되는 것과 거리가 먼, 오히려 사울의 극악함이 더욱 커져서 다윗은 죽음의 두려움과 공포에 시달리게 됩니다. 어느 것 하나 왕이 되는 환경은 전혀 만

들어지지 않습니다. 그 때의 상태를 보여주는 본문이 시편 22편 6절입니다.

나는 벌레요 사람이 아니라 사람의 비방 거리요 백성의 조롱
거리니이다. (시 22:6)

다윗이 너무 괴로워 이렇게 자신을 표현합니다. 14절은 "나는 물 같이 쏟아졌으며 내 모든 뼈는 어그러졌으며 내 마음은 밀랍 같아서 내 속에서 녹았으며"라고 한탄하며 18절은 "내 겉옷을 나누며 내 속옷을 제비 뽑나이다"라고 말합니다.

예수님이 떠오르는 시입니다. 이 시는 다윗이 고통과 절망 중에 하나님께 드리는 시인데 예수님의 모습을 담고 있습니다. 그러나 시편 22편에서는 수치와 부끄러움과 뼈마디가 녹는 애절함을 원망으로 마치지 않습니다. 21절부터 다윗은 하나님을 찬양하며 구원을 찬송합니다. 다윗의 이 시는 고통 가운데에서도 하나님의 뜻을 알기에 하나님을 따르겠다는 신앙고백입니다.

이처럼 예수 그리스도의 "어찌하여"는 원망이 아닙니다. 탄식과 고뇌를 처절하게 표현할 뿐이며, 내가 가야할 길을 바로 알고 하나님을 찬양하는 것입니다. 아람어로는 '마두아'라는 말을 사용하여야 의문형인데, "라마"를 사용했습니다. 라마는 목적을 바로 알고 묻는 질문입니다. 따라서 예수님의 신앙고백입니다. 예수님은 아버지와 아들의 관계가 단절되는 고통을 알지만 고통스럽다는 표현이지요.

출애굽의 아홉 번째 재앙은 '흑암', 열 번째 재앙은 사람이나 짐승의 장자가 죽는 재앙입니다. 어린 양의 피를 문설주에 발라 재앙을 넘겼습니다.

예수님이 십자가에 달려 돌아가실 때, 이스라엘 사람들은 그 유월절을 준비하고 있었습니다. 그런데 온 동네가 어두워지고 세 시간이 흐른 후 예수님이 어린 양 대신 피를 흘리며 죽는 사건이 일어났습니다. 이것은 우리를 살

리기 위한 사건입니다.

이해되지 않는 "어찌하여"가 우리 사회에는 많습니다. 하나님의 뜻대로 예배하며 살려하는 사람들에게 닥치는 고난의 이유를 우리는 알 수 없습니다. 성도 여러분의 어려운 고난이 다 해결될 것이라고 감히 말씀 드릴 수 없습니다. 예수님의 세 시간의 침묵은 '고뇌'입니다. 톨스토이가 말하기를 "고통은 우리에게 기억을 남긴다. 그러나 처절한 고뇌는 반드시 기쁨을 허락한다."

예수님의 "사박다니"(버리셨나이까?)라는 말의 의미는 '등을 돌리다', '완전히 포기하다'는 의미로 죽음입니다. 하나님이 예수 그리스도를 향하여 공적인 심판자 모습으로 등을 돌리는 순간, 아버지와 아들의 관계가 단절되는 순간, 예수님은 인류를 향하여 얼굴을 드셨습니다. 민수기 6장 24~26절은 이렇게 말씀합니다.

> 여호와는 네게 복을 주시고 너를 지키시기를 원하며 여호와
> 는 그의 얼굴을 네게 비추사 은혜 베푸시기를 원하며 여호와
> 는 그 얼굴을 네게로 향하여 드사 평강 주시기를 원하노라
> 할지니라 하라. (민 6:24~26)

민수기의 축복입니다. 이처럼 우리에게 평강주시기 위해 예수님은 십자가의 길을 걸어가셨습니다. 나를 위해 하나님과 예수님의 관계가 단절되고 나를 바라보신 예수님을 기억하며 고난의 시간을 극복하며 주의 길을 걸어갑시다. 인생의 처절함 속에서 주님의 기쁨이 되시는 여러분 되시기를 주의 이름으로 축원합니다.

고통

05
사순절

본문: 요한복음 19:28

여러분들 중에 너무 힘들어서 하나님의 터치가 필요하신 분들이 있으시다면, "주님, 제가 주님 앞에 왔습니다. 나를 만져주세요. 주께서 피 흘리신 손으로 나를 만져주세요. 우리 가정을 도와주세요. 이 한 주간 너무 지칩니다."라고 고백하십시오. 주의 양이 되시기를 바랍니다.

오늘은 세계 물의 날입니다. 아프리카 잠비아에서는 아홉 살 난 어린 소녀가 아침부터 물을 길어옵니다. 거리가 수 킬로미터라서 하루 네 번 물을 길어오면 하루가 다 간다고 합니다. 소녀는 물이 너무 무섭다고 합니다. 왜냐하면 새벽부터 자기 몸집만한 물통을 이고 하루 네 번씩 다니니 무서울 만하지요. 그런데 소녀는 모기, 파리 그리고 짐승의 분비물들이 물 위에 떠 있는데 그 물을 마셔야하는 것이 너무 무섭다고 했습니다.

남미 브라질에서 반정부 시위가 일어났다고 합니다. 정치적인 이유가 아니라 물이 없어서 시민들이 시위를 벌였습니다. 남미와 아프리카만의 이야기가 아닙니다. 미국 캘리포니아 주에 찾아온 물 부족 문제로 주에서 법을 만들었습니다. 식당에 손님이 오면 물을 달라고 하기 전에는 물을 주지 말라고 하는 법입니다. 또한 주내 물 사용량을 25%이상 의무적으로 줄이도록 하는 행정 명령을 내렸습니다. 이러한 강제 절수명령은 주역사 167년만에 처음이라고 합니다. 춘천도 물 부족으로 소양댐에 물이 거의 없는 심각한 상태입니다. 물을 절약하여 사용합시다. 전 세계 인구 20%에 해당하는 14억의 인구가 물이 없어 허덕이고 있습니다.

오늘 성경에 보니, 예수님께서 "내가 목마르다."고 말씀하십니다. 물을 만드시고, 강을 만드시고, 바다를 만드신 분이신 창조주 예수 그리스도가 물이 없다고 목마르다고 합니다. 시편 42편 1절에 목마른 사슴이 시냇물을 찾듯이 헐떡거리며 갈급해한다고 표현합니다. 사슴은 물이 없으면 살기 어려운 동물입니다. 포수가 총을 쏴도 냇가로 달려가 물을 먹는다고 합니다. 목마른 고통을 참기 어려운 사슴이기 때문입니다.

사람도 전쟁에서 총을 맞고 부상을 입으면 아픔을 호소하며 물을 달라고 합니다. 물을 만드신 창조주 예수님이 물을 달라고 왜 애타게 이야기하고 있습니까? 본문에서 우리의 시선을 머물게 하는 단어가 있습니다. "응하게 하려 하사"

예수님이 겟세마네 동산에서 바위에 무릎을 대고 기도를 하시다가 일어나셔서 잠자는 제자들을 깨웠습니다. "하나님, 내가 너무 고통스럽습니다. 이 잔을 내게서 피하게 하옵소서. 그러나 나의 뜻대로 하지 마옵시고 아버지의 뜻대로 하옵소서." 그 때의 예수님의 기도였습니다. 그리고 나서 유월절 만찬 후에 가룟 유다와 군인들이 와서 예수님을 잡으려고 합니다. 그때 베드로가 검을 빼서 말고의 귀를 쳤습니다. 예수님께서 "검을 쓰는 자는 검으로 망한다. 이제 내가 이 잔을 마셔야한다."고 말씀하셨습니다.

그날 밤 바로 군인들에게 끌려가 심문을 받고 십자가에 매달리십니다. 갈보리 언덕의 십자가에 매달릴 때, 군인들이 쓸개를 탄 포도주(사람의 고통을 덜어주는 당대의 마취제)를 예수님의 입에 댑니다. 예수님은 거절하시고 침묵하시다가 물과 피를 다 쏟으신 후 말씀하십니다. "내가 너무 고통스러워 목마르다."

군인이 예수님의 입에 신 포도주(값이 저렴한 군인들이 마시던 포도주)를 댑니다. 이 순간 말씀이 응합니다. 시편 69편 21절에 "그들이 쓸개를 나의 음식물로 주며 목마를 때에는 초를 마시게 하였사오니" 성도 여러분, 어떻게 구약에서 이렇게 자세히 표현했는지요. 구약의 예언이 예수 그리스도의 십자가 위에서 성취되었습니다.

본문의 요한이 선택한 '응하다'는 요한복음 전체에서 4장에서 또 쓰였습니다. 요한복음 4장 34절은 "예수께서 이르시되 나의 양식은 나를 보내신 이의 뜻을 행하며 그의 일을 온전히 이루는 것이니라"라고 말씀합니다. 여기서 '이루다'가 오늘 본문의 '응하다'입니다. 요한복음 6장 39~40절은 다음과 같이 말씀합니다.

> 나를 보내신 이의 뜻은 내게 주신 자 중에 내가 하나도 잃어
> 버리지 아니하고 마지막 날에 다시 살리는 이것이니라. 내 아
> 버지의 뜻은 아들을 보고 믿는 자마다 영생을 얻는 이것이니
> 마지막 날에 내가 이를 다시 살리리라 하시니라. (요 6:39~40)

'응하다'가 '마지막 날에 다시 살리리라'입니다. 헬라어로 같은 단어입니다. 예수님의 목마른 고통은 온 인류를 살리기 위해 고통의 목마름을 가졌습니다. 예수님의 입에 포도주가 정확하게 닿는 순간 예수님은 죽지만 인류는 살아나게 됩니다.

몸이 아파서, 인간관계의 괴로움으로 잠을 못자는 분들도 많습니다. 어떻게 하면 다른 이들을 돕고 지역 사회를 살릴 수 있는지 고민하는 분도 있습니다. 안양복지관 관장님이 오셔서 말씀하시기를 처음에 가졌던 순수했던 신앙이 기독교와 점점 무관해진다고 합니다. 세상에는 사람들이 다양한 목마름을 가지고 살아갑니다. 어떤 것이 옳고 어떤 것이 틀리다고 말하지 못합니다.

예수님이 사마리아를 가셨습니다. 제자들이 예수님에게 사마리아로 들어가지 못하게 했습니다. "여기 머무십시오." 예수님의 목마름은 그곳으로 들

어가게 했습니다. 거기서 한 여인을 만납니다. 물을 길러야 먹고 살 수 있는 여인이었습니다. 예수님의 목마름은 여인의 영혼에 대한 목마름이었습니다. 사마리아 여인이 예수님을 만나고 목마름을 해결하고 기뻐 뛰며 마을로 들어갑니다.

성도 여러분, 우리는 다양한 목마름 속에 살고 있습니다. 어떤 목마름을 가지고 이 자리에 왔는지 모르겠습니다. 기도의 제목을 보면 다양한 목마름으로 갈급하고 고통스러워합니다. 잠을 못자고 병상에서 괴로워하고 애통해하는 분들이 있습니다. 그런데 이곳에 왔더니 예수님이 십자가에서 보여주신 목마름, 즉 다른 가치를 보여주십니다. 십자가 사건을 보면서 영혼을 살리는 예수님의 간절함을 보라고 하십니다.

요즘 한국교회가 예전 같지 않습니다. 집안 행사도 삼가고 음식도 삼가면서 사순절을 보냈습니다. 사순절 기간에는 유희를 즐기지 않으면서 여행도 자제했습니다. 사순절 기간 동안 철저히 십자가를 바라보려고 노력했습니다. 그런데 요즘은 왜 이렇게 되었나요?

십자가에서 피 흘리시면서 목말라 갈급해 하시면서 영혼을 생각하신 예수님! 여러분도 주님처럼 찾아가고, 영적으로 성숙해져서, 다른 영혼을 살리시기를 주님의 이름으로 축원합니다.

승리

본문: 요한복음 19:30

"다 이루었다." 이 말은 원어로는 그 누군가가 그 일을 마치게 했다는 말입니다. 그가 누구입니까?

인류의 역사는 아담과 하와부터 시작이 됩니다. 그러나 인류의 시작은 안타깝게도 죄로 시작됩니다. 하나님이 만든 백성이 죄로 인해서 하나님과 멀어지게 됐습니다. 그런데 하나님은 "내가 너희들과 하나 되겠다. 너희들을 구원하겠다. 내가 너희들과 화목하기 원한다"고 말씀하셨습니다. 끝없이 우리를 향하여 구원자로 다가오십니다. 그래서 이사야를 보내셨고, 또 수많은 선지자들을 보내셨습니다. 그 모든 것을 십자가 위의 사건에서 하나님이 성취하셨습니다. 그리고 그 성취는 이 한 마디, "다 이루었다"로 표현됩니다.

하나님은 여러분과 가까워지기 위하여 주님을 통해 일을 이루셨습니다. 무슨 일을 이루셨습니까? 돈을 많이 벌어서 물질적으로 완성하셨습니까? 과학을 발달시키거나 새로운 연구물을 발표하셨습니까? 학위를 여러 개 받아서 학문의 업적을 남기셨습니까? 아닙니다. 예수님은 오로지 여섯 시간 동안 십자가 위에서 끔찍한 고통을 당했습니다. 인간의 사고 속에는 세상적인 관점, 자기 중심적 관점이 기본적으로 자리잡고 있습니다. 그래서 주님의 고난과 고통은 뭔가를 이룬 것이 아니라 실패이자 처참한 죽음에 불과한 것으로 봅니다. 그러나 주님은 하나님의 관점, 즉 하나님의 뜻을 이루기 위해 사셨습니다.

예수님께서는 "내 양식은 내가 가지고 왔다"고 제자들에게 말씀하십니다.

누가 가져다 주셨나요? 세상의 관점, 내 중심적 관점으로는 먹을 것을 누군가가 만들어야 하고, 또 내가 노력해서 가져와야만 양식입니다. 그런데 예수님의 관점은 하나님의 뜻을 이루는 것이 양식이라고 합니다. 요한복음 6장 39-40절은 이렇게 말씀합니다.

> 나를 보내신 이의 뜻은 내게 주신 자 중에 내가 하나도 잃어
> 버리지 아니하고 마지막 날에 내가 이를 다시 살리리라 하시
> 니라. 내 아버지의 뜻은 아들을 보고 믿는 자마다 영생을 얻
> 는 이것이니 마지막 날에 내가 이를 다시 살리리라 하시니라.
> (요 6:39~40)

죽은 자가 살아나고 영혼이 구원받는 것이 하나님의 뜻입니다.

세상에서는 많은 것을 얻어야 승리자라고 말합니다. 그런데 성경에서 승리는 하나님의 뜻대로 살아간 자가 승리입니다. 우리 아이가 대학만 가면, 우리 아이가 취업만 하면, 우리 아이가 결혼만 하면, 손주만 보면 좋겠다고 합니다. 이처럼 우리는 얻고자 하는 것이 너무 많습니다. 그러나 성경은 하나님의 뜻대로 사는 것이 승리라고 합니다. 아담과 하와라는 최초의 인류를 쓰러뜨린 사탄이, 위대한 왕 사울을 쓰러뜨린 사탄이, 심지어 다윗까지 쓰러뜨렸던 그 사탄이 눈이 밝아질 거라며 우리를 유혹합니다.

세상이 보지 못하는 신기한 눈으로 너만이 훌륭한 전문가가 될 것이라고 유혹합니다. 사울이 천천이요, 다윗은 만만이라는 이야기를 듣고 네가 만만이 되어야 한다고 수없이 유혹합니다. 이 사탄의 유혹에 우리는 정신없이 세상을 살아갑니다. 내가 눈이 밝아지고 싶고, 내가 만만이 되고 싶고, 높아지고 싶은 탐욕의 마음, 질투의 마음이 우리를 번뇌하게 만듭니다. 그래서 우리는 누군가를 밟고 경쟁에 이기기 위하여 수없이 많은 죄를 짓기 시작합니다.

심지어 그 행위가 불법임을 알면서도 성공이라는 이름 아래 불법을 자행할 뿐만 아니라 우리는 육신의 몸을 망가뜨리기도 하고, 향락에 취하기도 하고 성공을 위하여 우리는 세속으로 달려갑니다.

마지막 때에 사탄이 우리를 향하여 이야기를 시작합니다. "네가 탐욕과 음욕과 향락에 취했었지. 그러고도 네가 찬양대에서 찬양을 해? 악기를 연주해? 헌금 위원을 해? 대표기도를 해? 예배를 인도해?" 죄를 지은 자는 사망이라는 로마서 말씀으로 너는 죽을 수밖에 없는 죄인이라고 사탄이 말합니다. 그때에 예수님이 우리를 위해 "다 이루었다"고 선언하십니다.

네가 죄를 짓고 어떻게 하나님의 일을 하느냐? 지난 한 주간 너의 삶의 태도로는 이 자리에 설 수 없다고, 성찬에 참여할 수 없다고 사탄이 말합니다. 우리 주님이 우리의 모든 죄 심지어 미래의 죄까지도 내가 십자가에서 다 이루었다고 선언하는 순간 모든 죄가 깨끗이 씻어졌습니다. 이 은혜를 생각할 때 얼마나 감사한지요. 골로새서 2장 14-15절에서 바울이 말합니다.

> 우리를 거스르고 불리하게 하는 법조문으로 쓴 증서를 지우시고 제하여 버리사 십자가에 못 박으시고 통치자들과 권세들을 무력화하여 드러내어 구경거리로 삼으시고 십자가로 그들을 이기셨느니라. (골 2:14~15)

우리의 모든 죄의 목록을 지우시고, 마귀가 당신은 죽어 마땅하다고 증서를 내밀 때 주님이 다 이루었다는 말씀으로 선언하는 순간 그 모든 증서는 지우시고, 제하여 버리시고, 십자가에 못 박으시고 모든 것을 무력화하셨습니다. 이것이 승리입니다. 이것이 선언될 때 얼마나 감사한지요. 모든 죄에서 주의 보혈의 피로 제함을 받고 용서함을 받은 우리는 어떻게 살아야 할까요?

우리는 세상의 빛으로 살아야 합니다. 오지에서 평생을 수고하고 선교하는 사람들이 있습니다. 세상의 가치관이 아닌 주님의 가치관으로 사는 사람들입니다. 인생의 마지막 때에 하늘에 뜻을 두고 살아가는 자는, 우리가 천국에서 만날 소망을 가지고 담대하게 구원의 복음을 전하며 살아갈 수 있습니다.

우리는 고난주간을 시작하고 있습니다. 우리의 할 일은 십자가를 바라보며 하나님의 뜻을 이루는 것이 승리라는 것을 알고 인생을 사는 것입니다. 주님이 이 땅에서 보여주신 그 몸부림, 하나님의 뜻을 이루려고 십자가를 지셨던 그 모습이 여러분에게 살아나기를 주의 이름으로 축원합니다.

07
사순절

부활

본문: 누가복음 23:44~49

주님의 마지막 말씀은 "아버지, 내 영혼을 부탁하나이다"입니다. 이 말씀은 시편 31편 5절에서 "내가 나의 영을 주의 손에 부탁하나이다 진리의 하나님 여호와여 나를 속량하셨나이다."라고 고백한 다윗의 기도문과 같습니다. 신약 사도행전 7장에서 스데반도 똑같은 기도를 드렸습니다. 유대인들은 어려서부터 잠을 잘 때 이 기도를 하고 잤습니다. 당시 가장 복된 죽음은, 오래 살다 죽는 것이 아니라 임종 직전, 온 가족이 다 지켜보고 있을 때 죽어가는 사람이 그 가족을 향하여 "아버지, 내 영혼을 아버지 손에 부탁하나이다." 이 기도를 드리고 죽는 것이 가장 복된 죽음이라고 믿었습니다.

저도 그런 욕심이 생깁니다. 여러분도 인생의 마지막 복된 죽음으로 하늘나라 가려는 순간, 온 식구가 지켜보는 가운데 이 기도문을 말하고 가는 축복이 있기를 바랍니다. 임종 시에 이 기도를 하려고 유대인들은 날마다 훈련했습니다.

예수님과 스데반, 다윗의 기도는 한 가지 차이가 있습니다. "내 영혼을 아버지 손에 부탁합니다." 그리고 이어서 나오는 "숨지시니라." 이것이 차이점입니다. 내 숨을 밖으로 내뿜는 것, 내 생명을 포기하는 것입니다. 예수님께서 자발적으로 생명의 숨, 호흡을 포기합니다.

자신을 모함하고 십자가에 못 박는 사람들을 향하여 용서를 선언하시고, 강도에게 낙원에 있는 축복을 주시고, 어머니를 향하여 긍휼의 모습을 보이신 예수님은, 여섯 시간에 걸친 그 과정 속에서 이제 메시아임을 선언하시기 위해 "내가 목마르다", "다 이루었다", "아버지, 내 영혼을 아버지 손에 부탁하나이다"라고 말씀하셨습니다.

예수님께서 숨을 강제적으로 포기하는 일은 하나님을 향한 약속의 성취를 이루어가는 모습입니다. 마치 고대 사회에서 배가 항구로 서서히 들어가서 뭍에 닿고자 할 때, 배 머리에 한 사람이 물속으로 풍덩 뛰어 들어가 몸에 밧줄을 들고 수영해서 연안의 큰 바위에 그 밧줄을 똘똘 묶어놓는 상태와 같습니다. 어떤 비바람이 불어와도 배가 안전한 포구로 들어갈 수 있는 상태입니다.

> 우리가 이 소망을 가지고 있는 것은 영혼의 닻 같아서 튼튼하고 견고하여 휘장 안에 들어가나니 그리로 앞서 가신 예수께서 멜기세덱의 반차를 따라 영원히 대제사장이 되어 우리를 위하여 들어가셨느니라. (히 6:19-20)

구약에서 대제사장이 일 년에 한 번 휘장 안으로 들어갔습니다. 모든 죄를 짐승에게 전가하고 죄진 백성들이 다 용서받았습니다. 이 모습처럼 예수 그리스도가 영혼의 닻을 달고 안전하고 견고한 해안가인 휘장으로 우리를 인도하여 앞장서서 들어가십니다. 이제는 매년이 아닌 단번에 모든 것이 이루어졌습니다. 짐승의 피가 필요 없고, 예수 그리스도의 피로 말미암아 온 인류를 위한 약속의 성취를 이루셨습니다. 일곱 마디 말과 마침내 생명을 포기하는 것으로 성소의 휘장이 둘로 갈라졌습니다.

본문 45절에 보면, 성소의 휘장이 갈라졌습니다. 높이가 18미터, 두께가 10센티, 300명의 사람이 있어야 들을 수 있는 성소의 휘장이 한가운데서부터 갈라졌습니다. 사람의 힘으로 할 수 없는 것을 하나님이 하셨습니다. 구약에서 예언된 말씀의 성취입니다.

이 모습을 백부장이 보았습니다. 그는 예수님을 몰랐지만 십자가형을 집행하는 백부장이었기에 여섯 시간 동안 예수님을 지켜보았습니다. 현장에서 주님을 본 그가 고백합니다. "이 사람은 정녕 의인이었다." 마가복음에서는 "이 사람은 정녕 하나님의 아들이다."라고 나옵니다. 아리마대 요셉은 부자이며 공회원입니다. 그는 예수님을 알았지만, 자신의 신분과 부자라는 위치와 관직의 명예가 위태로울까봐 크리스천임을 증거하지 못하고 살았습니다. 그런데 여섯 시간의 예수님의 십자가 사건을 바라본 순간, 아직 예수님을 부활을 보지 못했음에도 불구하고, 예수님이 메시아, 즉 약속의 성취자였음을 고백했습니다(47절).

아리마대 요셉은 모든 것을 빼앗긴다해도 예수님의 장례를 치르겠다는 마음의 뜨거움을 느꼈습니다. 어떤 사람은 같은 십자가를 보고 인생의 어려움을 만날 때 그 메시아를 보지 못합니다. 예수님의 제자들은 삼년 동안 예수님의 약속의 말씀을 곁에서 수없이 들었지만, 결국 십자가 고통 앞에서 다 도망갔습니다. 자기 집으로 숨었습니다. 장례식에 아무도 나타나지 않았습니다. 그러나 똑같은 여섯 시간의 고통의 현장에서, 짧은 시간임에도 불구하고 예수님이 메시아, 즉 구약의 약속의 성취라는 것을 확신한 백부장과 아리마대 요셉은 축복된 사람들이 되었습니다.

여러분의 지금의 삶이 고통입니까? 너무 지쳐있는 십자가의 삶입니까? 자리에서 숨어 지내시겠습니까? 아니면 그 자리에서 십자가의 예수 그리스도, 메시아를 바라보시겠습니까? 오늘 예수 그리스도가 메시아임을 확인하고, 부활을 아직 보지도 않은 상태에서 부활을 확신하는 것이 부활 신앙입니다. 우리 속에 아직 두려움이 있고 말씀의 깨달음이 없이 사는 분이 있다면, 이 말씀으로 권면합니다. 누가복음 24장 45절, "이에 그들의 마음을 열어 성경을 깨닫게 하시고"라는 말씀을 보십시오.

인생의 고통과 십자가의 자리에서 벗어나, 여러분의 마음속에서 부활의 주님을 보시기를 주님의 이름으로 축원합니다. 두려움 속에 숨어 있고, 고통받는 분에게 이 말씀이 선포되기를 바랍니다.

이어서 46절과 48절 말씀입니다. "또 이르시되 이같이 그리스도가 고난을 받고 제삼일에 죽은 자 가운데서 살아날 것과", "너희는 이 모든 일의 증인이라." 하나님의 말씀이 우리 마음 문을 여셔서, 우리가 말씀을 깨닫는 순간, 주님의 부활하심을 보게 될 것입니다. 그리고 우리 모두는 부활의 증인이 될 줄 믿습니다.

여러분의 가족 중에 누군가가 북한에 잡혔다고 가정해 봅시다. 누구의 힘으로 그 사람이 자유의 몸이 될까요? 하나님입니다. 현실적으로는 정부를 의지하겠지만요. 십자가 고난 속에서 약속의 성취를 이루신 분은 만군의 여호와 하나님, 예수 그리스도임을 확신하고 부활 신앙이 있어야만 하나님을 의지할 수 있습니다.

우리는 매년 부활절을 맞이합니다. 여러분 직장에서, 가정에서, 남녀가 사귀는 관계 속에서 내가 크리스천임을 공개적으로 고백할 수 있습니까? 내가 예수 믿는 사람임을 만인이 보는 가운데 또렷이 고백할 수 있습니까? 부활 신앙이란, 내가 삶의 고통 속에 있을지라도 내가 만나는 사람들 앞에서 예수 그리스도만이 나의 인생의 소망이라고 내 삶의 자리에서 담대하게 고백할 수 있는 것입니다. 성도 여러분, 이 부활의 신앙으로 나아가시기를 주님의 이름으로 축원합니다.

02 추수감사 특별새벽기도회
– 이웃과 함께 하는 공동식사

추수감사.

풍요가 있어 기쁨과 감사가 있는 자리.

그러나 풍요가 없어 기쁨과 감사가 사라진 사람들,

그들을 생각합니다.

그들과 하나님 나라의 풍성함을 나누고 싶습니다.

이웃과 함께 하는 공동식사의 자리로 나아갑시다.

> 내가 온 것은 양으로 생명을 얻게 하고 더 풍성히 얻게 하려
> 는 것이라. (요 10:10)

01
추수감사

하나님 앞에서의 공동식사

본문: 출애굽기 24:9-11

2015년 5월 31일, 미국 전자상거래 사이트 이베이(e-bay)에 흥미로운 경매가 나왔습니다. 경매품은 다름 아닌 워런 버핏(Warren Buffett)과의 점심 식사권이었습니다. 매년 있는 연중행사입니다. 워런 버핏이 누구냐구요? 그는 투자의 귀재이며 세계적인 갑부입니다. 성도 여러분은 '가치 투자의 귀재'인 워런 버핏과의 식사 기회에 얼마를 내시겠습니까?

수많은 사람이 경쟁을 펼친 결과, 금년에는 중국인 엔터테인먼트 사장 주예(Zhu Ye)가 낙찰되었습니다. 그 중국인은 미화 235만 달러, 한화로 환산하면 약 26억원을 지불했습니다. 뉴욕의 작은 스테이크 하우스에서 워런 버핏과 3시간 식사하는 것에 말입니다. 뉴욕의 소박한 스테이크 하우스에서 단 3시간 동안 진행되는 이 점심식사는 '세상에서 가장 비싼 식사'이지만, 투자자라면, 돈만 지불할 능력이 된다면, 누구나 한 번은 꿈꾸는 한 끼의 식사입니다. 그만한 가치가 있다고 합니다. 과연 이들이 만나서 무슨 이야기를 나눌까 궁금하지 않습니까?

가이 스파이어(Guy Spier)라는 사람은 2008년에 미화로 65만 달러, 한화로 약 7억원에 해당하는 돈을 지불하고, 워런 버핏과의 식사를 했습니다. 그도 뉴욕의 작은 스테이크 하우스에서 3시간 동안 워런 버핏과 식사 및 만남을 가졌습니다. 그 3시간 동안 대화한 내용이 너무 놀라워서 『워런 버핏과의 점심식사』(이레미디어 출판사)라는 책을 썼습니다.

실제로 가이 스파이어는 워런 버핏을 만나고 나서 변화가 일어났을까요?

그는 자신의 저서에서 65만 달러가 전혀 아깝지 않았다고 합니다. 만남 이후 자신의 삶에 큰 변화가 일어났다고 합니다. 가이 스파이어는 화려한 학벌과 학문적 이론과 확고한 신념으로 무장한 은행가였습니다. 그는 뉴욕 월스트리트에서 돈을 많이 벌었습니다. 하지만 도덕적으로 문제를 일으켜 한 순간에 돈을 다 잃었습니다. 가이 스파이어는 워런 버핏과 3시간 동안 만남을 가진 후에 삶이 완전히 달라져, 이기적인 젊은 은행가에서 펀드 매니저가 되어 7억원 이상의 돈을 벌게 되었습니다. 그러니 한 끼 식사로 26억 달러가 안 아깝다는 것입니다. 그 놀라운 경험을 책으로 출판했습니다. 사람들은 큰 의미가 있다면 돈을 아끼지 않습니다. 내 생을 변화시킬 만한 가치가 있다면 돈이 문제겠습니까?

여기에 의미 있는 만남이 있습니다. 본문 9절은 이렇게 기록합니다. "모세와 아론과 나답과 아비후와 이스라엘 장로 칠십 인이 올라가서" 그들은 시내 산에 올라갔습니다. 이들은 여기서 누구를 만납니까? 하나님입니다. 말이 됩니까? 하나님은 절대자이시기에 인간은 어느 누구도 하나님에게 가까이 갈수도, 직접 볼 수도 없습니다.

출애굽기 33장 23절을 보면, 모세가 6일간 하나님과 함께 있었습니다. 하나님과 단 둘이 6일간을 체류한 모세까지도 하나님의 얼굴을 직접 뵌 것이 아니라 '하나님의 등'을 보았다는 기록을 보아서도 분명해집니다. 모세는 하나님의 등밖에 본 적이 없다고 합니다. 하나님을 본 사람은 다 죽었습니다.

그런데 본문은 어떤가요? 9절에 모두가 올라와서 10절에 하나님을 보는 것입니다. 그것도 혹시 "환상을 잘못 본 것 아니야?" 할까봐 자세하게 설명합니다. 본문 10절에 "이스라엘의 하나님을 보니 그의 발 아래에는 청옥을 편 듯하고 하늘같이 청명하더라"고 기록되어 있습니다. 하나님을 보기는 보았는데 인간의 언어로는 표현이 불가능했습니다. 따라서 "하늘같이 청명하더라"라는 표현밖에 할 수 없었습니다. 무슨 의미인지는 잘 모르지만 분명한 것을 보았다는 의미를 구체적으로 표현하고 있는 것입니다.

출애굽기 24장 1절에 "또 모세에게 이르시되 너는 아론과 나답과 아비후와 이스라엘 장로 칠십 명과 함께 여호와께로 올라와 멀리서 경배하고"라고 나옵니다. 왜냐하면 하나님을 가까이서 보면 죽기 때문입니다. 이들은 멀리 서있던 사람들입니다. 그렇다면 어떻게 이들이 하나님의 얼굴을 볼 수 있었습니까?

출애굽기 24장 7절에 모세가 하나님께서 주신 모든 말씀을 전할 때, 백성들이 한 목소리로 응답합니다. 두 절 모두 반복적으로 나오는 단어가 있습니다. 바로 "준행하리이다"입니다. "준행"의 히브리어 원어는 '쉐마'(שמע)와 '아사'(עשה)가 합쳐진 말입니다. '쉐마'는 귀담아 듣는다는 뜻이고, '아사'는 쉬지 않고 행한다는 의미입니다. 즉 히브리어로 "준행하리이다"의 의미는 한 마디로 우리가 귀를 쫑긋하여 귀담아 들으며 쉬지 않고 행하는 것입니다. 모세가 백성들에게 여호와의 모든 말씀을 들려주자 그들이 무엇이라 합니까? '우리가 잘 듣고 쉼 없이 행하겠습니다' 고백하는 것입니다. 이렇게 고백하자 모세가 무엇을 합니까?

모세의 설교와 백성의 응답이 있은 후에, 6절에 모세가 짐승을 잡은 그 피를 가지고 반은 하나님을 향하여 제단에 뿌리고(희생제물로 드린 피), 반은 양푼에 담겨 그 곳에 모인 "준행하리이다"라고 고백한 백성에게 뿌렸습니다(8절). 이것이 언약 체결의 방법입니다. 짐승이 죽어가듯 내가 죽음으로 언약을 맺는다는 것이지요. 누군가가 언약을 파기하면 '이 짐승이 죽은 것처럼 너도 죽을 것이다.'라는 의미입니다. 그리고 반대로 언약을 지키면 피가 생명을 상징하기에 살아난다는 하나님과 이스라엘 백성간의 쌍방계약입니다.

창세기 15장에도 하나님의 언약이 나옵니다. 하나님은 아브라함에게 저 하늘의 별처럼 자손을 주리라는 언약을 맺습니다. 또한 갈대아 우르에서 이끌어 내어 애굽에서 구원하리라고 약속하셨습니다. 그리고 짐승의 몸통을 갈라 쪼개 놓은 고기 사이로 하나님이 지나가십니다. 창세기 15장 17절에 하나님은 보이지 않지만 타는 횃불로 나타납니다. 하나님의 형상에 대한 이야기는 안 나옵니다. 하나님을 볼 수도, 하나님께 가까이 갈 수도 없었기 때문에 단지 타는 횃불이라고만 합니다. 아브라함은 쪼갠 고기 사이를 지나가지 않았으므로 하나님의 일방적인 계약입니다.

이처럼 창세기 시대에는 하나님 혼자만의 계약이었습니다. 하지만 출애굽 시대에는 쌍방 계약입니다. 엄청난 변화입니다. 창세기 때에는 이스라엘 백성이 애굽 땅에서 바로의 노예로 430년을 보내야 하는 시대였습니다. 그러나 출애굽기에는 피로 인해 이스라엘 백성이 존귀한 자들이 되었습니다. 본문 11절은 "하나님이 이스라엘 자손들의 존귀한 자들에게 손을 대지 아니하셨고 그들은 하나님을 뵙고 먹고 마셨더라."고 말씀합니다. 노예의 신분에서 존귀한 자들로 표현되는 신분의 변화가 일어났습니다. 따라서 그들은 하나님을 뵙고 먹고 마셨습니다. 하나님을 보았습니다. 그런데도 죽지 않았습니다. 그리고 나서 공동식사를 합니다. 이것이 '하나님 앞에서의 공동식사'입니다.

당시 사회는 계약을 맺고 나서 같이 식사하는 것이 풍습이었습니다. 그러나 창세기에서는 언약을 맺고 식사한 이야기는 없습니다. 아브라함과 하나님이 식사한 일은 소개되지 않았습니다. 그러나 오늘 본문인 출애굽기에서는 다릅니다. 하나님과 만나 식사하는 장면이 나옵니다. 어찌된 일일까요? 이제는 이스라엘 백성들의 신분이 변하였기 때문입니다. 무엇 때문에 변하였나요? 돈 때문이 아닙니다. 말씀을 준행한다는 고백 때문입니다.

바른 신앙고백이 이들의 신분을 변화시킨 것입니다. 창세기에서는 이스라엘 백성들이 존귀한 자도 될 수 없었고, 하나님을 볼 수도 없었고, 하나님 앞에서 식사할 수도 없었습니다. 그러나 출애굽기에서는 이스라엘 백성들이 존귀한 자가 되어 하나님을 보고 먹고 마시는 것이 가능하게 되었습니다. 언약을 맺은 자는 짐승의 피로 말미암아 거룩해집니다. 즉 거룩한 신분의 변화가 일어납니다. 그렇게 되면 하나님과 공동식사를 합니다. 우리는 예수님을 믿어 예수님의 보혈의 피로 말미암아 깨끗해져서 존귀한 하나님의 자녀가 되었습니다. 예배는 예수님을 믿음으로 신분의 변화가 일어난 사람들이 주님과 기쁨으로 만나는 자리입니다. 이처럼 예배 가운데 우리와 하나님과의 공동식사가 이루어지는 것입니다.

성도 여러분, 우리 예배의 자리는 어떻습니까? 유명인사와의 식사 시간도 몇십억이 넘어가는데, 만약 하나님께서 나에게 같이 식사하자고 한다면 여러분은 어떤가요? 정말 26억을 투자해서 하나님과 같이 만나고 식사할 만합니까? 가치가 있습니까? 하나님과의 예배 가운데 26억을 내실 분이 계신가요? 오늘 26억을 가지고 오셨습니까? 인생을 변화시킬 수 있는 예배라면 30억도 내겠습니다. 이런 자세를 우리가 가져야하지 않을까요?

워런 버핏이 화려한 음식점에 갔기 때문에, 특별한 음식을 먹었기 때문에 그렇게 사람들이 줄을 서고 26억을 냅니까? 아닙니다. 작은 식당입니다. 음식도 소박한 보통 음식입니다. 특별나고 유명한 요리사가 있는 것도 아닙니다. 그런데도 왜 사람들은 이런 자리에 어마어마한 돈을 지불하고 만납니까? 바로 워런 버핏을 만나기 위해서입니다.

마찬가지로 농촌교회 예배나 개척교회 예배나 성가대 수준이 높거나 낮거나 목사의 설교가 중요한 것이 아닙니다. 예배 환경이나 설교자가 중요한 것이 아니라 예배에서 중요한 것은 '누구를 만나며 누구와 함께하는 시간인가?'입니다. 우리는 예배에서 하나님과 만납니다. 오마하의 현인, 세계 3대 갑부인 워런 버핏과는 비교할 수 없는 하나님! 그렇다면 우리는 날마다 감사가 나와야 합니다. 하나님은 무엇과도 비교할 수 없는 분이시므로 우리의 마음이 하나님을 만난다는 것에 떨려야 합니다. 흥분되어야 합니다. 이런 마음이 회복되기를 축원합니다.

알코올 중독에 빠졌던 적이 있었음에도 불구하고, 이혼을 하여 가정에 슬픔이 가득한데도 불구하고, 자녀들이 다 뿔뿔이 흩어졌음에도 불구하고, 몸이 많이 아픈데도 불구하고 이 예배 가운데 나온 성도가 있을지 모릅니다. 또한 돈을 많이 벌었다고 생각하는 순간 세상 유혹에 빠져 가족에게 고통을 주었던 사람이었음에도 불구하고, 인생의 바닥을 맛보았고 어찌할 도리가 없다고 생각함에도 불구하고 지금 이 예배 가운데 나온 성도가 있을지 모르겠습니다. 그러나 하나님을 만나러 이 자리에 나왔습니다. 죽지 않고 살아서 지금 이 순간 주님 앞에 예배드리고 있는 것 자체가 다 하나님의 은혜입니다.

내가 이렇게 사업을 할 수 있는 지혜를 가진 것, 내가 이만큼 살아온 것, 이런 위치에 올라 있는 것. 이 모두는 내가 잘나서가 아닙니다. 내 실력 때문이 아닙니다. 하나님의 은혜 때문입니다. 성도 여러분! 설령 여러분의 사업이 회복되지 않았고, 가정에 행복이 일어나지 않아도 우리는 할 말이 없습니다. 우리 모두 예수님 믿고 변화되지 않았습니까? 예수 그리스도가 십자가에서 나를 위해 피 흘리심으로 신분의 변화가 일어났습니다. 이것만으로도 이 예배의 자리에 감격, 감동, 감사가 넘쳐야 마땅합니다. 그런데 왜 이 자리에 감사가 사라졌습니까? 엄청난 하나님과의 만남의 자리, 하나님과의 식사의 자리가 회복되어야 합니다. 다시 한 번 감사와 하나님과의 공동식사가 각 분야에서 회복되시기를 축원합니다!

02 추수감사

화목제로서의 공동식사

본문: 레위기 7:15-18

우리나라 사람들은 이사를 가면 주변 이웃들과 팥죽을 나누곤 했습니다. 팥죽이 악귀를 쫓는다는 의미로 이사를 가면 팥죽을 먹었습니다. 귀신을 쫓으려고 팥을 화장실에도 뿌리고, 창고에도 뿌리고 그랬습니다. 왜 이런 전통이 만들어졌을까요? 이런 전통은 먹을 것이 없던 시절, 이웃과 풍성하게 나누어 먹으라고 만들어진 전통입니다. 팥죽을 나누어 먹는 것은 이웃을 위한 배려이며 철저히 이웃 중심이었습니다. 그러나 요즘은 팥죽을 나누는 일도 거의 없고, 있어도 가난한 약자를 위한 이웃과의 나눔이라기보다는 자신이 알고 있는 분들에게 서로의 필요에 의하여 나누는 자리가 되었습니다.

대표적인 것이 킨포크(kinfolk)입니다. 킨포크를 아십니까? 2011년 미국 포틀랜드의 작은 모임에서 시작된 '킨포크'는, 친족을 뜻하는 '킨'(kin)과 사람 무리의 의미를 담은 '포크'(folk)를 합성한 단어입니다. 도시 공간에서 분주히 살아가는 사람들끼리 시간과 장소를 정해놓고 함께 모여, 음식을 나눠 먹는 것을 말합니다.

우리나라도 2013년 겨울부터 '킨포크 서울'(Kinfolk Seoul)이 시작됐습니다. 친척은 아니지만 친척과 같은 사람들 또는 이웃끼리, 혹은 전혀 모르는 사람들 간에 만나 소박하게 식탁을 차려 함께 먹는 것입니다. 1인 가구가 늘어나는 요즘, 한국에서도 20~30대 상당수가 가입했다고 합니다. 바쁜 일상 속에서 혼자 밥 먹는 것이 편하고 효율적이지만, 그래도 가끔은 더불어 먹고 싶은 때가 있습니다. 70대는 배우자 사별로 인해 혼자 사는 사람이 많습니다. 현재 50대는 95세 이상 살 것이라고 합니다. 80%의 여자들이 더 장수한다고 합니다. 평균수명을 보면 여자들은 남자들보다 8년을 더 산다고 합니다.

다시 킨포크로 돌아가서, 서로 함께 하니 연대감도 적당하고 즐거움은 있지만 문제점도 있습니다. 이런 모임에 참여하는 사람들 대부분이 먹고 사는 일이 어느 정도 해결된 사람들이다 보니 한 끼 식사 참가비용이 1인당 '6만 원'인 모임도 있다고 합니다. 서민으로 치면 네 식구 한 가족이 장을 봐 와서 함께 집 밥을 먹을 만한 돈입니다. 한마디로 이 모임은 이웃을 생각하기보다는 자기가 외롭기에, 자기 필요에 의하여 이웃을 만나 식사하는 자리입니다. 아무 조건 없이 밥만 먹고 헤어지는 것이지요.

성경은 어떤가요? 하나님이 인간에게 "하나님을 만나는 방법으로" 5가지 제사를 알려주셨습니다. 그 중에 화목제는 구약의 5대 제사 가운데 유일하게 예물을 드린 자가 그 예물을 먹을 수 있는 제사입니다. 보통의 다른 제사는 제물의 고기를 제사장만 먹었습니다. 그런데 화목제는 제사장과 제사를 드리는 자 그리고 백성들이 함께 먹을 수 있습니다. 화목제가 히브리어로 '슐라밈'(שלמים)입니다. '슐라밈'은 '샬롬'(שלום)에서 파생된 단어입니다. 즉 '복지, 화목'의 뜻입니다. 하나님과의 관계 속에서, 이웃과의 관계 속에서의 화목을 말합니다. 그렇다면 무엇이 이웃과의 화목입니까?

본문 15절에 "감사함으로 드리는 화목제물의 고기는 드리는 그 날에 먹을 것이요 조금이라도 이튿날 아침까지 두지 말 것이니라" 여기서 고기는 '식사'입니다. 그 고기를 남겨두지 말고 그날 먹으라는 것입니다. 희생제물은 수소나 암소로 드렸습니다. 다른 제사는 반드시 수컷으로만 하였습니다. 또한 다른 제사는 비둘기를 사용할 수 있는데 화목제는 안 됩니다. 소 혹은 양, 염소입니다. 그런데 이것을 남겨두지 말라고 하나님께서 명령하셨습니다.

고기의 양이 많았을 텐데 모두가 배부르게 먹자는 것입니다. 고대 이스라엘에서 백성이 고기를 먹는다는 것은 대단히 드물었습니다. 화목제를 드리는 날은 바로 백성이 고기를 먹는 날이었습니다. 그야말로 이날은 즐거운 축제날이었습니다. 배부르게 모처럼 먹을 수 있는 날이었습니다. 그리고 하나님은 17절에 "그 제물의 고기가 셋째 날까지 남았으면 불사를지니" 남은 것을 불태우라는 것은 쌓아두지 말라는 것입니다. 두고 먹으면 이웃 간에 절대 안 나누어주겠지요. 혼자 먹을 것입니다. 그래서 하나님께서는 오래 남겨두지 못하게 하셨습니다.

19절에 그 고기가 부정한 것에 닿았으면 먹지 말고 태우라고 합니다. 무슨 말입니까? 당시에는 병자(病者)들이나 죽은 시체를 부정하다고 하였습니다. 또한 피, 기름, 콩팥을 먹지 말라고 합니다.(레 3:1~4) 왜냐하면 몸에 안 좋은 것이므로, 전염병 예방 차원에서입니다. 인도네시아에서 성인식을 하는 전통이 있는데 마을 추장이 먼저 양의 심장을 빼서 봅니다. 그리고 심장 상태가 싱싱한 것을 확인하고는 그 양을 제물로 바치는 것을 보았습니다.

레위기 당시 냉장 보관이 어려웠던 시절, 이 방법이 아니면 모두가 상한 음식을 먹게 됩니다. 이렇게 되면 공동체가 모여 살던 시절에 전염병으로 모두의 생명이 위협을 느끼게 됩니다. 의사가 없던 때라 제사장이 정결 의식을 행하였습니다. 그러므로 질병을 옮길만한 여건을 피하여 공동체를 보호해야 했습니다. 화목제사로서의 공동식사를 한마디로 표현하면, 이웃과 화목을 나누라는 것입니다. 공동체 안에는 보기 싫은 사람도 있고, 공동체가 종종 이 패 저 패로 나뉘어 있습니다. 그럼에도 불구하고 한자리에 모여 같이 음식을 나누면 어떻게 될까요? 그동안 불편한 관계였을지라도 같이 식사를 하다보면 어느새 서로 간의 긴장도 완화되고, 말도 섞다 보면 오해도 풀릴 겁니다. 이는 공동식사가 갖는 놀라운 능력입니다.

우리는 결혼식, 장례식 이럴 때 꼭 식사를 합니다. 우리나라만이 아니라 전 세계가 마찬가지입니다. 이런 자리는 서로 불편한 사람들도 참여합니다.

그들이 서로 식사를 하면서 무슨 말들을 나눌까요? 서로 슬픔을 나누고, 서로 기쁨을 나누면서 공동식사의 자리를 통하여 화해와 평화가 일어납니다. 막힌 담이 무너집니다. 그렇다면 분명합니다. 하나님께서 우리에게 화목제를 주신 이유는, 이웃과 화목하게 살라는 것입니다. 이웃과 하나님과 화목하게 살아가라는 하나님의 분명한 메시지입니다. 하나님 앞에서의 공동식사, 즉 화목제로서의 공동식사는 그 감격과 감사를 이웃과 함께 나누는 것입니다.

우리에게 화목제물이 되어주신 예수님을 바라볼 때, 우리 안에 놀라운 화목이 일어날 것입니다. 이것이 화목제로서의 공동식사입니다. 성도 여러분, 하나님 나라의 공동 식사인 예배를 회복하시길 축원합니다!

03 추수감사

기적의 공동식사

본문: 요한복음 6:5-11

공동식사 좋습니다. 그런데 보십시오. 화목제를 드릴 때도 비둘기는 바칠 수 없습니다. '소나 양이나 염소'를 잡아야 합니다. 문제는 우리에게 소, 양, 염소가 없는데 무엇을 가지고 공동식사를 할까요?

내가 시간만 있으면, 물질이 있으면, 사업이 잘 되면, 직장이 잘 해결되면, 프로젝트가 잘 끝나면 등등. 우리 삶에 소, 양, 염소가 보이지 않습니다.

오늘 본문에도 보십시오. 예수님이 제자들에게 말씀하십니다. "우리가 어디서 떡을 사서 이 사람들을 먹이겠느냐?"(5절) 본문에 나오는 사람들의 반응을 봅시다. 빌립이란 사람은 대단히 치밀합니다. 뭔가 계산이 안서면 절대로 행동하지 않습니다. 합리적이고 이성적이며 과학적입니다. 우리가 그동안 받아온 교육방법론이기도 하지요. 우리가 이만큼 투자하면 이만큼 얻을 수 있다는 합리적 사고에 익숙합니다. 누가 합리적 사고를 가지고 상황을 빨리 판단하느냐에 따라 성공이 이루어진다고 사람들은 생각합니다. 실제로 역사적으로 성공은 그렇게 이루어져 왔습니다.

7절은 "빌립이 대답하되 각 사람으로 조금씩 받게 할지라도 이백 데나리온의 떡이 부족하리이다."고 말씀합니다. 이성적으로는 '이백 데나리온이 있어도 안 된다'입니다. '안 된다' 하는 이 한 마디 속에 빌립의 한계가 뚜렷하게 나타나고 있습니다.

지금 우리 시대의 수많은 빌립들이 겪고 있는 문제가 무엇입니까? 화목제를 드릴 소, 양, 염소가 없습니다. 또한 시간이 없는 것입니다. 내가 어떻게 좋은 결과를 얻을까 해도 늦은 것 같고, 답이 없는 것 같습니다. 내 이성적 판단은 벌써 답이 내려져 있습니다. '안드레' 역시 마찬가지입니다. 9절, "여기 한 아이가 있어 보리떡 다섯 개와 물고기 두 마리를 가지고 있나이다 그러나 그것이 이 많은 사람에게 얼마나 되겠사옵나이까." 한마디로 안 된다는 것입니다. 논리적으로 안 됩니다. 그런데 누가 등장합니까? '한 아이'가 등장합니다. 사복음서에 모두 오병이어 사건이 소개되는데 유일하게 요한복음에만 "한 아이"가 나옵니다. 그만큼 이 아이는 존재감이 전혀 없었습니다. 당시에 모인 5000명의 사람들 중에 소외 계층의 사람들, 약자 계층, 특히 여자와 아이는 계수 인원으로 취급도 못 받았습니다. 그런데 하나님께서는 그런 아이 한 명을 통하여 무엇인가를 말씀하시고 계십니다.

우리의 상식으로는 공동식사의 자리에 소, 양, 염소가 있는 자만, 즉 가진 자, 높은 자, 장로, 권사, 안수집사 등 소위 직분자들과 같은 이런 분들만이 한다고 생각합니다. 그러나 내가 초신자라도, 내가 가진 것이 없어도 하나님께 나아와 먼저 하나님께 예배할 때, 봉사할 때 기적이 일어납니다. 작은 시간, 작은 정성, 작은 물질이 하나님 나라를 이루는 데 사용된다는 것을 보여주는 말씀입니다. 성도 여러분, 지금까지 나의 생각으로 살았습니까? 여러분의 이성적인 계획으로 잘 되었습니까? 이 땅의 빌립에게 선언합니다. "하나님의 일은 이성으로만 하는 것이 아닙니다."

쇠로 배를 만든다는 아이디어를 제안했을 때, 전문가들은 그 배는 무거워서 뜰 수 없고, 배 밑바닥이 물이 닿아 녹이 슬어 보존하기 어려울 것이라고 하였습니다. 하늘을 나는 비행기를 이야기하였을 때에도 사람들은 어떻게 쇳덩이가 하늘을 날 수 있을까 하며 말도 안 된다고 하였습니다. 지금은 너무나 당연하게 생각되는 일들이지만, 이 사고를 깨는데 오랜 세월이 걸렸습니다. 이렇듯 세상의 모든 일이 합리적이고 이성적으로만 되는 것은 아닙니다. 성도 여러분의 신앙적 사고가 넓어지기를 축원합니다.

본문의 한 아이의 행동을 보십시오. 물고기 두 마리, 보리떡 다섯 개라는 작은 것이라도 드렸습니다. 많은 군중 속에 약 5000명의 사람들 속에 내어 놓기도 손이 부끄럽지요. 그러나 어린아이는 자기의 전부를 가지고 와서 모두 드렸습니다. 우리는 흔히 이런 생각을 할 수 있습니다. 제가 이번 일이 잘 성사되면, 이번 사업이 성공하면 혹은 적어도 5000명 중 1000명이 먹을 양이 있으면 내어놓겠습니다. 제가 프로젝트를 하나 개발하는데 이 일이 성공하면 우리 중 반은 먹을 수 있습니다. 그러니 기다려 주십시오.

주님의 관심은 물질이 아닙니다. 양이 아닙니다. 숫자가 아닙니다. 아이의 마음입니다. 하나님의 관심은 한 아이 같은, 세상에서는 약하고, 때로는 힘도 없고, 자랑할 것이 없지만 하나님 나라에 꼭 필요한 헌신자입니다. 작은 것일지라도 그냥 다 가지고 오는 헌신자를 찾고 계십니다.

11절에 "예수께서 떡을 가져 축사하신 후에 앉아있는 자들에게 나눠 주시고 물고기도 그렇게 그들의 원대로 주시니라."는 말씀에서 '축사'하셨다는 것은 정확하게는 '감사드렸다'는 의미입니다. 아무것도 없는 상황에서 감사가 나옵니까? 아니지요. 감사가 안 나옵니다. 성경에 이런 상황을 표현하는 말들이 많이 나오지요.

"땅에 비가 내리지 아니하므로",

"가루 한 움큼",

"병에 기름 조금 뿐",

잘 아시는 대로 허허벌판 광야에 만나가 떨어졌습니다. 밤새 허탕을 쳤던 베드로의 그물이 찢어졌습니다. 잔치 집에 포도주가 떨어졌습니다. 그런데 이때 기적이 일어납니다. 모자람은 장애나 저주가 아니라 기적이 일어날 조건입니다. 이성적으로 불가능할 때 역사하시는 하나님이십니다. 왜 모자랄 때 기적이 일어납니까? 그 모자람이 기도하게 하기 때문입니다. 물론 기도는 반드시 모자란 것 때문에만 해야 하는 것은 아닙니다. 하지만 부족한 것이 있을 때, 우리는 더 간절한 마음으로 주님께 매달리게 되는 것입니다.

"나는 왜 이렇게 부족한 걸까? 나는 왜 사업이 안 될까? 내 성격은 왜 이 모양이고, 내 외모는 왜 이럴까? 영어실력은 형 편없고, 내 지식은 왜 이정도 밖에 안 되는 것일까?"

지금 아무것도 없습니까? 내 실력이 탁월했다면 은혜를 알았을까요? 내 조건이 완벽했다면 은혜를 느꼈을까요? 성도 여러분! 우리 한 번 외쳐 보십시다. "모자란 것도 축복입니다! 아멘." 주님 앞에 모자란 것을 감사하며 기도할 때 기적이 일어납니다.

다시 본문 11절을 보시면 "나눕니다." 누가 나누어줍니까? 예수님입니다. 한 아이가 가지고 온 것은 아주 작은 것이지만 예수님께서는 그것을 가지고 감사기도 하시고, 나누어주십니다. 이것을 받아먹는 사람들에게 하나님 나라가 이루어집니다. 공동체 식사를 통하여 하나님 나라가 이 땅에 이루어지는 것입니다.

제가 아는 분은 예수님을 믿게 되면서 고민에 빠졌습니다. 그것은 주일성수 때문이었습니다. 어렵게 과일 장사를 시작하였는데, 과일 장사라는 것이 하루라도 장사를 하지 않으면 과일이 망가진다고 합니다. 주일에 가게 문을 닫아야 하는지 열어야 하는지 고민하던 차에 믿음을 가지고 닫았다고 합니다. 그리고 망가진 과일은 가족이 먹었다고 합니다. 또 그분은 다른 과일 장사들과 달리 위아래 동일하게 좋은 물건만 놓았다고 합니다. 보통 과일 장사들은 과일 박스 위에는 좋은 것을 놓고 아래에는 안 좋은 과일을 놓는다고 합니다. 그런데 놀라운 일이 일어났습니다.

사람들이 이 집은 주일에 문 닫는다고 토요일에 사람들이 엄청나게 과일을 사가고, 그리고 월요일에는 싱싱한 과일이 새로 들어오는 날이라고 또 몰려오더랍니다. 맞습니다. 상식적으로는 이성적으로는 안 되지요. 그러나 하나님의 말씀에 순종하고 믿고 나가니까 기적의 역사가 일어났습니다. 함께 먹고도 남는 하나님 나라가 이루어졌습니다. 하나님의 방법은 우리의 이성을 뛰어넘습니다. 나의 작은 사고로 하나님을 제한하지 마십시오.

오늘 말씀을 정리합니다. 하나님께서는 화목제를 통해 소, 양, 염소를 가지고 이웃과 화목하게 하였습니다. 그러나 오늘 말씀은 나에게 아무것도 없어도 이웃과 함께 공동식사를 할 수 있다는 것입니다. 한 아이로 말미암아 하나님 나라가 이루어졌다는 것을 오늘 말씀이 보여주고 있습니다. 여러분이 지금 소, 양, 염소가 있어도, 혹은 없다고 할지라도 공동식사를 이루어가는 여러분 모두가 되시기를 축원합니다.

초대교회의 공동식사

본문: 사도행전 2:43-47

사람들은 가장 좋은 교회를 찾습니다. 그런 교회가 있습니까? 자신이 출석하고 있는 교회가 가장 은혜로운 교회입니다. 가장 좋은 목사님이 계신가요? 자신에게 매주 말씀을 들려주는 목사님이 가장 좋은 목사입니다.

성서에서 가장 은혜로운 교회는 예루살렘의 초대 교회입니다. 그 교회가 어떻게 예배하며 살았을까요? 지금 시대에는 모든 교회마다 어느 정도의 규격화된 예배 형식을 가지고 예배를 드리고 있습니다. 그렇다면 예수님이 승천하신 직후 생겨난 초대 교회에서는 어떻게 예배를 드렸을까요?

첫째, 구약 전통처럼 모세의 율법을 봉독했습니다.

둘째, 예수님의 말씀을 직접 들었던 사도들이 예수님의 말씀을 성도들에게 말씀하는 시간을 가졌습니다. 지금으로 말하면 설교라고 할 수 있을 것입니다.

셋째, 진지하게 기도하는 시간을 가졌습니다. 초대교회에서 기도 시간은 성령의 역사가 강하게 일어나는 시간이었습니다. 사도나 성도들은 방언을 했고, 병이 낫는 치유의 사건이 일어나기도 했습니다.

넷째, 지금처럼 헌금을 하는 시간도 있었습니다. 모아진 헌금으로 선교도 하고, 이웃을 돌보기도 했습니다.

다섯째, 초대교회에서 절대로 빠질 수 없는 또 다른 중요한 예배의 요소가 한 가지 더 있었습니다. 그것은 바로 '공동식사'였습니다.

이 공동식사는 대체로 두 부분으로 나누어졌는데, 제1부의 식사는 전체 교인들이 함께 모여 식사를 하는 공동식사 시간이었습니다. 지금의 'Potluck' (여러 사람들이 각자 음식을 조금씩 가져 와서 나눠 먹는 식사)처럼, 교인들이 각기 가정에서 음식을 하나둘씩 준비해 와서, 공동식사 시간을 통하여 함께 나누어 먹었습니다. 이 공동식사를 초대교회에서는 '아가페 식사'라는 뜻에서 'Agape Meal' 혹은 '사랑의 식사'라고 불렀습니다.

제2부의 아가페 식사를 할 때면 그들은 그리스도를 회상했고, 또한 감사했으며, 떡을 나누는 시간을 가졌습니다. 공동체 가운데 어려움을 당한 사람들에게 떡을 나누어주는 실천을 보여주기도 하였습니다. 그리고 그들은 예수님께서 이 식탁의 주인이셨다는 점을 항상 잊지 않았습니다. 한 마디로 예수님과의 마지막 만찬을 회상했으며, 예수님께서 "이를 행할 때마다 나를 기념하라."고 하신 그 명령의 말씀을 항상 마음속에 간직하고 있었습니다. 그래서 이들은 식사를 하고 이어서 바로 그리스도를 기억하며 주님의 만찬(성찬)을 함께 행했던 것 같습니다. 성만찬을 통해 주님의 임재를 느꼈습니다. 그러나 로마와 유대교의 핍박 가운데 있었던 초대교회 성도들에게 대규모 공동식사는 매우 위험했고, 대규모 공동식사를 매번 준비하기도 매우 어려웠습니다.

또한 점점 시간이 가면서 신령한 예배의 정신이 흐트러졌습니다. 식사하면서 자신의 은사를 나누라고 하였는데 점점 내 떡이 네 떡보다 많다는 자랑으로 바뀌고 그러다 보니 하나님을 예배하는데 집중하지 못하고, 신비한 경험에 더 많은 관심을 쏟게 됩니다. 빈부갈등도 심해졌습니다. 그래서 초대교회의 아가페 식사는 세월이 흘러 2세기 중반쯤에 사라졌습니다. 그리고 성만찬만이 남아 그리스도의 죽음과 부활을 회상하는 예전으로 지켜지게 됩니다.

사도행전 2장 42절은 성도의 교제에 대해 다음과 같이 언급하고 있습니다.

그들이 사도의 가르침을 받아 서로 교제하고 떡을 떼며 오로
지 기도하기를 힘쓰니라. (행 2:42)

여기에 나오는 '교제'가 무엇인가요? 고린도후서 13장 13절은 이렇게 말씀
합니다.

주 예수 그리스도의 은혜와 하나님의 사랑과 성령의 교통하
심이 너희 무리와 함께 있을지어다. (고후 13:13)

익숙한 말씀이지요. 바로 축도에 사용하는 구절입니다. 중요한 기독교 용
어입니다. 하나님의 강복입니다. 여기 나오는 '교통'이나 '교제'는 같은 말인
데 바로 '코이노니아'(Koinonia)입니다.

떡을 떼는 일도, 물건을 나눠 주는 것도 교통이 있어야 합니다. 무슨 말입
니까? 성령이 함께해야 합니다. 말씀의 3요소는 믿음, 소망, 사랑이지만, 강
복의 3요소는 그리스도의 은혜, 하나님의 사랑, 성령의 교통입니다. 그런데
우리는 '코이노니아'란 단어를 너무 소홀히 여깁니다. 교회 안에서는 수백
년 동안 '코이노니아'에 대한 가르침이 없었습니다. 대신 은혜에 대한 가르
침, 사랑에 관한 가르침은 얼마나 많았는지 모릅니다.

본문 47절은 "하나님을 찬미하며 또 온 백성에게 칭송을 받으니 주께서 구
원 받는 사람을 날마다 더하게 하시니라."라고 말씀합니다. 초대교회는 성
령이 임하자 날마다 성전에 모였습니다. 기도하였습니다. 찬양하였습니다.
자기가 가진 음식을 갖고 옵니다. 그리고 나누어 먹습니다. 서로 예수님에
대한 이야기를 나눕니다. 이렇게 되자 구원받는 사람들이 늘어납니다. 하루
에 삼천 명, 오천 명씩 구원 얻은 사람들이 날마다 더해 갔습니다. 이처럼 성
령의 교통하심이 있을 때 날마다 모이게 됩니다. 내가 가진 은사를 나누려고

합니다.

오늘날 한국교회에도 예배가 있고, 식사 시간이 있습니다. 그런데 그 자리에 친밀한 교제, 즉 코이노니아가 있습니까? 없습니다. 물론 주일날 같이 식사는 하지만, 성령의 교통하심이 있는 것이 아니고, 가난한 자에게 자신의 은사를 나누는 것은 아닙니다. 그냥 식사 시간이라 먹는 것입니다. 아가페 밀과 같은 형태는 있지만, 그것이 초대교회의 사랑의 식사인지는 생각해 볼 문제입니다.

요즘의 교회 공동식사는 은사를 나눔도, 음식을 나누는 일도, 기도하는 일도, 찬양하는 것도 아닙니다. 한국교회에 정말 필요한 것은 코이노니아입니다. 우리 교회에 새로 오신 성도들은 하나같이 우리 교회를 칭찬합니다. 그럴 때 목사인 제가 우리 교회의 단점을 농담처럼 이야기합니다. "기존 교인들이 처음에는 잘 해주는데, 4주 새가족 교육이 끝나면 친절하게 대하는 분들을 보기 힘들지도 모르겠습니다. 혹시 상처가 되시면 다시 나가셨다가 다시 등록하시고 4주 새가족 교육을 받으세요. 그러면 그동안은 또 친절히 대할 것입니다." 교회는 새가족에게 시간이 갈수록 잘 못해 줍니다. 관심이 점점 없어져 갑니다.

기존 성도 분들은 어떤가요? 교회에는 연약하고 의존적인 분들이 있습니다. 교회에 와서 내가 아프다고 이야기합니다. 그런데 이것이 흉이 되어 돌아옵니다. 기존 성도 가운데도 다른 사람의 아픔을 감싸지 못하고, 가십거리로 삼는 분이 있습니다. 한 사람하고 1분 이상의 눈 마주침이 없습니다. 따스하게 손잡아 주는 일이 없습니다. 성령의 교통하심, 내주하심이 우리 안에 있습니까? 우리 공동체 안에 정말 따스한 성령의 교통하심인 "교제"가 일어나기를 바랍니다.

제가 유럽에서 보았던 공동체 중에는 예배를 드리고 성도 분들이 돌아갈 때, 주차장에서 장로님들이나 교회의 리더들이 가는 분들을 붙잡고 한 사람씩 기도해 주는 것을 보았습니다. 그리고 자신이 농사지은 농산물을 하나씩 가지고 와서 필요한 사람이 갖고 가게 하는 것을 보았습니다.

초대교회 공동체처럼 성령의 교통하심으로 말미암아 주 예수 그리스도를 믿는 순전한 기쁨이 가득 차고, 함께 식사를 나누고, 함께 먹고 마시는 그 공동식탁의 자리가 넘쳐나길 소원합니다. 그리하여 성령 안에서 이루어지는 인격적 친교가 일어나고, 자신의 은사를 통하여 서로 섬기고 나누어 주는 그런 코이노니아가 일어나기를 바랍니다.

코이노니아가 살아있는 교회, 2000년 전의 코이노니아가 다시 한국교회에 회복되어 서로의 은사로 섬기는 교회가 되기를 축원합니다!

05
추수감사

이방인과의 공동식사

본문: 갈라디아서 2:11–13

초대교회는 아가페 밀(사랑의 식사)을 가졌습니다. 아가페 밀, 좋지요. 초대교회의 아름다운 전통입니다. 그런데 한계가 있었습니다. 2% 부족한 아쉬움이 있었습니다. 당시 A.D. 140년대 문헌을 보니까 아테네의 아리스티데스(Aristides)가 황제 안토니우스 피우스(Antoninus Pius)에게 보낸 편지에 그리스도인들의 사랑의 실천을 이렇게 말하고 있습니다.

> 그들은 서로 사랑한다. 그들은 과부를 홀대하지 않으며 고아를 소홀히 다루지 않고 있다. 가진 사람들은 없는 사람들에게 사심 없이 준다. 그들이 나그네를 보면 집으로 데리고 가서 친 형제처럼 즐거이 지낸다. 왜냐하면 그들은 육신의 혈육을 따라 형제라 부르지 않고, 영과 하나님 안에서 형제로 칭하기 때문이다.
>
> 가난한 사람이 사망하여 이를 누군가 보면, 그는 가난한 이의 묘지를 위해 재산을 털어놓는다. 그리고 그들은 누군가 그리스도의 이름 때문에 옥에 갇히면 그가 필요로 하는 것을 돕고, 가능한 한 석방되도록 돕는다. 그리고 그들 중 누군가 가난하거나 핍절한 상태에 있으면 이틀 내지 사흘 동안 금식하고, 이를 통해 얻은 양식을 어려움에 처한 이에게 제공한다.

여기서 보듯이 초대교회의 공동식사가 가진 아쉬움은 바로 그것이 믿는 자들끼리의 자리였다는 것입니다. 신앙인들끼리만 서로 돕고 먹은 것입니다. 이방인에 대한 도움이 없는 것이 초대교회의 한계였습니다.

오죽하면 사도행전 15장에서 이방인 크리스천들이 할례를 받아야 하고, 모세의 율법을 지켜야 한다고 몇몇 유대인 크리스천이 주장하자 이 문제를 해결하기 위하여 이방인 선교를 하던 바울과 바나바도 이 모임에 참석하게 되었습니다. 사람들이 이방인 크리스천들이 할례도 안 받고, 음식도 다른 것을 먹는다고 수군수군 댔습니다.

이때 베드로는 "우리 유대인도 제대로 지키지 못한 율법을 이방인 크리스천들이 멍에를 지도록 하지 말라."고 합니다. 그러자 야고보가 제안을 합니다. "이방인들을 할례나 율법의 문제로 괴롭게 하지 말고 자유를 줄 것이나, 다만 그들에게 먹는 것, 즉 우상의 제물, 짐승의 피와 목매어 죽인 것은 멀리하게 하라."고 말합니다.

이런 일이 있고 나서 얼마 후입니다. 오늘 본문을 보면 11절에서 "게바가 안디옥에 이르렀을 때에 책망 받을 일이 있기로 내가 그를 대면하여 책망하였노라."라고 바울이 베드로가 이방인들과 식사한 것을 책망했습니다. 베드로가 안디옥 지방의 이방인과 "함께 먹다"라는 말의 늬앙스는 그가 여러 차례 먹은 것을 표현하고 있습니다. 영어성경은 "he used to eat"이라고 번역하고 있습니다. 이것은 반복적인 의미로 늘 자주 먹었다는 말입니다.

12절은 "야고보에게서 온 어떤 이들이 이르기 전에 게바가 이방인과 함께 먹다가 그들이 오매 그가 할례자들을 두려워하여 떠나 물러가매."라고 말씀합니다. 이때에 야고보의 제자들이 도착하였다는 소식을 접하고는 베드로가 그들을 두려워하여 마치 자기는 그들과 어울리지 않고, 함께 식사는 더더욱 한 적이 없는 것처럼 황급하게 물러나는 모습입니다. 이 모습을 보고 바울이 화를 냅니다. 책망합니다.

13절은 "남은 유대인들도 그와 같이 외식하므로 바나바도 그들의 외식에 유혹되었느니라."고 말씀합니다. 베드로는 모든 사람들에게 행동의 기준이 되는 사람(role model)이었습니다. 그러기에 베드로의 행동에 유대인들이 영향을 받습니다. 나아가 바나바도 배웁니다. 베드로가 사람들에게 잘못된 영향을 줄 수 있습니다.

마태복음 9장 10~13절을 보면, 예수님께서 마태의 집에서 많은 세리와 죄인들과 더불어 잡수실 때에, 바리새인들이 보고 제자들에게 힐난하며 물었습니다. "어찌하여 너희 선생은 세리와 죄인들과 함께 잡수시느냐?" 왜 힐난합니까? 유대인들의 음식법 때문입니다. 바리새인처럼 우리의 전통과 고정관념은 제한을 시킵니다. 유대인들은 부정(不淨)한 것(unclean), 정(淨)한 것(clean), 거룩한 것(holy)으로 음식을 구분합니다. 이렇게 되다 보니 자꾸 식사 자리가 공동식사가 안 되고, 끼리끼리의 식사가 됩니다. 공동식사는 무엇보다 음식을 먹으면서 그 음식을 매개로 대화하며 만나는 사귐의 자리입니다. 서로 마음을 트고 화목하자는 자리입니다. 모두가 함께 어울려 같이 먹자는 말입니다. 예수님은 분명하게 말씀하십니다.

> 건강한 자에게는 의사가 쓸 데 없고 병든 자에게라야 쓸 데 있느니라. (마 9:12)

예수님은 실제로 당시 하층민들하고 함께 식사 자리를 자주 하셨습니다. 예수님은 아예 차별을 못 느끼게 하시기 위하여, 가장 낮은 자들 중의 한 부류인 목수의 아들의 모습으로 이 땅에 오셨습니다. 그리고 예수님은 어부와 세리와 죄인들과 어울려 식사하셨습니다.

여러분에게 이방인이 누구인가요? 다문화권이 이방인입니까? 문제는 더 큰 이방인이 내게 있습니다. 우리가 세상에 태어나고 자라면서 형성된 우리

안의 이방인입니다. 나이가 들면 들수록, 신앙생활을 하면 할수록 자유함을 얻는 것이 아니라 더 장벽이 많아집니다. 이것은 자신의 내면세계, 무의식 세계에서 만들어지는 것입니다.

예를 들면, 권사는 권사끼리, 장로는 장로끼리 어울립니다. 학력, 경제적 차이를 넘어, 새로 오신 분들과 오래 다니시던 분들이 구역과 부서 등에서 어울리기가 쉽지 않습니다. 찬양 스타일이나 박수치는 것도 다릅니다. 기도 스타일도 큰 소리나 작은 소리, 침묵 기도나 방언 기도 혹은 통성 기도 등 각양각색입니다. 옷 입는 스타일도 어떤 사람은 길게 입고, 또 어떤 사람은 짧게 입는 등 다양합니다. 그러나 이런 것으로 남을 판단하거나 평가할 수 없습니다.

수년 전에 우리 교회에 한 자매가 새로 왔습니다. 그 자매는 찬양할 때 손동작이 크고 눈에 띄었습니다. 기존 교인들 중에 많은 사람들이 그 자매에게 눈치를 주거나 이야기를 했습니다. 결국 그 자매는 견디지 못하고 우리 교회를 떠났습니다. 어떤 교인들은 기도 소리가 큽니다. 기도 소리가 크다고 쫓겨나기 일보직전인 그들은 어디로 가야하는 걸까요?

우리가 가지고 있는 고정관념이 제한을 가져옵니다. 고정관념은 상대방에 대한 배려 없음입니다. 뼈 속 깊이 박혀있는 내 중심주의인 것입니다. 이 모든 것은 상대방을 자신의 스타일로 맞추도록 요구하는 것이지요. 결국 이것은 기독교의 본질이 아님에도 불구하고 서로 부딪치는 것입니다.

또 다른 예를 들어보겠습니다. 몇 주 전 감리교 총회에서 성찬식에 세례 받은 자만 참여하라는 것에서 교인 등록만 하면 참여하는 것으로 변경하였습니다. 사실 성경에는 어떤가요? 정확한 규정이 없습니다. 일반적으로는 세례교인만이 성찬을 할 수 있습니다. 아마도 감리교회에서는 모두에게 참여할 수 있도록 기회를 준 것 같습니다. 요즘은 성찬마저도 구분하지 말자는 분위기입니다. 예수 그리스도의 모습으로 허물과 막힌 담을 헐자는 것입니다.

어항에 투명 유리로 장벽을 만들어두면 물고기들이 갈 수 있는 곳으로 알고 헤엄치다 장벽에 부닥칩니다. 나중에 벽을 없애도 여전히 그 자리에 벽이 있는 줄 알고 지나가지 않습니다. 우리도 마찬가지입니다. 한 번 세운 마음의 벽은 쉽사리 허물어지지 않습니다. 내가 함께해야 할 이웃이나 이방인을 향해 장벽을 세우지 마십시오. 이것을 허무는 것이 공동체로서의 식사입니다. 직분 받고 신앙이 성장하여도 한계를 두고, 자꾸 하나님을 제한시킵니다. 성도 여러분, 이 장벽을 하나씩 무너뜨려 갑시다. 우리 모두 이방인과의 공동식사를 통하여 자신이 만든 장벽을 허무시길 축원합니다!

다음세대와 공동식사

06 추수감사

본문: 출애굽기 13:6-8

우리는 주일부터 시작하여 어떻게 하나님 앞에서 공동식사를 할 수 있을까에 대한 것과 초대교회의 식사, 이방인들과의 식사 등에 대한 말씀을 살펴보았습니다. 오늘 본문은 짧은 말씀이지만, 누구와 식사를 하는 것일까요?

8절 "너는 그 날에 네 아들에게 보여 이르기를 이 예식은 내가 애굽에서 나올 때에 여호와께서 나를 위하여 행하신 일로 말미암음이라 하고"라는 말씀에 "네 아들"이라는 단어가 나옵니다. 이것은 자녀와의 식사를 의미하지요. 좀 더 멋지게 다듬어서 표현하자면 다음 세대와 함께 하는 공동식사라고 할 수 있을 것입니다.

하버드 대학의 연구에 따르면, 3살 어린아이가 책을 통하여 배우는 단어가 140개 정도라고 합니다. 그런데 놀랍게도 가족과 밥을 먹으면서 배우는 단어는 약 1,000개랍니다. 결국 부모와 함께 하는 식사와 대화를 통해 얻는 어휘력이 책을 통해 습득하는 어휘력보다 훨씬 많다는 연구 결과입니다.

학원에 공부하라고 아이를 보내는 것보다도 오히려 집에서 아이와 부모가 같이 밥을 먹으면서 대화를 나누는 것이 공부하는 것보다 더 좋다는 말입니다. 이런 비슷한 연구는 콜롬비아 대학에서도 있었습니다.

부모와 아이들이 함께 먹는 아침, 점심, 저녁 식사 중에서도 저녁 식사를 같이 하는 것이 효과가 크다고 합니다. 마약 등의 위험에서 벗어날 확률이 높아서 아이들의 비행을 막는다는 연구 결과입니다. 그뿐만 아니라 가족 식사를 많이 하는 아이들이 가족 식사를 전혀 하지 않는 아이들보다 성적 점수도 훨씬 좋다고 나왔습니다. 식사를 가족들하고 많이 하세요!

성경에도 보십시오. 오늘 본문에 보면 이스라엘 백성이 자녀들과 함께 식사를 합니다. 식사를 같이 하면서 대화를 합니다. "이레 동안 무교병을 먹고 일곱째 날에는 여호와께 절기를 지키라."(6절) 이스라엘 백성들이 먹는 것이 무엇입니까? 바로 무교병입니다. 무교병이란 아무것도 안 들어간 음식, 즉 누룩을 넣지 않아 발효되지 않은 떡입니다.

무교병은 '고난의 음식'입니다. 맛이 없습니다. 이는 애굽에서의 고난을 상징합니다. 애굽에서 종살이 하던 모습을 기억나게 합니다. 이스라엘 백성은 이 음식을 의도적으로 먹은 것이지요. 식사라는 매개체를 통하여 지금 교육을 하고 있는 것입니다.

이스라엘 백성이 무엇을 교육합니까? '절기'입니다. 어느 절기에 무교병을 먹습니까? 유월절입니다. 유월절은 이스라엘 백성들이 하나님의 도움으로 애굽을 탈출한 때에 제정된 명절입니다. 이스라엘 백성들은 애굽의 노예가 되어 400여 년 동안 노예생활을 했습니다. 이스라엘 백성들은 하나님께 자신들의 처지를 호소하였습니다. 하나님께서는 이스라엘 백성들의 간구를 들으시고, 모세를 애굽 왕 바로에게 보내 이스라엘 백성들을 가나안 땅으로 돌려보내 달라고 요구하도록 하셨습니다. 애굽의 바로 왕이 이를 거절하자 하나님은 애굽 왕의 마음을 돌이키기 위해 열 가지 재앙을 내렸는데, 열 번째 재앙이 애굽의 장자를 죽이는 재앙이었습니다.

그러나 하나님께서는 이스라엘 백성들에게 1년 된 양을 잡아 그 고기를 불에 구워 먹고, 양의 피를 문설주와 인방에 바르도록 명령하셨습니다. 그날 밤에 애굽에 내린 죽음의 재앙이 애굽의 모든 처음 난 장자를 죽였지만, 양의 피를 바른 집은 그냥 넘어갔습니다. 이렇듯 생명을 얻은 날을 기념하는 것이 유월절입니다.

유월절은 "넘어가다", "건너다"란 뜻으로, 이스라엘 백성이 죽음을 면하고 애굽에서 탈출한 것을 기념하는 절기입니다. 고난의 떡을 먹던 이스라엘 백성들, 그들을 구원한 것은 하나님이시라는 것을 기억하는 절기입니다. 이스라엘 백성들이 자녀들에게 이것을 교육하는 것입니다.

8절 본문에 "아들에게 보여 이르기를", 아들이 누구입니까? 바로 애굽을 경험하지 못한 세대들, 무교병과 유월절을 경험하지 못한 세대들입니다. 본문의 자녀들은 신앙의 체험, 확신이 없는 세대들입니다. 그런 자녀들에게 식사 자리에서도 신앙을 교육하는 것입니다.

한 기독교 연구기관에 따르면, 한국은 1987년에 주일학교 학생들이 전 성도들 수의 50%였습니다. 하지만 2004년에는 27%로 떨어졌습니다. 장년 성도 수의 약 1/4에 해당하지요. 2015년 지금 춘천동부교회 교육부 주일학교 학생의 수가 딱 여기에 해당합니다. 장년 출석수 약 1,600명의 1/4에 해당하는 400명 정도가 주일학교 아이들이기 때문입니다. 그나마 우리 교회는 사정이 좋은 편이지요. 그렇지만 한국교회의 미래는 암울합니다. 2030년이 되면 주일학교 아이들의 숫자는 장년 성도들의 7.5%로 떨어진다고 예측합니다. 이것은 약 10%에도 못 미치는 정도니까요. 심각하지요. 한국교회에 미래가 없다고들 합니다.

그러면 우리는 어떻게 해야 할까요? 본문 8절에 "보여"라는 단어가 나옵니다. 이것은 히브리어 원어로 '나가드'(נגד)인데, '눈앞에서 보는 듯이 자세하게 설명하다'라는 의미입니다. 이스라엘 백성의 자녀들이 식사 시간에 묻습니다. 왜 우리가 이렇게 맛없는 무교병을 먹나요? 이때에 엄마, 아빠 세대의 고난을 설명합니다. 애굽에서 종이었다가 탈출하여 광야에서 유랑하며 먹은 고난의 떡에 대해서 말입니다. 이것은 마치 우리 민족이 6.25라는 한국 전쟁을 겪으면서 먹은 주먹밥과 같은 것입니다. 그리고 또 묻습니다. 왜 우리는 유월절을 매년 지키나요? 그러면 조금 전에 이야기 한 것을 교육합니다. 우리 민족이 이집트에서 종살이하던 시절에 이집트의 억압과 패악으로 죽을 수밖에 없었던 우리 민족을 하나님께서 은혜를 베푸시고, 모세라는 영적 지도자를 통해 우리 민족이 하나님께서 행하신 일로 말미암아 구원을 받게 하셨다고 설명합니다.

성도 여러분, 자녀들하고 식사를 하면서 여러분은 어떤 이야기를 합니까?

"앉아봐. 시험 잘 보았니?"

"교회 다녀왔니?"

"머리 좀 깎아라."

"너 옷이 그게 뭐냐?" 등등.

잔소리 아닌 잔소리를 늘어놓습니다. 이러니 부모님들이 자녀 카톡방에 메시지를 보내면 답이 잘 안 옵니다. 아이들이 부모님들과 대화를 단절합니다. 성도 여러분은 자녀들과 신앙적 이야기를 합니까? 하나님 이야기를 해본적이 있습니까? 자신이 받은 은혜를 자녀들과 나눕니까? 오늘 본문 뒤이어 나오는 9절에 "이것으로 네 손의 기호와 네 미간의 표를 삼고 여호와의 율법이 네 입에 있게 하라 이는 여호와께서 강하신 손으로 너를 애굽에서 인도하여 내셨음이니"라는 말씀입니다. 이것은 무엇을 의미할까요? 가정예배입니다.

자녀들 교육은 교회학교가 책임져주지 못합니다. 무엇보다도 가정에서의 교육이 중요합니다. 여러분은 어떻게 가정에서 자녀에게 신앙 교육을 시킵니까? 어떤 분 가정은 가정예배를 늘 드립니다. 이런 신앙 전통이 좋습니다. 또 제가 아는 어떤 분은 휴가를 이용하여 온 가족이, 결혼한 자녀들도 포함해서, 매년 함께 만나서 단체 티셔츠도 맞추어 같이 입고 손주들과 할아버지, 할머니가 함께 봉사활동이나 해외선교를 갑니다. 참 부럽지요? 그리고 어떤 분은 새벽마다 자녀 이름을 불러가며 기도합니다. 어떤 성도는 자녀가 학교 갈 때마다 항상 머리에 안수하며 기도해줍니다. 또 어떤 성도는 식사 시간을 통하여 자녀에게 신앙 교육을 합니다.

어제는 고등학생들이 대학입학 수학능력시험을 보았습니다. 우리 인생에서 대입시험만이 중요한 것이 아닙니다. 앞으로 더 어려운 일들이 많지요. 그리고 분명한 것은 대입 점수로 인생이 결정되지 않습니다. 여기 부모님들이 많이 계시지만 점수로 여러분의 삶이 달라지셨습니까? 아닙니다.

복잡한 세상에서 바르게 살 수 있는 길이 무엇인가요? 그것은 가정에서부터 바른 신앙을 교육하는 것입니다. 다음 세대와의 공동체 식사를 만들어 가야 합니다. 공동체 식사를 통하여 하는 신앙 교육입니다. 성도 여러분, 다양한 모습의 공동체 식사를 만들어 가시길 축원합니다!

사명의 공동 식사

본문: 요한복음 21:7-14

어떤 젊은 목사님이 새 목회지에 가서 설교를 잘하고 싶어서, 그동안 자기가 한 설교 중 제일 잘한 설교를 준비하여 열심히 하였습니다. 그런데 예배가 끝나고 인사를 하는데 어떤 할아버지가 나오시면서 "그것도 설교야, 더 준비해야지 원고는 계속 보고, 내용도 충분하지 않고"

목사님은 너무 낙심이 되었습니다. 그때 예쁘게 생긴 할머니가 나타나셔서 "낙심하지 말아요, 목사님 오늘 설교 너무 좋았어요, 저 영감은 늘 저렇게 말해요. 특히 사람들에게 들은 이야기를 너무 그대로 전해요, 그게 단점이에요." 목사님은 위로가 아니라 더 낙심하게 됩니다.

누구에게나 낙심할 일이 있습니다. 자녀도, 사업도 낙심이 됩니다. 또 요즘 교회에 오지만 찬송도 안 되고, 기도도 안 되고, 남들은 은혜 받았다고 하는데 예배를 드리면 눈물도 난다는데, 남들은 새벽기도 가니 기쁘다고 하는데 내가 아무 영감이 없다면 신앙적인 면에서 얼마나 낙심되고 답답합니까?

여기 낙심한 사람들이 있습니다. 베드로를 비롯한 예수님의 제자들입니다. 그들은 생각합니다. '우리를 제자로 인정해 줄 리가 없지, 우리는 모두 예수님을 배반하고 도망한 사람들인데... 우리가 알아서 피하자, 주님이 다른 좋은 사람들을 찾아서 일하시겠지' 등 한마디로 낙심 속에 있습니다. 그리고 그들이 어디에 있습니까? 그들의 일터인 디베랴입니다. 생업이었던 물고기 잡는 일도 안 됩니다. 요한복음 21장 3절에서 제자들은 이렇게 말합니다. "아무것도 못 잡았습니다." 우리도 이처럼 하루에도 몇 번씩 낙심하곤 합니다. 그런데 부활하신 주님이 그런 낙심한 제자들에게 찾아오신 것입니다.

이것을 보고 우리는 희망을 얻습니다. 그것은 바로 낙심한 자들에게도 예수님이 찾아오신다는 사실입니다. 그때가 언제인가요? 요한복음 21장 4절은 "날이 새어갈 때에"라고 기록합니다. 이 시간이 중요하지요. 아무리 낙심이 되어도, 기도가 안 되어도, 낙심이 되더라도 기도의 자리에 나오세요. 무엇이 우리 인생을 낙심하게 만듭니까? 주님이 이른 새벽 우리를 만나러 오셨습니다. 이처럼 예수님이 우리에게 찾아오십니다. 예수님이 우리 곁에 와 계십니다. 아멘!

삼년간 예수님을 따르던 제자들이었음에도 불구하고 그들은 예수님을 전혀 알아보지 못합니다. 성경 속 저자들이 예수 그리스도를 알아보고 메시아라고 한 것과 대조적입니다. 그들을 위해 주님이 무엇을 하셨나요? 공동식사를 준비하셨습니다. 본문 9절에 "육지에 올라보니 숯불이 있는데 그 위에 생선이 놓였고 떡도 있더라." 이 중 "숯불, 생선, 떡" 여기에 베드로의 일생이 다 들어 있다고 봅니다.

물고기를 보는 순간 무엇이 생각납니까? 예수님을 만났던 초기 시절의 제자들의 장면이 떠올랐을지도 모르겠습니다. 그때에도 주님은 허탕을 치고 돌아 온 베드로에게 "깊은 데로 가서 그물을 내려 고기를 잡으라"(눅 5:4)고 말씀하신 바 있습니다. 그리고 사람을 낚는 어부가 되라고 예수님이 말씀하셨습니다. 베드로는 주님을 즉시 따라갔습니다. 성도 여러분도 주님을 처음 만나서 내 구주로 영접하던 그때 그 순수한 시절이 떠오르시나요?

떡을 보는 순간 베드로는 주님과 함께 마지막 날 떡을 떼며 만찬을 한 후 주님이 "너희가 다 나를 버리리라"는 말을 했을 때가 생각났을 수도 있습니다. 베드로는 '다 버릴지라도 나는 그러지 않겠다.' 다짐을 했던 시간을 떠올렸을 것입니다. 바로 며칠 전 주님을 절대 버리지 않겠다고 입으로 힘주어

고백했던 베드로였습니다. 숯불을 보면서 베드로는 계집아이 앞에서 허무하게도 3번이나 예수를 모른다고 부인하고, 저주까지 하면서 부인하였던 그때가 머릿속을 스쳐 지났을 것입니다. 벌겋게 타는 숯불을 보자 깜짝 놀라 숨이 멎을 정도였을지도 모르겠습니다. 가슴이 미어졌을지도 모르겠습니다. 요한복음 18장 18절입니다. 베드로가 끌려가는 주님을 배신하고 통곡했던 그곳은 바로 숯불 앞입니다. 너무 괴로운 베드로입니다.

주님이 준비해 놓은 식탁을 보는 순간, 베드로는 자신의 모든 과거가 그 속에 있음을 발견하게 됩니다. 주님과 함께 했던 3년 동안 자신이 어떤 모습으로 살아 왔는지 회상했습니다. 낙심되어 일터에서 열심히 일하지만 아무 느낌 없이 그냥 묵묵히 일만 해온 베드로입니다. 짐작컨대 베드로는 울었겠지요.

지금 주님이 베드로를 정신적으로 힘들게 합니까? 아닙니다. 예수님이 베드로에게 왜 나를 배신했냐고 따지러 오셨습니까? 아닙니다. 요한복음 21장 전체를 보면, 예수님이 이렇게 베드로를 찾아간 이유는 하나입니다. 한마디로 주님은 낙심한 자를 회복시키십니다. 그리고 베드로에게 다시 사명을 주십니다. "네가 나를 사랑하니까 양을 먹이고 치는 일을 해야 하지 않겠니?" 그런데 우리가 아무리 떡을 보아도, 생선을 보아도, 숯불을 보아도 마음에 변화가 없습니다. 한숨만 나오는 우리들의 모습이 너무나도 통탄스럽군요.

하나님이 나의 기도를 들어주실 리가 없어. 하나님이 나 같은 이런 사람을 사람으로나 보겠어? 아버지가 낙심하면 자녀들은 절망합니다. 남편이 낙심하면 부인은 절망합니다. 하나님은 우리를 일으켜 주시는 분입니다. 그러나 마귀의 계획은 우리를 주저앉게 합니다. 베드로는 결국 회복이 됩니다. 그 모습이 사도행전에 나오는 베드로의 모습입니다.

우리는 낙심할 수 있습니다. 주님을 배반할 수 있습니다. 그런데도 불구하고 주님은 그런 우리를 변함없이 찾아옵니다. 그리고 회복시키시고, 사명을 주십니다. 이런 하나님께 감사와 영광을 돌립시다.

성도 여러분! 한 해를 돌아보니 낙심될 일이 얼마나 많았습니까? 시험에 들 일이 얼마나 많았습니까? 상처가 되는 일이 얼마나 많습니까? 교회에 나오지 못할 이유가 얼마나 많습니까? 지칠 이유가 얼마나 많습니까? 그래도 주방에서 봉사하고, 특별새벽기도 기간 한 번도 빠지지 않고 주차봉사하고, 안내하고 찬양하고, 장로님들은 강사 분들 식사대접하고, 매일 새벽마다 택시타고 교회에 오고. 생각해보니 내가 이 자리에 있는 이것이 하나님의 은혜요, 감사입니다.

나의 힘이 아닙니다. 주님이 나를 인도하신 것입니다. 주님이 나를 포기하지 않고 부르셨기 때문입니다. 나처럼 이성적인 사람을 더 이상 회의에 들지 않게 하고, 주님 전으로 부른 것 생각만 해도 감사입니다. 내 인생의 시험과 절망 등 모든 이유를 뒤로 하고 주님 앞에 나와 예배할 수 있는 이 사실이 정말 감사합니다.

추수감사주일에 감사할 조건을 억지로 찾지 않아도, 예수님이 우리를 직접 찾아와 만나 주시고 회복시키시고, 사명주신 것만으로도 주님 앞에서 감사합시다. 따스한 공동식사로 시선을 넓히시고, 그 시선으로 이웃을 바라봅시다. 다시 비전주신 예수님께 정말 감사함으로 예배합시다.

공동 식사 메뉴가 어떤 사람에게는 쓰고, 어떤 사람에게는 달게 느껴집니다. 식사가 우리를 풍요롭게 하고, 여러 가지 영양소가 우리 몸을 건강하게 만들 듯이, 말씀으로 우리의 영혼이 강건해지는 이 새벽이 되기를, 귀한 성도들 되시기를 축원합니다!

08
추수감사

하나님 나라의 공동식사
본문: 고린도전서 11:24-33

오늘은 추수감사주일입니다. 성도 여러분의 삶에 감사가 넘치십니까?

본문 24절에 "축사하시고 떼어 이르시되 이것은 너희를 위하는 내 몸이니 이것을 행하여 나를 기념하라 하시고"에 나타나 있듯이 예수님은 성만찬 식사를 하시기 전에 제일 먼저 감사로 시작합니다.

'축사'는 원어로 유카리스테사스(εὐχαριστήσας)인데 '감사'라는 말입니다. 예수님이 무엇을 가지고 감사했습니까? 떡입니다. 떡이 무엇인가요? 예수 그리스도입니다. 예수님 자신이 복음서에 "나는 생명의 떡"이라고 말씀하였습니다. 왜 예수님은 자신을 떡으로 표현하셨을까요? 예수님이 활동하던 당시에는 배고픔이 가장 큰 문제였습니다. 먹을 것이 부족하던 시절이라 먹는 것에 관심이 많았고, 대부분 가난한 자였습니다. 그래서 예수님 역시 늘 식사 자리를 마련하였고, 떡 이야기를 하였습니다. 예수님은 떡을 먹으면서 말씀하십니다. "기념하라" 이 말은 "기억하라"는 것입니다. 예수님은 이스라엘 백성들에게 기억시키시고 싶으셨던 것이지요. 무엇을 기억하라는 것입니까?

지난 한 주간 떡과 관련된 공동식사에 대하여 다양한 각도에서 말씀을 찾아보았습니다. 지난주일은 '하나님 앞에서의 공동 식사'를 살펴보았습니다. 하나님 앞에서 공동식사는 아무나 할 수 없습니다. 내가 예수님을 영접할 때 주님의 은혜로 신분의 변화가 일어나 하나님이 베푸시는 공동식사에 참여할 수 있습니다. 나 같은 사람을 주님의 자녀로 변화시켜 공동체 식사의 자리에 참여하게 한 것 자체가 은혜요 감사 아닙니까?

월요일은 '화목제로서의 공동식사'를 살펴보았습니다. 하나님의 공동식사에 참여한 내가 화목제를 드림으로 하나님과 화해하고, 가난한 이웃들과 나눌 수 있는 공동식사에 참여하게 되었습니다.

화요일은 '기적의 공동식사'를 살펴보았습니다. 화목제로 드릴 소, 그 무언가가 없을지라도 하나님은 가장 작은 어린 아이의 헌신을 통하여 놀라운 역사가 일어난 것을 하나님 나라의 모형으로서 보여줍니다. 하나님 나라에서는 이처럼 작은 것이라도 하나님 앞에 드려질 때 놀라운 기적을 만들어냅니다.

수요일은 '초대교회의 공동식사'를 살펴보았습니다. 성령의 교통하심이 있을 때, 날마다 교회에 오고 싶고, 기도하고, 받은 은사로 나누고 섬기는 모습이 바로 초대교회의 공동식사 모습이었습니다.

목요일은 '이방인과의 공동식사'를 살펴보았습니다. 초대교회의 공동식사는 유대인들끼리만 교제를 나누는 부족함이 있었습니다. 이것은 예수님께서 모든 이들 즉 가난한자, 장애인, 이방인, 세리와 죄인까지 같이 하여, 장벽을 허무는 이방인과의 공동식사를 원하셨습니다.

금요일은 '다음세대와 공동식사'를 살펴보았습니다. 이제는 다음세대 즉 자녀들에게 신앙을 남겨야 합니다. 나의 신앙이 나의 대에서 끊어지지 않도록 다음세대와의 공동식사를 잊지 마십시오.

토요일은 '사명의 공동식사'를 살펴보았습니다. 낙심되어 있고, 절망 속에 있고, 실패한 자들이라도 주님은 다시 한 번 우리를 불러주시고, 공동식사를 통하여 사명을 주십니다.

이것이 우리가 한 주간 '이웃과 함께 하는 공동식사'라는 주제로 살펴 본 말씀의 떡들이었습니다. 성도 여러분은 공동체 떡에 대한 마음을 가지고 있습니까?

물론 가장 중요한 것은 우리를 위해 십자가에 달리신 예수 그리스도의 고난과 대속입니다. 나를 위하여 예수님은 섬김의 극치인 십자가의 길을 선택했습니다. "이것이 나의 몸이요, 이것이 나의 잔이다." 주님이 나를 위해 죽으신 희생을 기억하며 살아가라는 것입니다. 그런데 시간이 지나면서 어떻게 되었습니까? 아가페 밀 즉 사랑의 식사가 사라집니다. 기쁨으로 예배하고, 기도하고, 이웃을 섬기고, 나누는 정신이 사라진 것입니다. 성만찬만 남았는데 그것도 형식만 남았습니다.

고린도교회는 다양한 계층의 성도들로 구성되어 있었습니다. 부자들과 노예들이 섞여 있었습니다. 빈부 격차가 심하였습니다. 고린도교회 교인들은 주로 저녁에 예배를 드렸는데, 예배하면서 식사 모임을 가졌습니다. 그들은 각자 집에서 음식을 가지고 왔습니다. 그러다보니 일용직 사람들은 일이 늦게 끝나 늦게 오고, 부자들은 시간이 많으니까 일찍 모였습니다.

일찍 온 부자들은 빵과 포도주를 마음껏 먹었지만 가난한 자에게 나누어주지 않았습니다. 결국 가난한 이들은 배고픔을 이기기 위하여 술을 먹고 취합니다. 고린도전서 11장 21절은 "이는 먹을 때에 각각 자기의 만찬을 먼저 갖다 먹으므로 어떤 사람은 시장하고 어떤 사람은 취함이라."고 말씀합니다. 고린도교회의 공동체 식사는 모든 사람에게 공평한 나눔의 식사가 아니었고, 가난한 공동체 회원들을 부끄럽게 한 식사였습니다.

이뿐만 아니라 서로 자신들의 은사를 자랑합니다. 자신들이 물질을 많이 나눈다고, 먹을 것을 많이 나눈다고 자랑합니다. 그러다 보니 서로가 분리됩니다. 바울은 화가 났습니다. 22절에 "너희가 먹고 마실 집이 없느냐 너희가 하나님의 교회를 업신여기고 빈궁한 자들을 부끄럽게 하느냐 내가 너희에게 무슨 말을 하랴 너희를 칭찬하랴 이것으로 칭찬하지 않노라."고 말씀합니다. 예수님의 의도와는 관계없이 고린도교회에서 먹는 일, 즉 식탁의 교제를 하는데 끼리끼리입니다. 바울의 책망은 그렇게 하려면 교회는 왜 왔느냐입니다. 집에서 밥을 먹지 왜 같이 나누어 먹겠다고 왔느냐입니다. 바울은 예수님의 정신이 무엇이라는 것인가요?

30절, "그러므로 너희 중에 약한 자와 병든 자가 많고 잠자는 자도 적지 아니하니"에서 "약한 자, 병든 자" 즉 죄인들, 세리들, 이방인들 모두를 식사 자리에 초대한 것입니다. 그리고 이들을 향하여 무엇을 하라고 하십니까?

33절, "그런즉 내 형제들아 먹으러 모일 때에 서로 기다리라" 늦게 오는 분들인 일용직 사람들을 위하여 기다리며, 배고픈 사람을 배려해 주라는 것입니다. 이것이 예수님의 정신입니다. 바울은 이런 정신을 기념하라는 것입니다. 그런데 당시 고린도교회 사람들은 성찬의 의미보다는 예식을 지키는 것에 그쳤습니다. 당파를 짓고, 서로 상처를 주었습니다. 오늘날 우리도 마찬가지입니다. 성찬식을 할 때마다 "섬김의 의미"보다는 예수님이 십자가에 달려 돌아가신 날을 기념하는 "추모예배"처럼 생각하는 경우가 많습니다.

저는 5년 전에 춘천동부교회에 부임하여, 예수 그리스도의 섬김의 정신으로 어떻게 한국교회를 살릴 수 있을까 고민하였습니다. 성찬식을 할 때 장로님들과 함께 앞치마를 두르고 성찬하기로 결정했습니다. 장로님들이 성의를 벗고 처음 앞치마를 두른 시기는 추수감사절이었습니다. 70년이 넘은 전통교회에서 장로님들이 이 부분을 받아들인다는 것은 쉬운 일이 아니었습니다.

이것은 앞치마가 중요한 것이 아니라 점점 사라져 가는 예수님의 섬김의 정신이 어떻게 기억될 수 있을까라는 고민 속에서 나온 것입니다. 감사하게도 이번 공동식사를 하면서 이 정신을 실천하고자 특별새벽기도 헌금을 했습니다. 새벽에 성도님들이 헌금에 참여한 액수가 많고 적고를 떠나 감사합니다. 이 헌금은 농촌교회와 군부대교회 지붕 보수공사와 서면에 사는 두 가정에게 연탄을 보급하는 일에 쓰일 것입니다. 줄 수 있다는 것에 감사합니다.

성도 여러분, 우리도 나아가서 내 주변의 이웃과 공동식사를 찾읍시다. 이웃과 함께하는 자리는 신바람이 납니다. 나에게 다시 사명 주신 분, 다시금 일으켜 회복시키신 분이 "공동식사에 초대하신 예수님입니다." 우리가 예수님을 생각할 때 가만히 있을 수 없습니다. 감사함으로 말미암아 이웃과 함께 공동 식사를 실천하여 성도 여러분의 지경이 확장되기를 축원합니다!

03 대림절
– 누가복음 2장의 성탄 이야기

대림절.

기다림의 시간.

세상은 육신의 즐거움과 유한한 기쁨을 찾습니다.

그러나 우리는 작은 마을 베들레헴,

그 곳 어딘가의 구유,

그 안의 아기 예수를 기다립니다.

세상 어둠 속 잃어버린 빛, 예수를 기다립니다.

> 이는 만민 앞에 예비하신 것이요 이방을 비추는 빛이요 주의
> 백성 이스라엘의 영광이니이다 하니. (눅 2:31~32)

베들레헴

본문: 누가복음 2:1~7

독일에서 살 때 아주 힘들었던 것이 있었습니다. 독일에 도착하면 제일 먼저 하는 일이 거주등록 신고인데 이것을 하면 거주등록증을 줍니다. 문제는 매년마다 거주등록 신고를 해야 한다는 사실입니다. 아침부터 줄을 길게 서서 기다렸다가 안에 들어가면 직원이 있는데 직원 앞에 서면 마치 무슨 죄인처럼 됩니다. 그 사람은 몇 가지를 묻습니다. 가족, 경제적인 면, 거주 이유 등. 독일만이 아니라 유럽의 모든 나라가 외국인에게 가장 먼저 요구하는 게 거주등록입니다. 이걸 제대로 해 놓지 않으면 큰 어려움을 당할 수 있습니다.

이 거주등록의 기원을 거슬러 올라가 보면 로마시대에까지 이르게 됩니다. 아주 오래된 법이지요. 그 로마법이 전 세계로 퍼지게 된 것입니다.

로마시대의 언제인가하면 본문 1절에 "가이사 아구스도"라고 합니다. "가이사"라는 말이나 "아구스도"라는 말은 둘 다 인명이 아닙니다. 우선 "가이사"라는 말은 황제를 가리키는 칭호입니다. "아구스도"는, "매우 존귀한" (highly honored)입니다. 그러니까 "가이사 아구스도"라는 말의 원 뜻은 "매우 존귀한 황제"입니다.

그의 본명은 "가이우스 옥타비우스"였습니다. 그가 처음으로 호적을 실시하게 되었습니다. 그 목적은 두 가지였습니다. 동양이든 서양이든 이 호적은 백성들의 편의보다는 통치자들의 편의 때문에 생겼습니다. 징병과 세금 징수를 위한 것이었습니다.

유대인들의 경우는 로마군으로 징집되지는 않았기 때문에, 그들의 인구 조사는 순전히 세금 징수를 위한 것이었습니다. 유대인들이 이방 나라인 로마에 세금을 바치는 일을 좋아했을 리가 없었습니다. 게다가 인구 조사를 위해서 각자 고향으로 돌아가야 했습니다. 이 일을 위해서 하던 일을 중단해야 했고 며칠 동안 집도 비워야 했습니다. 그러니 여간 불편하지 않았을 것입니다. 그러나 호적은 해도 되고 안 해도 되는 게 아니라, 반드시 해야 되는 의무 사항이었습니다. 이스라엘 사람들은 이 호적을 위해 다 '올라'(5절) 가야 했습니다. 요셉과 마리아도 호적을 하러 가게 되었습니다.

당시 이스라엘 사람들은 사마리아 사람을 사람 취급하지 않았습니다. 그래서 갈릴리 사람이나 유대 사람들은 아예 그 땅을 밟지도 않았습니다. 요셉과 마리아도 당시의 관습대로 사마리아 땅을 안 밟으려고 무려 120㎞를 가야 했습니다. 지금이야 120㎞라고 하면 한 시간이면 갈 수 있는 거리입니다. 그러나 고대 사회의 교통수단이라고는 말이나 나귀 밖에 없었고 그나마도 일반 서민들에게는 꿈같은 얘기이고 다 걸어 다녀야 했습니다. 아마도 길도 나쁜데다 먼 길을 돌아왔으니까 적어도 사, 오일은 족히 걸었을 겁니다. 게다가 마리아는 홀몸도 아닙니다. 임신 초기도 아니고 만삭입니다. 그 몸을 가지고 사박 오일을 걸었다고 하면 보통 힘든 여정이 아니었을 겁니다. 그럼에도 불구하고 왜 요셉은 마리아를 데리고 갔습니까? 마리아도 다윗의 자손이었기에, 베들레헴으로 가서 호적을 해야만 했을까요? 그 당시 로마법에 의하며, 여자도 세금을 내기는 하지만 자신이 호적을 하러 갈 필요는 없었다고 합니다. 얼마든지 그 가정의 호주가 그의 가족을 대신해서 할 수가 있었습니다. 따라서 우리는 이렇게 생각해볼 수가 있을 것입니다.

설사 마리아가 호적 하는 것이 의무가 아니었다 하더라도 요셉은 마리아가 나사렛에 혼자 남아서 아들을 낳는 것을 원치 않았을 것입니다. 마리아를 주변의 비난으로부터 보호하기 위해서라도 마리아를 데리고 베들레헴으로 갔을 것입니다. 가이사 아구스도 역시 하나님의 뜻을 이루기 위하여 쓰임을 받은 하나의 도구였습니다. 최초로 호적을 조사한 상황, 요셉이 마리아와 같이 호적 하러 갈 수 밖에 없는 상황, 또 아기가 태어난 날짜 까지 모든 것이 뭔가 보이지 않는 손길이 움직인 것 같지 않습니까?

모세를 보세요. 모세가 어떻게 살았습니까? 감독이 큐 사인을 합니다. 바로 배우들이 움직입니다. 모세를 살리기 위하여. 모든 것이 하나라도 타이밍이 틀리면 안 됩니다. 갈대상자를 띄우고, 갈대상자 흘러가는 그 타이밍에 바로의 공주가 목욕을 하고 있고. 바로의 공주가 바깥에서 목욕하는 행위는 흔하지 않은 일입니다. 또 모세의 누이가 공주에게 가서 유모를 소개는 것까지. 숨 막힐 정도로 대단한 타이밍입니다. 왜 그렇습니까? 한 마디로 하나님의 약속의 성취를 이루기 위한 하나님의 일하심입니다.

이 당시 특히 신약과 구약의 중간 시기에는 약 400년 동안 메시아에 대한 열망이 대단하였습니다. 사람들에게 희망이 전혀 없었습니다. 오죽하면 많은 이들이 자녀의 이름을 '예수'라고 짓겠습니까? 구약에 350번이나 예언되어 있습니다. 주님은 기가 막히게 약속을 잊지 않고 성취한 것입니다. 왜 약속을 성취하셨습니까? 예레미야 23장 5~6절 말씀을 봅시다. "유다는 구원을 받겠고 이스라엘은 평안히 살 것이며." 이는 "샬롬"을 말합니다.

하나님께서 이토록 여러 군데에서 나를 그리고 여러분을 구원하고자 하신 말씀입니다. 누가복음 19장 10절을 보겠습니다.

> 인자의 온 것은 잃어버린 자를 찾아 구원하려 함이니라.
>
> (눅 19:10)

즉 예수님은 잃어버린 인간을 찾아 구원하시기 위해서 인간으로 이 땅에 오신 것입니다. 죄 없으신 예수님이 인간의 모든 죄 값을 대신 짊어지시고 십자가에서 죽으심으로 인간의 모든 죄를 대속하시고 잃어버린 인간들을 구원하시기 위하여 오신 것입니다. 얼마나 감사한가요? 나 같은 사람을 위하여 약속을 이루신 것입니다. 그렇다면 왜 우리를 구원하셨나요? 4절 말씀, 바로 '다윗의 집' 때문입니다.

명절에 어른들이 모이면 너가 김해 김씨의 몇 대 손이고 파가 무슨 파고 잘 기억도 안 되는 말씀을 하십니다. 왜 그렇게 알려줍니까? 뿌리입니다. 자신의 뿌리를 소중히 여기는 것은 우리나라 사람들만큼이나 유대민족도 마찬가지입니다. 유대민족은 자신을 소개할 때, 지파, 족속, 집, 각자의 뿌리를 밝혔습니다. 가장 넓게 확대된 것이 "지파"였고, 그 다음이 "족속"이었으며, 가장 세분화되어서 축소된 것이 "집"이었습니다. 무슨 말인가요? 요셉이 다윗의 혈통이라는 것입니다. 결국 다윗의 혈통에서 누가 나옵니까? 예수 그리스도입니다. 예수 그리스도 다음에 누가 나옵니까? 요한복음 1장 12절입니다.

> 영접하는 자 곧 그 이름을 믿는 자들에게는 하나님의 자녀가
> 되는 권세를 주셨으니. (요 1:12)

주님을 영접한 우리들입니다. 우리가 주님의 족보에 이름이 오릅니다. 우리의 신분이 바뀐 것입니다. 그런데, 우리의 신분이 회복되고 구원을 받았는데 우리는 무엇하고 있습니까? 혹시 너무 형식적인 종교 생활에 젖어 살아가고 있지는 않습니까? 그렇다면 너무나 부끄러운 일입니다.

예수님이 계셨던 자리를 생각해봅시다. '베들레헴'. 왜 예수님이 베들레헴에 나셨을까? 분명한 이유가 있습니다. 700년 전 미가는 예언했습니다.(미 5:2) 그 말의 뜻은 원래 베이트(집)와 레헴(떡)의 합성어로 떡집이라는 뜻입니다. 예수님께서 떡집에서 나셨다는 것은 예수님의 섬김의 삶과 깊은 관련이

있습니다. 오병이어의 기적, 최후의 만찬, 부활하신 후에도 제자들을 찾아 오셔서 떡을 준비해 주신 모습 등이 있습니다. 우리도 이런 섬김의 모습을 닮아가야 합니다. 예수님께서 "나는 하늘에서 내려온 산 떡이니 사람이 이 떡을 먹으면 영생하리라"(요 6:51)고 말씀하셨습니다. 이 떡을 먹으면 모두를 살립니다. 이 떡을 먹은 우리들은 마땅히 이 떡을 나누어 주어야 합니다. 다른 이를 살려야 합니다.

1725년 태어난 존 뉴턴은 영국 런던에서 선장의 아들로 출생하였습니다. 그의 모친은 독실한 크리스천이었고 부친은 뱃사람이었습니다. 어머니가 죽자 그 이후 존 뉴턴은 커가면서 방황을 합니다. 그는 밤새 술을 마시고 창기와 어울렸습니다. 그러다 그는 노예선을 탑니다. 포악한 노예선 선장이 됩니다. 아프리카의 해변 마을을 돌아다니며 술과 맞바꾼 노예들을 카리브 해 농장에 팔았습니다. 아주 잔인하게 노예를 파는 사람으로 악명이 높았습니다.

어느 날 노예무역을 끝내고 집으로 향하던 중 큰 폭풍우를 맞아 배는 난파되었고 죽음의 위험 앞에 그는 신앙이라고는 전혀 없었으나 어린 시절 어머니로부터 들은 기도가 생각나 다급한 마음에 기도를 합니다. "만일 하나님이 살아계신다면 저는 용서 받을 수 없는 자처럼 살아왔습니다. 전 당신을 아버지라고 부를 수도 없는 자 입니다." 그러나 주님은 그런 존 뉴턴의 기도를 들으셨고 배가 난파된 지 4주후 노예선의 선원들이 구조되었습니다. 그 후 그는 예수님을 영접하고 노예무역을 그만둡니다. 노예무역을 반대하는 사람이 됩니다. 그리고 그는 목사가 됩니다.

정말 어메이징 그레이스입니다. 그래서 그가 작사를 합니다. 그 곡이 찬송가 405장 Amazing Grace(나같은 죄인 살리신)입니다. 이것을 중심으로 만들어진 영화가 있습니다. 바로 「어메이징 그레이스」입니다. 영국의 정치가인 윌리엄 윌버포스라는 사람이 나옵니다. 그는 21살에 영국의 하원 의원이 됩니다. 그가 얼마 후 큰 은혜를 체험합니다. 그러나 고민에 빠집니다. 정치인으로 살아야 하나 복음 전하는 자로 살아야 하나. 당시 영적인 일이 세속적인 일보다 훨씬 더 중요하다고 생각하던 시대였습니다. 그가 노예폐지 법안을 제출하자 대중과 동료 의원들에게 인기 없는 사람이 되지만, 그는 끝까지 포기하지 않습니다.

결국 영국에서 노예법의 폐지를 이끌어 냅니다. 그가 처음부터 이런 일을 한 것이 아닙니다. 그에게 이런 영향을 준 사람이 바로 존 뉴턴입니다. 존 뉴턴은 주님의 은혜를 깨닫고 주님을 닮아가는 삶을 살아가며 노예들을 섬기고 정치인에게 영향을 주어 노예제도를 영국에서 사라지게 하는데 큰 역할을 감당했습니다.

지금 우리 시대를 보세요. 외국인 노동자를 무시하고, 때리고, 거짓을 좋아하고, 가정은 깨지고 부모를 거역하며, 목회자는 타락하고, 교회는 깨지고, 권위에 대한 불신은 팽배합니다. 무엇을 먹어야 할지 식물에 대한 두려움이 만연하고, 가계 경제도 침울합니다. 빚을 지면 갚을 길이 없습니다. 정말 지금이야 말로 주님이 오셔야 합니다. 죄 많고 불신이 가득한 이 땅에 주님 오십시오. 주님이 다시 오신다는 말씀은 오늘도 유효함을 믿습니다. 주님이 우리에게 다시 오심을, 베들레헴에 나실 주님을 바라보며, 이번 대림절, 차분히 주님을 기다리는 믿음의 사람으로 사십시다.

구유

본문: 누가복음 2:8-14

만델라는 2013년 12월 5일 95세의 나이로 세상을 떠났습니다. 그의 나이 72세. 체포된 지 27년 만에 남아공의 대통령이 되었습니다. 그는 27년간 옥에서 살았습니다. 흑백 인종의 화합을 시도했다가 감옥에 들어간 것입니다.

남아공 인구의 흑인 비율은 82% 정도 됩니다. 대부분이 무직이고, 일용직으로 힘겨운 삶을 살아갑니다. 설사 흑인들이 일자리를 구했다고 해도 흑인 종사자의 한 달 평균 수입은 30만원에 불과합니다. 흑인 의사를 원했던 시민들의 바람으로 의대에 의무적인 흑인 쿼터제가 도입됐지만 엄청난 반발에 부딪혔습니다. 남아공은 최초로 심장 이식 수술을 성공하는 등 세계적인 의료 기술을 자랑하지만 백인들은 흑인 의사에게 절대로 진료를 받지 않고 있습니다. 흑인과 백인은 좀처럼 융화되지 못하고 있으며, 백인들과 흑인들은 각자의 마을을 형성하며 살아가고 있고, 흑인들의 주거지는 별도로 있을 정도입니다. 서로 결혼도 하지 않습니다. 그들은 소외되고 상처투성이입니다. 마치 오늘 본문에 나오는 목자들과 같습니다.

목자들은 가장 천하게 취급 받는 사람들입니다. 이들은 배운 게 없고 가진 게 없고 목자들은 남의 양을 훔치는 일을 하여 도둑이라고 불렸으며 세금을 안 내도 되고, 군대도 징집되지 않고, 율법도 안 지켜도 되는, 그야말로 사람 취급을 못 받는 천한 사람들이라는 것입니다. 물론 이들은 경제적으로 사회적으로 힘든 사람들입니다. 그런데 이보다 더 힘든 것은 사람들의 시선입니다. 남들의 시선이 무섭습니다. 목자하면 사람들이 그런 선입견을 가지는 것입니다. 이들이 목자가 되고 싶어서 목자가 되었습니까? 아닙니다. 선택이 없습니다. 조상 대대로 하던 일입니다. 이들에게는 희망이 없습니다.

아프리카의 흑인들의 삶과도 비슷합니다. 만델라가 오죽하면 감옥에 있을 때 그의 딸이 아기를 낳아 데리고 와서 아버지에게 아기 이름을 지어달라고 하였더니 '희망'이라는 이름을 지어 주었을까요? 목자들에게 지금 천사들이 나타납니다. 그리고 무엇을 말합니까? 10절, "내가 온 백성에게 미칠 큰 기쁨의 소식을 너희에게 준다." 11절, "다윗의 동네 즉 베들레헴에 구주가 나셨으니 곧 그리스도라." 메시아가 온다는 것입니다. 400년 동안 아이들 이름까지 예수라고 이름 지을 정도로 모든 사람들이 메시아를 기다리고 있었습니다. 특히 천대받던 이들은 더욱 기대하였을 것입니다. 그런데 도무지 메시아가 올 희망이 보이질 않았습니다. 그런 상황에서 천사들이 나타나서 말한 것입니다.

메시아가 오셨다는 말씀에 이들이 어떻게 합니까? 천사의 지시를 따라 "빨리"(16절) 갑니다. 그것도 "밤에"(8절). 목자들은 밤새도록 일을 하다가 갔다는 것입니다. 저들은 한 순간도 지체할 수가 없었습니다. 그래서 베들레헴으로 달려 간 것입니다. 그런데 목자들이 베들레헴에 도착해서 본 광경은 생각과는 영 딴 판입니다. 귀로 듣는 것과 눈으로 보는 것 사이에는 큰 차이가 있습니다. 귀로 들을 땐 들을 만 했는데, 막상 가서 보니 전혀 아니었습니다. 냄새 나는 마구간에 아기 예수님이 계셨습니다. 천군천사의 합창 소리도 들리질 않았습니다. 찬란한 광채도 없었습니다. 말똥 냄새와 어우러진 초라한 마구간의 모습은 목자들의 믿음을 흔들기에 충분한 것이었습니다.

'정말 이 아기가 수천 년을 두고 기다려 온 메시아가 맞는가?', '혹시 예루살렘 왕국에서 태어난 헤롯 가문의 왕자가 그리스도가 아닐까?'하는 생각을 하게 합니다. 저는 설교를 준비하면서 자꾸 어떤 생각을 하였냐면, 목자들이 분명 베들레헴에 와서 당황하였을 것이라는 생각입니다. 저의 사고는 마태복음 2장 11절처럼, 목자가 아니라 박사들에게 나타나고, 구유가 아니라 집에서 태어나고 황금 유향 몰약같은 탄생 선물을 말하는 것이 훨씬 편할 수 있습니다. 그런데 아닙니다. 목자들은 그냥 천사의 말을 순수하게 믿은 것입니다.

어제 장로님들과 같이 장애인 시설에 가서 당회 전에 봉사를 하고 왔습니다. 집안의 청소를 하는데 화장실에 가서 변이 묻은 것을 청소하고 나면 또 변을 봅니다. 변을 청소하면 또 변을 아무 곳에나 봅니다. 어떤 아이는 정말인지 그냥 하는 말인지 몰라도 내일 누나가 자기 생일에 데리러 온다고 좋아하며 기다립니다. 이런 모습을 보면서 어떤 장로님은 저들이 나의 아들이라면 하면서 잠시라도 더 놀아주고자 합니다. 짧은 시간이지만 어떤 분은 공도 같이 차고 안마도 해주고 산책도 합니다.

처음 갈 때에는 이런 저런 생각을 갖고 갔을 것입니다. 그런데 막상 가서 보니 어떤 생각을 하였나요? 너무 순수하다는 것입니다. 어떤 분의 말씀을 빌리자면 천사 같다고 합니다. 그분들과 같이 우리가 어울려주고 온 것이 아니라 그곳 아이들이 그리고 그곳의 어른들이 우리를 어울려준 것입니다. 우리는 선입견을 갖고 갔는데 그들은 우리를 있는 그대로 받아주었습니다. 지금 목자들의 마음이 그런 것입니다. 사람들은 실패자, 도둑이라고 할지 말라도 그들은 말씀 그대로를 받아들이고 믿은 것입니다.

오늘 말씀에 보면 유난히 "본다"라는 말이 많이 나옵니다. 17절, "보고". 20절, "본". 무엇을 봅니까? 표적(12절)을 봅니다. 표적이란 말은? 세메니온입니다. 어떤 이적과 기적도 세메니온입니다. 물로 포도주를 만든 것 세메니온입니다. 어떤 사건을 기억나게 하는 것, 이것 역시 표적입니다. 무엇을 기억하라고 하였습니까? 구유와 강보입니다. 구유는 가난을 상징하는 것입니다. 그리고 강보는 무력함을 상징합니다. 아기가 할 수 있는 일이 아무것도 없습니다. 누군가의 보호하심이 필요한 것입니다. 가장 힘없는 모습을 보여쭙니다. 그렇다면 무조건 가난하고 소외된 장소가 구유인가요? 아닙니다. 구유는 메시아가 있는 곳입니다.

목자들은 진정한 표적을 확인하고 어떻게 합니까? 천사의 말을 전합니다. 11절, 구유에 나신 이가 바로 구주라고 전합니다. 우리는 주님의 말씀을 그대로 믿습니까? 15절, "주께서 우리에게 알리신바 이루어진 일을 보자." 그대로 의심 없이 받아들이는 것입니다. 새벽에 그렇게 기도하지만 조금만 힘든 일이 생겨도 화가 나고 원망이 나옵니다. 자녀로 인하여 확신을 하고 기도하였지만 안 좋은 소식이 오면 불안합니다.

주님은 우리가 힘들어 하는 한 복판에 오신다는 것입니다. 그런데 우리가 믿지 못하면 안 됩니다. 말씀 그대로 받아들입시다. 오늘 표적이 바로 이런 것입니다. 가장 힘들고 어려운 우리들에게 오신다는 것입니다. 이번 성탄에 이것을 보십시오. 구유를 보아야 합니다. 표적을 본 목자들은 어떻게 됩니까? 양치기를 그만 두고 다른 일을 시작합니까? 생업을 다 포기하고 기도원으로 들어갑니까? 아닙니다. 다시 자기 삶의 자리로 돌아왔습니다. 아무 것도 변한 게 없습니다. 그런데 정말 아무 것도 변한 게 없었을까요? 겉으로 보기에는 아무것도 변한 게 없어 보였지만, 저들의 내면엔 엄청난 변화가 일어났습니다.

20절을 보면 자기 자리로 돌아가는 저들의 발걸음부터가 달라졌다고 합니다. 하나님께 영광을 돌리고 찬송하며 돌아갔습니다. 그렇습니다! 가장 중요한 변화가 일어났습니다. 내 안에 그리스도를 모시고 나니 가장 먼저 내가 그리스도의 사람으로 변화된 거였습니다. 주와 함께 영광과 찬송으로, 충만한 삶으로 변했던 것입니다.

사랑하는 여러분! 이번 성탄절에 우리가 베들레헴 구유를 보았다고 해도 우리의 삶에는 큰 변화가 일어나지 않을 수 있습니다. 어려운 일은 여전히 어려운 채로 남아있을 수 있습니다. 슬픈 일 역시 여전히 슬픈 채로 남아 있을 수도 있습니다. 환경이나 조건 자체는 크게 변하지 않을 것입니다. 그러나! 답답했던 마음이 변하여 소망 가득한 마음이 될 것입니다. 지루하던 일상이 변해 찬송으로 가득한 삶이 될 것입니다. 초라하게만 보이던 내 인생이 하늘의 영광 가득한 인생이 될 것입니다. 굳게 닫혔던 내 입술이 변하여 아기 예수님을 담대하게 전하는 입술이 될 것입니다.

03
대림절

기다림

본문: 누가복음 2:25-38

독일 뮌헨에서 1시간 쯤 가면 오스트리아와 이탈리아가 만나는 국경지역에 퓌쎈이란 곳이 있습니다. 이곳에는 영화 "미녀와 야수"의 배경이 되는 슈바인슈타인 성이 있습니다. 이곳에 루드비히 공작이 살았습니다. 그에 대한 일화가 있습니다.

사람들을 함부로 대하고 괴롭히는 그의 포악한 성품 때문에 성 안의 모든 사람들이 그를 두려워했고 싫어했습니다. 어느 날 그가 사냥을 나갔다가 숲속의 한 작은 예배당에 들어가게 되지요. 제단 앞에서 오랜만에 기도를 하는데 갑자기 예배당 벽에 무슨 글씨가 쓰이는 것입니다. 순식간에 보였다가 사라져서 글씨를 정확히 읽지를 못하였는데 3이라는 숫자였습니다. 그런데 도무지 그게 삼 일인지, 석 달인지, 삼 년인지를 알 수가 없었습니다. 아무튼 "3이 나오고 무서운 심판이 있을 것"이라는 내용이었습니다.

이제껏 죄를 많이 지었던 루드비히는 나름대로 해석하기를, 삼일 후에 하나님의 심판을 받는구나 생각했습니다. 그래서 그 동안 잘 못해주었던 아내와 부하들에게 3일 동안 잘 해줬습니다. 그런데 아무 일도 생기지 않았어요. 그는 다시 생각했습니다. '삼 일이 아니라 석 달이었구나.' 석 달 동안 가족과 백성들에게 최선을 다했습니다. 하지만 석 달이 지나도 특별한 일이 일어나지 않았습니다.

그는 이제야 확신을 가졌습니다. '아하! 삼 년이었구나!' 그래서 그는 3년 동안 더 열심히 살았습니다. 그러던 어느 날 갑자기 나팔소리와 함께 독일 왕실에서 사절단이 왔습니다. 그는 당시 공작이었는데 바로 그 루드비히 공작을 독일의 황제로 모시기 위해서 사절단이 온 것이었습니다. 왜냐하면 그가 삼 일, 삼 개월, 삼 년을 하나님의 심판대 앞에 설 것을 생각하며 하루하루 착하게 남을 도와주며 열심히 살았던 모습이 독일 전역에 소문이 난 것입니다. 그가 왕이 될 수 있었던 중요한 요소가 무엇인가요? 3이란 숫자인가요? 당연히 아니지요. 그의 삶입니다. 그가 어떻게 살았는지가 중요합니다.

오늘 성경에 시므온과 안나가 나옵니다. 시므온은 남자고 안나는 여자입니다. 그러나 두 사람에게는 공통점이 있습니다. 두 사람 모두 메시아를 안는 복을 받았습니다. 어떻게 해서인가요? 두 사람은 모두 나이가 아주 많습니다. 약 100세가 되는 노인들입니다. 이들이 나이가 많아서 그런 복을 받았나요?

안나는 남편과 단 7년을 함께 살고 남편이 죽은 후 무려 84년이라는 시간을 홀로 살았습니다. 당시 과부에게는 사회적 지위가 거의 없다시피 했습니다. 환경으로만 보면 오로지 절망 속에서 살 수 밖에 없었습니다. 그렇다면 이런 절망감에 살았기에 그런 복을 받았나요? 아닙니다! 왜 이들의 이름이 성서에 나왔을까요? 당시 시대적 배경은 절망적이었습니다. 지도층인 사두개파는 자신들의 이익을 위해 로마 권력층에 붙어 평민들을 박해했습니다. 바리새파는 자신들만 경건하다고 자랑하면서 율법을 지키지 못하는 사람들을 정죄하고 아예 상종도 않았습니다. 에세네파는 이것저것 보기 싫다며 은둔생활에 들어가 버렸습니다. 얼마 되지도 않는 유대는 여러 파벌로 갈갈이 찢겨져 있었습니다.

이사야가 외친 것처럼 메시아가 오시면 어린 아이가 맹수들과 함께 놀며 뱀의 구멍에 손을 넣는 그런 회복의 세상을 바라보아야 할 때였습니다. 그 당시에 진정한 평화가 필요하였기 때문입니다. 로마의 핍박 때문입니다. 그런데 사람들은 어떤가요? 포기합니다. 왜? 현실이 너무나 암울합니다. 말라기 선지자 이후 400년간 희망의 메시지는 들려오지 않고 있었습니다. 아무리 기다려도 메시아는 보이지 않는 것입니다.

기다림에는 두 가지가 있습니다. 저는 금식을 아주 힘들어합니다. 1주일을 금식하는데 금식 자체에만 의미를 두다보니 부끄럽게도 1주일만 빨리 지나가면 된다는 생각이 들기도 합니다. 금식의 본래 의미는 너무 기도제목이 많아서 밥을 먹을 시간이 없고, 너무 기도제목이 무거워 밥을 먹을 마음이 없는 것입니다. 밥을 먹을 시간도 밥을 먹을 마음도 없이 기도하는 것. 그래서 금식하며 기도하는 것입니다. 그런데 저는 금식에 대해 잘못 이해한 것입니다. 단지 일주일이란 시간만 밥을 안 먹고 버티면 된다는 것이었습니다. 물론 그래도 하나님은 은혜를 주셨지만 말입니다. 이때의 기다림은 영어로 wait라기보다는 spend가 더 맞는 것 같습니다. 그저 일주일을 소비만 한 것입니다.

올해(2013년) 미국의 야구팀 보스턴 레드삭스(Boston Red Sox)가 뜻밖의 우승을 차지했습니다. 전문가들도 예상하지 못한 월드시리즈 챔피언이 되었습니다. 챔피언이 된 후 선수들을 인터뷰했는데 매일 아침 선수들끼리 주고받은 인사가 있다고 합니다. 그 인사는 "One day closer to the parade." 입니다. 이 말은 하루하루가 퍼레이드(parade)를 위하여 점점 더 가까워져 온다는 것입니다. 우승한 후 퍼레이드를 하지 않습니까? 이 말은 퍼레이드, 즉 우승할 거라는 확신을 갖고 연습을 하였고 또 경기에 임했다는 의미입니다. 우승을 기다리는 자들이기에 매 경기를 기대하면서 치렀고 그러다보니 자주 기적에 가까운 경기를 치렀고, 끝내는 우승한 것이라고 생각이 들었습니다.

보스턴 레드삭스가 대림절을 맞이한 우리들에게 주는 놀라운 교훈이 있습니다. 올해 레드삭스 선수들은 한 게임 한 게임 치를 때마다 확신하고 있었습니다. 그 날 게임에서 이기건 지건 상관이 없습니다. 10:0으로 져도 상관이 없습니다. 몇 게임을 연속해서 져도 상관이 없습니다. 한 게임이 끝나면 우승으로 더 가까워질 뿐입니다. 그들은 우승을 위해서 하루하루를 소비 (spend)한 것이 아닙니다. 하루하루 우승을 바라 본 것입니다. 그들은 우승을 기다린 것입니다. 하루하루를 그저 소비한 팀들은 우승하지 못했습니다. 그러나 우승을 바라고 기다린 레드삭스 팀은 우승하게 된 것입니다.

사실 이 당시에도 메시아가 오도록 시간을 소비한 사람들이 많았습니다. 메시아가 오도록 의를 행하고 노력한 사람들이 바로 바리새인들입니다. 에세네파 사람들, 사두개인들, 정치적으로 핍박을 받았던 유대인들 모두는 시간만 소비한 것입니다. 결국 이들은 모두 떠나갑니다. 그런데 안나와 시므온은 어떤가요? 26절은 "그가 주의 그리스도를 보기 전에는 죽지 아니하리라 하는 성령의 지시를 받았더니."라고 말씀합니다. 아무리 교통사고가 나도 죽을 수 없는 것입니다. 아무리 암이 걸려도 죽을 수 없습니다. 왜? 그리스도를 보지 않고는 죽을 수 없는 것입니다. 분명히 그리스도를 본다는 것이 성령의 지시사항입니다. 그러므로 그들은 "One day closer to meet the Messiah(메시아)."라고 생각했을 것입니다. 이는 분명한 확신입니다.

25절을 보면 "의롭고 경건하여." 성서에서 경건하다는 말은 기도를 100시간 한 것을 말하는 것이 아닙니다. 구체적으로 어떻게 살아간 사람들인가요? 하나님 앞에서 바르게 경건하게 살아간 것을 말합니다. 37절 말씀을 보면 "성전을 떠나지 아니하고."라고 말합니다. 그런데 여기서 성전을 떠나지 않았다는 것이 세상과 분리되는 삶으로 살아가라는 것인가요? 아닙니다. 그렇다면 성전을 떠나지 않았다는 것은 무엇인가요?

안나 역시 마찬가지입니다. 그녀가 할 수 있는 일은 나이 들어 다른 일을 하기 보다는 늘 성전에서 "주야로 금식하며 기도"하는 것이었습니다. 그 기도가 어떤 기도인가요? 시므온은 이스라엘의 위로(25절)를 기다리며 기도했고, 안나는 예루살렘의 속량을 기다리며 기도했습니다. 두 가지 공통점이 무엇인가요? 자신을 위한 기도가 아닙니다. 이웃입니다. 나아가 민족을 위한 기도입니다. 이웃과 민족을 향한 하나님의 위로와 구원을 기다렸습니다. 안나와 시므온은 남을 위한 기도를 하는 것입니다. 이 모습이 경건하게 살아가는 사람들의 모습입니다.

대림절 기간, 예수 그리스도를 기다리는 이때에 우리에게 이웃과 나라를 위한 기도가 필요합니다. 우리 시대를 보세요. 불신, 권위의 붕괴, 지역 간 갈등, 세대 간의 갈등, 외국인 노동자들을 향한 차별 등이 만연합니다. 교회도 마찬가지입니다. 파벌이 나뉘고, 세상과 구별됨이 없이 권력을 추구하는 모습을 심심치 않게 볼 수 있습니다.

이사야가 외친 것처럼 메시아가 오시면 어린 아이가 맹수들과 함께 놀며 뱀의 구멍에 손을 넣는 그런 회복의 세상이 옵니다. 사람들은 진정한 평화를 기대하고 교회에 옵니다. 그렇게 교회 와서 봉사하지만 갈등과 인간관계가 깨져서 병들고 말았습니다. 교회 와서 두 손을 모아 기도하지만 사자들이 사라지지 않고 독사들이 독을 품고 달려듭니다. 그러다 보니 사람들이 교회를 떠나려는 이유들은 2000년 전이나 지금이나 변하지 않습니다. 그러나 시므온과 안나는 아닙니다. 설령 인간관계로 마음이 다쳐도, 나이가 들었어도, 어려운 환경을 살아가도, 그들은 분명한 확신이 있었습니다. "메시아가 분명 오신다"는 믿음입니다. 이 믿음으로 내가 살아가는 곳이 늘 성전이 될 수 있도록 경건의 삶을 실천하며 살아간 것입니다. 하루하루 이렇게 살아갈 때, 시므온과 안나는 아기를 품에 안았습니다.

제가 '우리 아기 처음 나왔어요.' 시간을 진행할 때 마다 항상 느끼는 것은 그 시간 아기를 안고 기도하는 것이 굉장히 기쁘다는 사실입니다. 남의 집 아기도 이렇듯 기쁨을 주는데 그리스도 되신 아기 예수를 직접 안게 되었다는 것은 엄청난 축복입니다. 우리 역시 이 대림절을 보내며 우리를 위해 태어나신 아기 예수님을 우리 품에 안는 축복이 있기를 바랍니다. 직장이나 가정을 성전 된 마음으로 섬기며 경건하게 살아가는 자가 되어야 합니다. 시므온은 너무 기뻐 아기를 안고 찬양합니다.

> 주재여 이제는 말씀하신대로 종을 평안히 놓아주시는 도다
> 내 눈이 주의 구원을 보았사오니 이는 만민 앞에 예비하신
> 것이요 이방을 비추는 빛이요 주의 백성 이스라엘의 영광이
> 니라. (눅 2:29~32)

이 기쁨을 함께 누리며 즐거워하는 여러분이 되시길 주님의 이름으로 축원합니다.

04
대림절

잃어버림

본문: 누가복음 2:41-50

　독일에서 목회할 때 여름휴가를 이용하여 일주일 동안 수련회를 간 적이 있습니다. 각자 자기 자동차로 24시간을 운전하면서 간 곳은 아름다운 칸느 해안가였습니다. 수많은 관광객이 왔습니다. 숙소에서 조금 떨어진 곳에 있는 비치에 도착하여 즐겁게 시간을 보내는데 갑자기 같이 간 한 여자 집사님의 얼굴이 하얘졌습니다. 당시에 12살 정도 된 아이가 안 보인다는 것입니다. 더 놀라게 한 일은 해변에 아이의 신발만 보이는 것입니다. 하루 종일 아이를 찾아도 안 보입니다. 경찰에 신고를 하고 야단이 났습니다. 그런데 정작 아이는 숙소에 먼저 도착하여 놀고 있는 것입니다.

　오늘 말씀에 비슷한 이야기가 나옵니다. 12살 된 예수님을 마리아와 요셉이 잃어버렸습니다. 말씀(44절)에 "찾되"라는 말이 나옵니다. 이 말은 정신없이 반복하여 찾는 것입니다. 당시 심정을 무엇이라 말하고 있나요? 48절, "근심하여 너를 찾았노라." 여기서 '근심했다'는 원어의 뜻은 지옥에 떨어져서 고통당하는 것만큼이나 괴로웠다는 겁니다. 같이 있다고 생각했는데, 아이가 안 보이니 얼마나 근심이 가득하였겠습니까? 그럴 만도 한 것이 유월절 절기를 지키는 사람들은 가는 곳마다 인산인해를 이루었습니다. 요셉과 마리아는 어떻게 합니까? "친족과 아는 자 중에서"(44절) 찾습니다. 마리아와 요셉 둘 다 잃어버린 예수를 친족과 아는 분들 가운데서 찾을 수 있으리라 믿었습니다. 그런데 그들의 예상대로 되었습니까? 아닙니다. 하룻길을 가도 못 찾습니다. 친족과 아는 자 중에서 예수를 찾지 못한 요셉 부부는 결국 예루살렘으로 다시 돌아갑니다. 그러나 예루살렘에서 못 찾습니다. 어디서 찾았습니까? 성전입니다. 3일이 지나서야 성전에서 예수를 찾았습니다.

여기서 잠시 생각해보아야 할 일이 있습니다. 많은 분들이 주의 일을 하다가 상처를 받고 큰 근심 속에 살아갑니다. 나타나는 현상이 예배에서 기쁨이 사라지고 마음이 닫히는 것입니다. 사람 만나기가 싫어집니다. 그래서 무엇을 생각합니까? 특히 12월 이맘때쯤 되면 '하던 일까지만 마무리하고 좀 쉬어야겠다.' 이런 생각을 합니다. 쉰다고 회복이 되던가요? 회복이 안 됩니다.

어떻게 하면 좋을까요? 오히려 예수님을 찾아야 합니다. 우리에게 근심이 생기는 이유는 예수님을 잃어버렸기 때문입니다. 그렇다면 어디에서 예수님을 찾아야 할까요? 요셉과 마리아처럼 사람들 사이에서 먼저 찾고, 그 다음 예루살렘에서, 마지막으로 성전에서 찾으시겠습니까? 아닙니다. 성전이 우선순위가 되어야 합니다. 교회가 되어야 합니다. 교회에서 예수님을 찾아야 합니다.

오늘 본문에 요셉과 마리아가 놀랍니다. "듣는 자가 다 그 지혜와 대답을 놀랍게 여기더라."(눅 2:47) 지혜에 놀랍니다. 예수님의 어린 시절의 지혜에 대하여는 누가복음에만 소개됩니다. 누가복음 2장 40절 말씀을 보면, "아기가 자라며 강하여지고 지혜가 충만하며 하나님의 은혜가 그 위에 있더라."고 표현합니다. 아기 예수가 점점 자라고 있는 모습입니다. 또 누가복음 2장 52절 말씀은 지혜와 키가 자라면서 하나님과 사람에게 사랑스러워 간다고 기록합니다. 이 말씀을 보면 누가 떠오릅니까? 사무엘이 생각납니다. "아이 사무엘이 점점 자라매 여호와와 사람들에게 은총을 더욱 받더라." 사무엘상 2장 26절의 말씀입니다.

지금은 별로 보이지 않지만, 예전에 택시나 버스를 타면 운전석 앞에 '무릎을 꿇고 기도하는 어린 사무엘'의 그림을 아주 흔히 볼 수 있었습니다. 왜 그런 그림이 나돌게 되었는지에 대해서는 궁금한 점이 있습니다. 물론 사무엘은 어릴 때부터 기도 생활도 열심히 했겠지만, 성경에서 어린 사무엘이 기도하는 장면을 특별히 기록하고 있는 곳은 없습니다. 그럼에도 불구하고 사무엘은 '운전하시는 아빠의 안전 운행을 기원하는 자녀'들을 대표하는 인물이 되어 버린 것입니다.

사무엘의 어린 시절 사건들 중에 가장 유명한 것은 바로 사무엘상 3장에 나오는 것인데, 그것은 사무엘이 하나님의 말씀을 듣느라고 귀를 기울이고 있는 모습입니다. 사무엘의 이런 모습, 어려서부터 늘 하나님의 말씀을 듣고자 노력한 모습이 바로 성전에서 듣기도 하고 묻기도 한 예수님의 모습과 비슷하기 때문입니다. 예수님과 사무엘은 성장 과정이 비슷합니다. 그러나 대조적인 사람이 나옵니다.

그들이 누구인가요? 엘리 제사장의 자녀들입니다. 친아들 홉니와 비느하스가 있었습니다. 그들은 아버지 직업으로 늘 성전에서 살았지만 이들은 말씀을 듣기보다는 무엇을 하였나요? 온갖 "악행"으로써 "온 이스라엘" 앞에 악명을 떨치고 있었습니다. 그들은 "여호와를 알지 못하더라."(삼상 2:12) 평생 성전에서 생활하여도 이들은 하나님을 잃어버린 것입니다. 사무엘 시대는 하나님을 잃어버린 시대입니다. 그 이후 메시아를 그렇게 기다렸는데, 막상 메시아가 왔지만 그들은 잃어버린 것입니다. 50절 말씀은 "그 부모가 깨닫지 못하나라"고 기록합니다. 예수님과 옆에서 같이 산 사람들, 요셉도 마리아도 못 깨달았습니다. 그러니 2,000년이 지난 지금 우리들은 어떨까요? 더욱 예수님을 잃어버리고 살고 있지는 않습니까?

이렇게 예수님을 잃어버린 부모님에게 무엇이라고 말하나요? "내 아버지 집에 있어야 할 줄을 알지 못하셨나이까?"(49절) "내 아버지 집에" 라고 하고는 성서 밑에 관주가 달려있습니다. "내 아버지의 일에 관계하여야"란 말입니다. 무슨 말인가요? 요한복음 6장 39절에서 40절 말씀을 보세요. 나를 보내신 이의 뜻이 무엇인가요?

> 내가 하나도 잃어버리지 아니하고 마지막 날에 다시 살리는
> 이것이니라 내 아버지의 뜻은 아들을 보고 믿는 자마다 영
> 생을 얻는 이것이니 마지막 날에 내가 이를 다시 살리리라.
> (요 6:39~40)

아버지의 뜻이 무엇인가요? 어떻게 보면 성탄의 뜻이 무엇인가요? 죽을 수밖에 없는 인생, 그 영혼을 살리기 위해서 이 땅에 친히 오셔서 아들을 보고 믿는 자는 죽지 않고 영생을 얻는 길을 열어주시려고 아기 예수가 이 땅에 오신 줄 믿습니다.

기독신문에 나온 기사입니다. 중고등학교 학생들에게 설문 조사를 하였습니다. 크리스마스는 어떤 날인가? 예수님의 생일이라고 응답한 학생보다 노는 날, 선물 받는 날, 여인과 함께 하는 날, 가족과 함께 하는 날이라고 50% 이상이 대답을 하였습니다. "크리스마스하면 떠오르는 것은 무엇입니까?"라는 질문에, 산타클로스 29.8%, 크리스마스 트리 13.4% 등이고, '예수님'이라고 응답한 학생은 7.2%입니다. 성탄절의 의미가 상업주의로 물들어 가는 것입니다.

예수님을 마리아와 요셉만 잃어버린 것이 아니라 우리들도 예수님을 잃어버리고 있을 수도 있다는 겁니다. 오늘 성탄절에 우리가 예수님을 찾아야 하는 이유는 분명합니다. 선물도, 즐거움도 아닙니다. 구원을 위한 길입니다. 이것이 성탄입니다. 그래서 우리는 기뻐해야 합니다. 그런데 사람들은 무엇을 합니까? 아내가 예수님을 잘 믿고, 남편이 예수님을 잘 믿는다고 나도 덩달아 구원을 받습니까? 아닙니다. 주일이 돼서 교회에 나가면 예수님을 믿는 친구들과 같이 예배 드리게 된다고 해서 자기 자신도 예수님과 함께 있다

고 생각합니까?

예루살렘은 어떻습니까? 예루살렘은 유대인들의 마음의 고향이고 그들의 영원한 안식처였습니다. 사람들이 절기를 지키던 곳입니다. 때마다 기독교 절기를 지킨다고 트리를 만들고 각종 절기를 기념하고 지킨다고 예수님과 같이 있다고 생각합니까? 아닙니다. 내가 예수 그리스도를 직접 발견하지 못하면 살 수가 없습니다. 어서 잃어버린 예수님을 찾으세요.

하루는 집에 가다 보니, 누군가가 광고판에 종이를 붙여 놓았는데 내용이 대단합니다. 이런 내용입니다. "이름: 미나, 나이: 5살, 특징: 귀엽게 생겼음, 사람을 잘 따름." 강아지 찾는 광고입니다. 찾아주시는 분에게 사례한다고 합니다. 강아지 찾는데도 혈안이 되어 있는데 우리는 예수님을 잃어버리고서도 찾지 않는다고 한다면 예수님이 한낱 강아지만도 못한 꼴이 되어버립니다.

ABC뉴스에 나온 기사입니다. 13살의 딸이 콜로라도에 스키를 타러 갔다가 식물인간이 됩니다. 부모는 딸의 모든 기관을 병든 이들에게 기증합니다. 어떤 것은 49살 남자에게, 어떤 것은 33살의 여인에게. 그 중 심장은 39살된 두 자녀의 엄마에게 기증합니다. 모두가 살아났습니다. 보통 그런 일은 드물지만 딸이 너무 보고 싶어서 기증 받은 자를 찾습니다. 기증자 중 심장을 기증받은 여인과 만나 부모가 만납니다. 딸의 심장 소리를 청진기로 들어봅니다. 그 소리에 딸이 너무 그리워 웁니다. 딸의 심장이 병들어 죽게 된 두 자녀의 엄마를 살린 것입니다.

여러분, 예수님이 이 땅에 왜 오셨나요? 우리를 살리려고, 자기 심장을 주고, 자기 피를 주려고, 우리를 살리려고 오셨습니다. 우리 속에 예수님의 심장 소리가 들리지 않습니까? 예수님의 피가 꿈틀대고 있지 않습니까? 이것을 느끼는 것이 성탄의 기쁨이요 감사입니다. 사무엘 시대처럼, 요셉과 마리아 시대처럼 예수를 잃어버린 이 시대에 예수님은 오셔서 우리 위해 죽으셨습니다. 왜? 우리 한 사람이라도 살리기 위해서입니다. 이것이 아버지의 일입니다. 지금도 들리지 않습니까? 우리의 가슴 속에서 우리를 다시 살게 한 예수님의 심장 소리! 이 대림의 시간에 우리를 향한 예수님의 뜨거운 심장 소리, 그 사랑의 마음을 온전히 느낄 수 있기를 축원합니다.

Diakonia & Service

디아코니아와 예배

V. 부록

01 디아코니아 예배를 위한 큐시트

1) 재의 수요일 예배 큐시트

▶ 집례자: ○○○담임목사님 ▶ 예식위원: ○○○목사, ○○○목사, ○○○장로, ○○○장로, ○○○장로
▶ 예배인도: ○○○목사 ▶ 설교자: ○○○목사

시간	소요시간	순서	내용	담당자	주의사항
18:50~19:00	10	찬양	예배 전 찬양	담당자	속죄에 관한 찬양
19:00~19:01	1	묵도	이사야 52:9	인도자	
19:01~19:04	3	찬송	305장	인도자	
19:04~19:07	3	기도		○○○ 권사	기도자 (재의 수요일 사전 인지)
19:07~19:10	3	찬송	261장	다같이	
19:10~19:11	1	교회소식		인도자	간결하게
19:11~19:12	1	성경봉독	로마서 8:31-39	인도자	
19:12~19:17	5	찬양		할렐루야 찬양대	찬양대 (재의 수요일 사전 인지)
19:17~19:35	18	말씀/기도	확신	○○○ 목사	말씀 후 바로 재의 수요일 예식으로 이어짐

시간		순서	내용	방송실	
19:35~19:37	2	영상	재의 수요일 영상	방송실	집례자 입장
19:37~19:39	2	초청의 말씀	첨부1 (집례자 등단)	집례자	
19:39~19:41	2	공동 기도	첨부2 (ppt 사용)	다같이	
19:41~19:43	2	개인 고백 기도	이제 이 시간 조용히 소리내어 우리의 생각나는 죄를 기억하며 주님께 고백하겠습니다.	다같이	사순절 영상 이후 오르간 시작 예식 전체에 오르간 연주 연주곡-294, 290, 305장
19:43~19:45	2	용서의 선언	첨부3 (ppt 사용)	집례자	
19:45~19:47	2	찬송	143장 (2절까지) – ppt (예식위원등단, 재 보 열기)	집례자 예식위원	목사위원이 재를 바름, 장로위원이 재 그릇을 들고 우측 편에 위치.
19:47~19:52	5	말씀 선포	재로 돌아가다	집례자	
19:52~19:54	2	재바름을 위한 기도	첨부4	집례자	회중의 재바름이 끝나면 장로-목사-집례자 순으로 재를 바름
19:54~19:55	1	재바름을 위한 초청	이제 경건한 마음으로 재의 예식에 참여하시겠습니다.(예식 위원 재 그릇 전달 및 위치로 이동)		말씀 시에 작은 설교단(or 보면대) 필요 확인
19:55~20:01	6	재를 바름	이 시간 한 분씩 나와서 나를 위한 그리스도의 수난과 죽음을 의미하는 재를 받겠습니다. "당신은 재이며, 재로 되돌아 갈 것을 기억하십시오. 그리고 복음을 믿으십시오."	집례자	
20:01~20:02	1	기도	마치는 기도 (예식위원 보 덮음)	집례자	
20:02~20:03	1	평화의 인사	주님의 평화가 함께 하소서 (집례자, 예식위원 퇴단)	다같이	인도자 등단
20:03~20:06	3	찬송	144장		멘트 없이 오르간 전주로 바로 시작
20:06~20:07	1	축도		○ ○ ○ 담임목사	

재의 수요일 예식 선포

예수 그리스도 안에서 사랑하는 형제 자매 여러분. 초대교회 그리스도인들은 주님의 고난과 부활의 기간 동안 금식과 기도로 거룩한 헌신을 했습니다. 사순절은 그리스도의 죽음과 부활을 향하여 40일 동안 우리의 몸과 마음을 정결하게 하고 그리스도의 낮아지고 섬기는 삶을 훈련하는 기간입니다. 이 은총의 절기를 통해 그리스도의 삶과 사역, 그분의 죽음과 구속의 은혜를 깊이 묵상하면서 그리스도의 죽음에 참여하고 그리스도의 부활에 동참하고자 합니다. 이제 여러분을 거룩한 사순절기로 초대합니다. 그 시작인 재의 수요일 예식에 참여합시다.

(종려나무 가지를 보여주면서)

이 재는 종려나무 가지를 말려서 태운 것입니다. 예수께서 입성하실 때 예수그리스도를 향해 흔들며 호산나 호산나 외쳤던 군중들이 이제는 "예수를 십자가에 못박으소서, 저를 못박으소서." 외쳤습니다. 이것이 바로 우리의 모습입니다. 한없이 연약한 우리의 모습입니다. 이 종려나무를 태워 재로 만들고 우리의 이마에 바릅니다. 우리의 연약함에도 불구하고 죽기까지 사랑하신 예수그리스도를 기억하며 이 재를 받으십시오. 자, 이제 우리의 창조주시며 구세주이신 주님 앞에 서십시오.

공동기도 (시편 51편에 따른 공동 기도)

인도자: 하나님이여 주의 인자를 따라 내게 은혜를 베푸시며 주의 많은 긍휼을 따라 내 죄악을 지워 주소서

회 중: 나의 죄악을 말갛게 씻으시며 나의 죄를 깨끗이 제하소서

인도자: 무릇 나는 내 죄과를 아오니 내 죄가 항상 내 앞에 있나이다

회 중: 내가 주께만 범죄하여 주의 목전에 악을 행하였사오니 주께서 말씀하실 때에 의로우시다 하고 주께서 심판하실 때에 순전하시다 하리이다

인도자: 내가 죄악 중에서 출생하였음이여 어머니가 죄 중에서 나를 잉태하였나이다

회 중: 보소서 주께서는 중심이 진실함을 원하시오니 내게 지혜를 은밀히 가르치시리이다

인도자: 우슬초로 나를 정결하게 하소서 내가 정하리이다 나의 죄를 씻어 주소서 내가 눈보다 희리이다

회 중: 내게 즐겁고 기쁜 소리를 들려 주시사 주께서 꺾으신 뼈들도 즐거워하게 하소서

인도자: 주의 얼굴을 내 죄에서 돌이키시고 내 모든 죄악을 지워 주소서

회 중: 하나님이여 내 속에 정한 마음을 창조하시고 내 안에 정직한 영을 새롭게 하소서

인도자: 나를 주 앞에서 쫓아내지 마시며 주의 성령을 내게서 거두지 마소서

회 중: 주의 구원의 즐거움을 내게 회복시켜 주시고 자원하는 심령을 주사 나를 붙드소서

다같이: 주님, 이 시간 우리의 이마에, 또한 우리의 마음에 이 재를 받을 때
　　　 연약하고 죄악 된 우리의 모습을 보게 하옵소서. 검게 그을리고 타
　　　 버린 우리의 모습을 보게 하옵소서. 그리고 이러한 우리를 위하여
　　　 낮아져 죽기까지 섬기신 그 사랑으로 인하여 내가 죽고 그리스도가
　　　 사시는 은혜를 경험하게 하옵소서. 예수님의 이름으로 기도합니다.
　　　 아멘.

집례자 : 이제 이 시간 조용히 소리 내어 우리의 죄를 기억하며 주님께 고백
　　　 하겠습니다.

🏛 첨부3

용서의 선언

이 시간 하나님 앞에서 자신의 죄를 전심으로 참회하며 고백하는 우리에
게 주시는 하나님의 말씀이 있습니다.

> 내가 이르기를 내 허물을 여호와께 자복하리라 하고 주께 내
> 죄를 아뢰고 내 죄악을 숨기지 아니하였더니 곧 주께서 내
> 죄악을 사하셨나이다. (시 32:5)

재를 위한 기도

전능하신 하나님!

하나님께서는 우리를 이 땅의 흙으로 창조하셨습니다. 이 재들이 우리의 죽음과 참회의 표식이 될 것을 확신합니다. 그리고 이 재로 인해 우리들은 주님께서 우리에게 주신 영원한 삶이라는 은혜의 선물만을 기억하게 될 것입니다. 이 재에 참여케 하심을 감사드립니다. 예수님의 이름으로 기도합니다. 아멘.

재를 위한 초청

이제 경건한 마음으로 재의 예식에 참여하겠습니다.

(재그릇 전달 및 위치 이동)

앞에서부터 한 분씩 나와 나를 위한 그리스도의 수난과 죽음을 의미하는 재를 받겠습니다.

재를 바름

(이마에 재로 십자가를 그리면서)

재로 왔으니 재로 돌아갈 것입니다.

복음을 믿으십시오.

섬김의 삶을 사십시오.

재를 바르는 도중 회중에게 알림

재를 먼저 받으신 분은 그리스도의 고난과 섬김을 기억하며 조용히 주님과 교제하는 묵상기도를 드리시기 바랍니다.

2) 장애인주일 디아코니아 예배 큐시트

시간	소요시간	순서	내용	담당자	주의사항
08:55–09:08	13	경배와 찬양		경배와 찬양팀	수화통역 진행
09:08–09:10	2	예배를 위한 기도	예배를 위해, 설교자를 위해	○○○ 목사	
09:10–09:13	3	대표기도		○○○ 장로	3분, 장애인 주일 주제와 부합하도록 수화통역 화면 ppt
09:13–09:16	3	교회소식		○○○ 목사	
09:16–09:17	1	성경봉독	출애굽기 4:10–14	○○○ 성도 (시각장애인)	점자로 성경읽는 것을 화면으로 송출
09:17–09:21	4	찬양		여호수아 찬양대	
09:21–09:45	24	설교	아름다운 동행	춘천농아인교회 담임목사	PPT 및 포인터 사용 통역 : ○○○ 집사
09:45–09:49	4	특송	십자가	춘천농아인교회	PPT사용 통역 : ○○○ 집사
09:49–09:52	3	통성기도	춘천 농아인 교회를 위해 우리 교회가 지역사회의 장애인들과 함께 웃고 걷고 만드는 교회가 되도록	○○○ 목사	경배와 찬양팀 함께 기도 마무리 기도 ○○○ 목사
09:52–09:56	4	헌금	499장 예수 따라가며	다같이	통성기도시 헌금위원 정위치 특송자 퇴장, 헌금찬양과 함께 헌금시작 / 담임목사님 등단 후 봉헌 기도
09:56–09:58	2	봉헌기도		담임목사	
09:58–10:01	3	결단의 찬양	마라나타	경배와 찬양	
10:01–10:02	1	축도		담임목사	

3) 성탄절 디아코니아 예배 큐시트

시간	소요시간	순서	내용	담당자	주의사항
10:26–10:28	2	낭독 및 찬양대 입장	하나님께서 오늘 우리를 기쁨의 자리로 부르셨습니다. 아기예수를 우리에게 보내신 하나님께 온 맘과 정성을 다해 영광 돌리기를 소망합니다.(오르간 전주)	○○○ 목사	오케스트라 전주시 초대의 글 낭독, 찬양대 뮤지컬 입장송 부르며 입장
10:28–10:29	1	촛불점화	오르간 반주에 따라 촛불점화	○○○ 목사	
10:29–10:30	1	예배의 부름	하나님은 영이시니 예배하는 자가 영과 진리로 예배할지니라	○○○ 목사	차임 없음
10:30–10:31	1	송영		시온 찬양대	
10:31–10:34	3	기도	송영 후 바로 기도시작(3분)	○○○ 장로	
10:34–10:37	3	찬송	115장 기쁘다 구주 오셨네	인도자	
10:37–10:52	15	유아 세례식	지금부터 유아세례식을 거행하겠습니다. 순서: 권면, 기도, 호명, 선서, 세례, 선포, 선물증정 윤○○, 김○○, 임○○, 전○○, 김○○, 김○○, 김○○, 허○○	당회장	성수 : 마구간에 위치 세례 등단 시 세례자 사진 송출 의자 설치 및 동선, 선물 증정 보조 : ○○○ 목사, ○○○ 전도사 선물 증정시 찬양대 : 예수께로 가면 찬양
10:52–10:55	3	교회소식		인도자	
10:55–10:56	1	성경봉독	성경봉독 후 아멘으로 마무리	인도자	
10:56–11:01	5	성도의 교제	전도상, 새벽기도출석상 시상 전도상 1명, 출석상 6명 선물 증정(직원)	담임목사	신디 시작 – 담임목사 등단 선물 증정시 탄일종이 땡땡땡
11:01–11:06	5	설교	가장 큰 선물	담임목사	설교 후 기도시 봉헌위원 정위치
11:06–11:11	5	봉헌	정성으로 준비한 예물을 하나님께 드리겠습니다	다같이 / 담임목사	오케스트라 봉헌송 연주할 때 봉헌시작, 봉헌기도 시 강단 정리
11:11–11:51	40	뮤지컬	하나님께 드릴 선물	뮤지컬팀	봉헌기도 아멘 시 암전
11:51–11:55	4	선물증정	여○○ 외 어린이 9명	담임목사	선물 증정
11:55–11:58	3	찬송	찬122장 참 반가운 성도여	다같이	
11:58–12:00	2	축도		담임목사	마지막 절에 담임목사 등단
12:00–12:10	10	계단 축복찬양		여호수아 찬양대	전도부 계단 앞 3곳에서 차 제공

※ 가운 착용, 흰색 스톨

4) 송구영신 예배 큐시트

시간	소요 시간	순서	내용	담당자	음향 조명	주의사항
11:00–11:28	28	경배와 찬양		○○○ 목사		마지막 곡 후에 인도자와 사인 인도자 등단
11:28–11:30	2	묵상기도	찬양 후 다같이 묵상 기도	○○○ 목사	신디 연주	경배와 찬양팀 철수 중고등부 회장 등단 대기
11:30–11:31	1	촛불점화		중,고등부회장	오르간 연주	11시 30분이 되면 촛불점화자 강단 옆으로 등단 점화 끝날 때까지 오르간 연주
11:31–11:33	2	예배의 말씀	신 11:12	인도자	차임	차임 후 말씀 선포 차임은 인도자 등단 후에 예배의말씀 선포 후 찬양대송영
11:33–11:36	3	찬송	539장 너 예수께 조용히 나 가	인도자	오르간 연주	일어나서
11:36–11:39	3	참회의 기도(첨부1)	다같이 참회의 기도를 드 리겠습니다.(참회의 기도문 낭독 :1분) 다같이 앉으셔서 이제 주님 과 나만이 아는 죄를 고백 하겠습니다. (자신의 죄 고 백 :2분)	인도자	잔잔한 오르간 연주 참회의 기도문 PPT	간절한 마음으로 기도문 교독 교독 후에 자리에 앉아서 기도 작은 목소리로 죄를 고백 기도 기도자 등단 대기
11:39–11:42	3	기도		○○○장로		기도 후 찬양대 후주
11:42–11:45	3	찬송	301장 지금까지 지내온 것	인도자	오르간 연주	기도 후 앉아서 찬양
11:45–11:48	3	교회소식		인도자		
11:48–11:58	10	회고영상	올 한해를 돌아보는 영상	방송실	조명 out 영상 on	음향 확인
11:58–12:00	2	감사의 기도/ 카운트 다운	일 년 동안 감사했던 일들 기억하며 감사의 기도	인도자	신디 반주 시계 비춤	감사의 기도 시 잔잔한 연주(날 구원하신 주 감사) 감사의 기도는 카운트다운 1분전 까지

시간	분	순서	내용	담당		비고
00:00~00:03	3	임재의 찬양 태극기&교기등장	주의 영광 이곳에 가득해 총남선교회 회장 (교기) 총여전도회 회장 (태극기)	인도자 찬양대 ○○○ 장로 ○○○ 권사		5,4,3,2,1후 박수와 함께 매우 짧은 전주 혹은 첫 음만 연주 후 찬양대와 함께 다같이 "모든 열방 주 볼 때까지" 찬양, 후렴 반복
						동시에 중앙 통로로 태극기와 교기 등장 박수 중 담임목사 등단
00:03~00:08	5	새해인사 및 목회기도	우리에게 향하신 목회기도	담임목사	우리에게 향하신 신디 연주	등단 시 우리에게 향하신 신디 연주, 새해 인사를 온 회중과 나누고, 다같이 찬양하자는 신호에 우리에게 향하신 전주 후 찬양, 찬양 후 담임목사 목회기도, 기도시 계속 신디 작게 연주
00:08~00:10	2	성경봉독	시편 39:4~7	청년1,2부 임원		목회 기도시 등단 대기
00:10~00:14	4	찬양		연합찬양대		성경봉독 후 바로 찬양시작
00:14~00:34	20	말씀 말씀기도	나의 소망	담임목사		연합 찬양대 후 목사님 등단 말씀 기도 시 오르간 작게 말씀 기도 후 인도자 등단
00:34~00:36	3	찬송	550장 시온의 영광이 빛나는 아침	인도자		마지막 절 헌금위헌 준비
00:36~00:39	3	봉헌	신년감사헌금	인도자	나의 보화 드리니 다같이 찬송	찬양대 헌금송 전주 후 헌금위원 등단, 회중 일어섬, 인도자 봉헌찬송 진행 담임목사님께 헌금 전달
00:39~00:41	2	봉헌기도		담임목사		인도자 함께 등단
00:41~00:44	3	결단의 찬송	마라나타	인도자		봉헌기도 아멘 후 결단의 찬송 전주, 결단 찬송 2회
00:44~00:47	3	파송의 기도		담임목사		뒤를 돌아보고 기도
00:47~00:48	1	축도		담임목사		
00:48~00:50	2	축도송		연합찬양대		축도 후 찬양대 축도송
00:50~00:55	5	퇴장송		경배와 찬양		

참회의 기도문

사회자: 자비로우신 하나님! 지난 한 해 동안 지었던 모든 죄를 이 시간 마음
을 다하여 자복하고 회개하오니 용서하여 주옵소서.

회　중: 주 예수 그리스도의 피를 의지하여 죄사함 받기를 간구하오니 우리
를 불쌍히 여기사 용서하여 주옵소서.

사회자: 사랑의 하나님! 하나님의 사랑과 인자하심을 의지하여 한 해의 마지
막 시간에 참회하는 마음으로 기도를 드리오니 받아 주옵소서.

회　중: 한 해 동안 살아오며 하나님의 풍성한 은혜를 받았으나 그 은혜에 합
당한 생활을 하지 못했음을 용서하여 주옵소서.

사회자: 하나님을 사랑하는 일과 이웃을 사랑하는 일에 인색했음을 용서하
여 주옵소서.

회　중: 지난 날 우리 안에 있었던 미움과 불신, 교만과 욕심, 방탕과 시기,
분노와 질투를 용서하여 주옵소서.

사회자: 하나님, 우리에게 가정을 주심에 감사합니다.

회　중: 그러나 자녀를 보살피는 일과 부모에게 효를 행하는 일에 정성을 다
하지 못한 우리를 용서하여 주옵소서.

사회자: 우리에게 하나님께 예배드리며 주님의 사랑을 만날 수 있는 교회를
주심에 감사합니다.

회　중: 그러나 하나님을 섬기며 우리에게 맡겨주신 하나님의 일에 게을렀던
우리들을 용서하여 주시옵소서.

다같이: 이 시간 지난 해의 묵은 죄를 진심으로 통회하며 자복하오니 용서
하시고 다시 묵은 해의 죄악이 새해를 더럽히지 않도록 주의 보혈로
깨끗이 씻어 주옵소서. 이제부터 주님과 함께 새로운 회복의 길을

가게 하옵소서.

사회자: 이제 지난 한 해 기억나는 자신의 죄를 주님께 고백하겠습니다. 이
후 작은 목소리로 죄를 고백하는 기도를 드립니다.

02 강단 장식의 실례

　　춘천동부교회는 교회의 목회 일정이나 절기에 준하여 특정한 주제들을 일정 기간 동안 계속 노출하고 이를 대하는 성도들 역시 그러한 흐름을 함께 느끼도록 하기 위해 주로 강단 전면 배너를 활용한다. 먼저 전문 디자이너가 교회력과 목회력에 따라 디자인을 한다. 그 결과물을 놓고 담임목사와 부교역자들이 함께 보다 좋은 디자인을 위해 논의한 후 최종 디자인을 확정한다. 그렇게 제작한 전면 배너는 거의 연중 내내 교회의 목회일정 및 절기에 맞추어 걸려 있다. 아래 소개하는 사진들은 주요 절기에 사용한 배너들과 강단의 모습이다.

1) 송구영신 및 신년주일

　　우리 교회는 송구영신 및 신년주일예배를 통해 새해로 넘어오면서 전통적으로 '알파와 오메가'를 배너에 활용해왔다. 배너 중앙에는 새해 표어 문구를 삽입한다.

▶ 송구영신 강단배너

▶ 신년주일 – 강단 세팅 양옆에는 송구영신예배 시 활용한 태극기와 교기가, 가운데는 성찬상이 마련되어 있다

2) 사순절

　재의 수요일 예배 시부터 사순절 강단 장식은 시작된다. 강단 한 켠에 대형 십자가를 비스듬히 세워놓고 그 위에 가시관을 걸었다. 예수님의 보혈을 상징하는 붉은 천은 십자가에서부터 계단 아래까지 이어져 흘러내려오게 걸친다. 이 장식을 통해 사순절의 시작을 알리며 고난주간 특별새벽기도회까지 계속 해당 세팅을 유지한다. 사순절 기간 동안은 아래 사진과 같이 강단 계단을 검은 천으로 덮어 십자가와 가시관 외에 예수 그리스도의 고난과 죽음을 상징적으로 더욱 강조한다. 동시에 사순절 기간은 천을 덮어 놓음으로써 특송 등의 특별 순서가 있을 경우 계단에 서지 않고 강단 아래에 섬으로써 겸손과 낮아짐을 훈련하는 의미를 부여한다.

▶ 2014년 사순절 배너

➡ 2015년 사순절 베너

➡ 2016년 사순절 베너

2013년 사순절 강단 장식

➜ 2014년 사순절 강단 장식

3) 부활주일

부활주일에는 부활을 상징하는 다양한 이미지들을 활용하여 해마다 다른 메인 이미지로 배너를 제작한다. 2016년 부활주일 배너는 파스텔 톤의 배경 그림과 글씨체를 사용했다. 따스한 느낌의 이미지를 통해 부활하셔서 우리를 따뜻하게 품으시는 예수님의 마음을 전달하고자 했다. 또한 부활주일 꽃 장식은 우리의 죄를 흰눈처럼 희게하시고 그 위에 새로운 생명력으로 덧입히시는 예수님의 능력을 형상화했다. 또한 위로 솟구치는 흰색 가지들은 하늘을 향해 일어서는 그리스도인들의 새로운 결단과 다짐을 상징화한다. 배경은 전체적으로 흰색 바탕으로 꾸며서 교회력의 색깔과 스톨의 색깔과 맞추었다.

➡ 2016년 부활주일 강단 장식

4) 장애인주일

장애인주일 강단장식은 꽃꽂이를 활용했다. 휠체어에 꽃꽂이를 접목시킴으로써 아름답고 희망적인 느낌을 연출했다. 장애와 약자의 상징인 휠체어를 비장애인들에게 희망과 아름다움의 의미로 재인식시키고자 하는 의미가 담겨있다. 주로 부활절에 이어서 장애인주일이 진행되므로 부활절 배너를 계속해서 사용했다. 부활절을 통해 무덤에서 다시 일어서신 예수님을 회상하고 이와 더불어 아름다운 꽃에 싸인 휠체어를 바라보며 장애인주일을 기념하고 희망을 가지게 하는 데 초점을 두었다.

➜ 2016년 장애인주일 강단 장식

5) 성령강림주일

2014년은 세월호 사건으로 온나라와 국민이 충격과 슬픔에 잠긴 해였다. 이런 혼란한 시기에 성령강림주일을 맞이하는 우리에게 성령의 위로하심은 필수적이었다. 세월호 사건으로 고통을 받은 피해자와 유가족의 마음을 담아 십자가에 포스트잇을 붙였다. 노란 십자가를 통해 세월호 사건을 기억하고 그들에게 임하실 성령을 간구하도록 강단을 꾸몄다. 2016년 성령강림주일에는 기존의 가로 배너에서 변화를 주어 양쪽으로 긴 천을 세로로 내렸다. 이는 불같은 성령의 강림을 묘사한다. 또한 하얀 비둘기는 요한복음 1장 32절, 즉 "성령이 비둘기 같이 하늘로부터 내려와서 그의 위에 머물렀더라"는 말씀을 형상화한 것이다.

▣ 2014년 성령강림주일 강단 장식

➡ 2016년 성령강림주일

6) 추수감사주일

추수감사주일을 맞이하기 앞서 2주간의 특별새벽기도에서 성도들이 함께 기도하며 이웃을 위해 성도들이 드린 헌금을 북한이탈주민과 함께 나누기로 했다. 이를 위해 교회는 쌀을 준비했고 추수감사주일에 다른 열매들과 함께 쌀포대를 전시했다. 이는 다른 이들을 돕는 것을 자랑함이 아니라 자신이 받은 것에 대한 감사를 올려드리고 사랑의 나눔을 실천하고자 다짐하는 시간임을 나타내고자 함이다.

▶ 2015년 추수감사주일 강단 장식

▶ 2015년 추수감사주일 강단 장식

7) 대림 및 성탄절

대림 및 성탄 기간에는 한 주 한 주 촛불을 늘려나가는 것 외에도 시간의 흐름을 더욱 가시적으로 나타내기 위해 매주 강단에 약간의 변화를 준다. 강단을 비운 채 시작하여 순차적으로 채워 가는데 첫째 주는 성탄트리만 장식해놓고, 둘째 주는 우리 교회의 성탄 디아코니아 프로그램인 '마구간의 153'[1]을 상징하는 마구간, 셋째 주, 넷째 주는 마구간에 성탄카드와 선물들을 순차적으로 장식한다.

➡ 2015년 대림 및 성탄절 강단 장식

---

1 '마구간의 153'은 성도들이 1구좌당 1만원씩 자발적으로 헌금한 모금액을 가지고 지역사회의 아동들(소아병동, 농촌교회 어린이, 북한이탈주민 등)을 찾아가 성탄 선물 및 카드를 전해주고 위로하고 격려하는 춘천동부교회의 성탄절 디아코니아 프로그램이다.

나가는 말

지금까지 한국교회의 성만찬 집례는 16세기 개신교 종교개혁의 전통을 따라 그리스도의 대속적 죽음에 초점을 맞추어 행해져 왔습니다. 이는 성도들로 하여금 그리스도의 구속의 은혜를 경험하는 유익을 주었습니다. 그러나 이와 같은 성만찬의 집례는 성도들이 그리스도를 마음에 품고 세상 속에서 살아가야 하는 데에는 미흡한 부분이 있었습니다. 다시 말해서, 성만찬을 통해 전해지는 하나님 은총의 경험이 추상적인 차원에 머물 때가 많았습니다. 그렇다고 자칫 감성적인 면만 강조하는 오류를 범하지 않기 위하여 한국교회는 전통적인 성만찬의 전승 역시 중요하게 다루었습니다.

성만찬을 통한 그리스도의 자기 수여와 구속의 은혜가 전해지기 위해서는 그리스도의 통전적인 삶으로서 섬김(디아코니아)의 정신이 요구됩니다. 이에 대한 반응과 시대적 요청으로서의 디아코니아 성만찬은 그리스도의 성육신과 그의 몸 된 교회를 세상으로 내딛게 하는 중요한 걸음이 될 것입니다. 디아코니아 성만찬에 참여하는 자들은 개인적인 신앙체험과 영성만을 추구하는 것에서 벗어나 그들이 속한 지역사회와 국가 그리고 지구촌 모든 사람들에게 나눔과 섬김으로 나아가도록 인도합니다.

이런 고민 속에 필자는 디아코니아학을 연구하고 목회 현장에서 느낀 여러 가지 문제점들을 생각하며 독일과 미국 교회의 예배 모습을 토대로 한국교회 현장에 실제로 적용하여 여기에 소개한 것입니다. 그러나 많은 부분을 지면에 다 담을 수 없었음을 양해 드리며, 이 책을 접하는 모든 분들의 목회 현장에서 우리를 조명하시며 지혜로 인도하시는 성령님의 도우심을 힘입어 앞으로도 계속 예수 그리스도의 섬김의 정신이 더욱 살아나는 디아코니아 예배와 성만찬이 날마다 이루어지기를 바랍니다.

참고문헌

1. 국내서적

김소영 외 2인 편, 『공동예배서』. 서울: 장로교출판사, 2001.

김옥순, 『디아코니아학 입문』. 서울: 한들출판사, 2010.

김운용, 『예배, 하늘과 땅이 잇대어 지는 신비』. 서울: 장로회신학대학교출판부, 2015.

세계교회협의회 편, 이형기 역, 『BEM문서 세례성만찬직제』. 서울: 한국장로교출판사, 2012.

정장복, 『교회력과 성서일과』. 서울: 대한기독교서회, 1996.

정장복, 『예배학개론』. 서울: 예배와설교아카데미, 1999.

정장복 외 9인, 『예배학사전』. 서울: 예배와설교아카데미, 2005.

주승중, 『은총의 교회력과 설교』. 서울: 장로회신학대학교출판부, 2014.

총회예식서개정위원회 편, 『대한예수교장로회 예배예식서』. 서울: 한국장로교 출판사, 2008.

2. 번역서적

Alexander Schumemann, *For the life of the world: sacraments and orthodoxy*, 이종태 역, 『세상에 생명을주는 예배』. 서울: 복있는 사람, 2008.

Alexander Schumemann, *The Eucharist*, 김아윤, 주종훈 역, 『하나님 나라

의 성찬』. 성남: 새세대, 2012.

Jürgen Roloff, 김한호 역, "예배와 성만찬의 디아코니아적인 차원과 의미"
『디아코니아와 성서』. 서울: 한들출판사, 2013.

I. H. Marshall, *Last Supper and Lord's Supper*, 배용덕 역.『마지막 만찬과
주의 만찬』. 서울: 도서출판 솔로몬, 1993.

Laurence Hull Stookey, *Eucharist*, 김순환 역,『성찬, 어떻게 알고 실행할
것인가?』. 서울: 대한기독서회, 2013.

Robert E. Webber, *Blended worship*: *Achieving substance and relevance in
worship*, 김세광 역,『예배가 보인다, 감동을 누린다』. 서울: 예영커
뮤니케이션. 2004.

3. 외국서적

Constance M. cherry, *The Special Service Worship Architect*. Michigan,
MI: Baker Academic, 2013.

4. 연속간행물

김한호, "사역의 전 영역에서 디아코니아를 추구하라"『목회와 신학』. 제295
권. 2014, 1.

김한호, "자원 봉사자와 디아코노스"『Diakonia』. 가을(창간)호 Vol. 1.
2013, 12.

김한호, "춘천동부 디아코노스가 간다"『목회와 신학』. 제297권. 2014, 3.

한국일, "선교와 디아코니아"『춘천동부교회 디아코니아 세미나 2013 자료
집』. 춘천: 춘천동부교회, 2013.

5. 학위논문

이용갑. "교회 커뮤니케이션 도구로서의 상징에 대한 연구." 미간행 석사학
위논문, 장로회신학대학교 목회전문대학원, 2005.

디아코니아와 예배

Diakonia & Service

2024년 12월 2일 초판 발행

지 은 이 | 김한호
펴 낸 곳 | 도서출판 하영인
편   집 | 김수흥 권오광
디 자 인 | 이수정 사라박
등   록 | 제504-2023-000008호
주   소 | 포항시 북구 대신로 33 601호
전   화 | 054) 270-1018
블 로 그 | https://blog.naver.com/navhayoungin
이 메 일 | hayoungin814@gmail.com
인스타그램 | https://www.instagram.com/hayoungin7
홈 페 이 지 | http://www.diakonia.re.kr

ISBN 979-11-92254-20-3 (03230)
값 23,000원